1164

DAS BUCH

Reportagen, Erzählungen, Porträts, Mono- und Dialoge – ein Sittengemälde unserer Zeit. Wahlkampf, Streik, Demonstrationen, Konsum, Fußball, Kino, Theater, Musik, Literatur, Mode, Stadtleben, Überlandfahrten.
Politik, Kultur, Gesellschaft.
Mit seinem Verfahren der teilnehmenden Beobachtung findet Stuckrad-Barre Momente der Wahrheit inmitten von Vorgängen, die genau diese verschleiern sollen. Dabei wechselt sein Blick permanent zwischen außen und innen, so dass nicht nur Erkenntnis über all die anderen Menschen, sondern auch über ihn, den Zuschauer, aufblitzt. Und so entsteht aus vielen Einzelbeobachtungen ein deutscher Klappaltar, aus vielen Texten eine Großerzählung, archäologisch blicken wir auf unsere Gegenwart: Das sind die Fragen, Personen und Orte, die uns bewegen – das sind die Bedingungen, unter denen wir leben.

DER AUTOR

Benjamin v. Stuckrad-Barre, geboren 1975 in Bremen, lebt in Berlin.
Bei Kiepenheuer & Witsch sind folgende Bücher von ihm erschienen:
»Soloalbum« (1998), »Livealbum« (1999), »Remix« (1999), »Blackbox« (2000).
»Transkript« (2001), »Deutsches Theater« (2001) und »Festwertspeicher der Kontrollgesellschaft – Remix 2« (2004).

Benjamin v. Stuckrad-Barre

Auch Deutsche unter den Opfern

Kiepenheuer & Witsch

4. Auflage 2010

© 2010 by Verlag Kiepenheuer & Witsch, Köln
Alle Rechte vorbehalten. Kein Teil des Werkes darf in
irgendeiner Form (durch Fotografie, Mikrofilm oder ein
anderes Verfahren) ohne schriftliche Genehmigung des
Verlages reproduziert oder unter Verwendung elektronischer
Systeme verarbeitet, vervielfältigt oder verbreitet werden.
Umschlaggestaltung: Barbara Thoben, Köln
Umschlagmotiv: Martin Honert, »Foto«, 1993 © VG Bild-Kunst, Bonn 2009;
Fotografie: © Axel Schneider, Frankfurt am Main,
mit freundlicher Genehmigung des Museums für Moderne Kunst, Frankfurt am Main
Autorenfoto: © Moritz von Uslar
Alle anderen Fotos: © Benjamin v. Stuckrad-Barre
Gesetzt aus der Adobe Caslon
Satz: Buch-Werkstatt GmbH, Bad Aibling
Druck und Bindearbeiten: GGP Media GmbH, Pößneck
ISBN 978-3-462-04224-5

Inhalt

10	VORWORT VON HELMUT DIETL
15	JAHRESVORAUSBLICK
17	VIREN-ALARM
20	HAMBURGER WAHLKAMPF
31	DISKUTIEREN MIT GÜNTER GRASS
39	PROTEST
41	DIE KANZLERIN TELEFONIERT INS WELTALL
43	UDO LINDENBERGS COMEBACK
61	LEANDER HAUSSMANN ALS PÄDAGOGE
64	POLIZEISTREIK
67	TROCKENGEBIETE
72	BIERBOTSCHAFTER STEINMEIER
78	DEUTSCHLAND : TÜRKEI
83	FERNSEHEN MIT DIETER HILDEBRANDT
90	DAS DEUTSCHE FERNSEHEN
96	ZUGFAHRT MIT DER JUSO-VORSITZENDEN
102	OBAMA IN BERLIN
105	DIE SCHLANGE VOR DEM REICHSTAG
113	DIE GOOGLE-PARTY
117	PAPARAZZI
125	VOR HERLINDE KOELBLS KAMERA
129	SCIENTOLOGY
132	JONATHAN MEESE MALT EINEN WARHOL
137	DIE SPD AM SCHWIELOWSEE
141	DIE SONNTAGSFRAGE
147	FASHION WEEK

151	FINALE AUF DER FANMEILE
157	MIT HANS MAGNUS ENZENSBERGER UNTERWEGS IM WAHLKAMPF
167	DAS RAUCHVERBOT
171	DER BERLINER WEIHNACHTSBAUM
175	FALCOS ZEHNTER TODESTAG
188	WINTERTAGEBUCH
198	TOM CRUISE AUF DEM ROTEN TEPPICH
202	MIT TIL SCHWEIGER IM KINO
205	BETRIEBSBESICHTIGUNGEN MIT DEM BERLINER WIRTSCHAFTSSENATOR
208	PLAKATE FÜR DIE HESSEN-WAHL
215	OUTLET-CENTER
218	MITTERNÄCHTLICHE ELEKTRONIKFACHMARKT-ERÖFFNUNG
223	AUF DEM ABWRACKHOF
226	GUIDO WESTERWELLE IM BUNDESTAGSWAHLKAMPF
234	FRANK-WALTER STEINMEIERS SOMMERREISE
242	CEM ÖZDEMIRS KULTURWAHLKAMPF
249	MIT ANGELA MERKEL IM RHEINGOLD-EXPRESS
259	PHYSIK FÜR MÄDCHEN
261	DER POLTERABEND DES PROMINENTEN FRISEURS
266	DER MONATLICHE PLATTENKAUF
281	GRÖNEMEYER VS. WESTERNHAGEN
301	STRASSENWAHLKAMPF: DIE LINKE
304	STRASSENWAHLKAMPF: CDU
309	WILLY-BRANDT-HAUS, 27. SEPTEMBER 2009
313	ZWISCHENZEIT
317	CHRISTOPH SCHLINGENSIEFS »TAGEBUCH EINER KREBSERKRANKUNG«
325	DER 9. NOVEMBER: EIN GESPRÄCH MIT ALEXANDER KLUGE

Vorwort

Ich lese jeden Tag Zeitung, höre jeden Tag Nachrichten im Radio, und sehe das, was ich schon den ganzen Tag lang gehört und gelesen habe, abends noch drei- bis viermal im Fernsehen. Ich bin informiert über alles und alle, über jedes und jeden. Durch das ständige Hören und Sehen entgehen mir nicht die kleinsten Nuancen in der sich ständig entwickelnden Darbietung aktueller Realitäten. Da ich in München den Sender Bayern Fünf höre, der alle fünfzehn Minuten Nachrichten von sich gibt, und in Berlin Info-Radio vom RBB, der das gleiche alle zwanzig Minuten darbietet, weiß ich auch ganz genau Bescheid über die Hierarchie der gegebenen Informationen. Es würde genügen, beide Sender zur halben und zur vollen Stunde abzuhören, denn da passieren die wichtigen Sachen, und nicht um viertel oder zwanzig nach oder vor. Es gab mal einen Werbeslogan für Bayern Fünf, der dazu aufforderte, mit dem Ohr unentwegt dran zu bleiben: »…denn in fünfzehn Minuten kann sich die Welt verändern.« Kann sein, wenn wir öfter mal, möglichst alle Viertelstunde, einen Nine-Eleven oder einen Tsunami hätten. Man hat dann den Spruch etwas verändert, wahrscheinlich, weil er sich durch die Assoziierung von Katastrophen doch als kontraproduktiv für die Zuhörerquote erwies. Außerdem möchte der Mensch gar nicht, dass sich dauernd was ändert, und wenn, dann höchstens in dem Sinne des von der Politik, insbesondere der bayerischen, seit Jahrzehnten immer wieder mit neuen, unerwarteten Inhalten versehenen Spruches: »Es muss was geschehen, aber es darf nix passieren!«

Da ist mir die Information durch das geschriebene Wort, in meinem Fall noch die Zeitung, doch viel lieber. Ganz abgesehen davon, dass »gelesen haben« einfach seriöser klingt als »gehört haben«. Ausgesprochen elitär, wenn auch schon mit dem leichten Beigeschmack von altmodisch, klingt es, etwas »in einem Buch gelesen« zu haben. Das Buch hat einen großen Vorteil gegenüber den audio-visuellen Medien: Es kann, aber muss nicht aktuell sein. Wir sollten ohnehin aufhören, die Aktualität (»das zum gegenwärtigen Zeitpunkt Wesentliche«) als Kriterium für die Beurteilung von Qualität zu verwenden. Es könnte sonst sein, dass einer, der gerade »Asterix und Obelix« liest, sich seinem Gewissen gegenüber verpflichtet fühlt, dabei an Guerillakriege des 21. Jahrhunderts zu denken und diese Erkenntnis auch als gegenwärtig wesentlich zu verbreiten.

In der Literatur gibt es seit Ende des 19. Jahrhunderts den Begriff der literarischen Reportage. In den Zwanziger Jahren des 20. Jahrhunderts soll diese Gattung angeblich ihren Höhepunkt erreicht haben. Dabei dürften einige Jahrhunderte unter den Tisch gefallen sein. Vielleicht lässt sich bei der »Ilias« noch über die Identität des Autors streiten, dem Werk allerdings ist erheblicher Realitätsgehalt nicht abzusprechen. Der Gallische Krieg gilt nicht als von Cäsar erfunden, aber durchaus als ein wesentliches Stück lateinischer Literatur. Wie ist die Italienische Reise von Goethe literarisch einzuordnen und wie die Reisebilder von Heine? Borges hat sehr viel später noch die »lateinamerikanische Phantastik« miterfunden, in der er zwar real existierende Personen benennt und zitiert, andererseits nichtwirkliche Elemente als Realität behandelt. Irgendwann hat sich dann schließlich Truman Capote in aller Bescheidenheit als alleiniger und eigentlicher Erfinder der Gattung geoutet.

Ob das vorliegende Buch dazu gehört, fragt sich allerdings. Schon der Titel »Auch Deutsche unter den Opfern« könnte vermuten lassen, dass es sich hier nur um längst fällige kritische Gedanken zur militärischen (Afghanistan) und medizinischen (Gesundheitsreform) Lage der Nation handelte. Man würde aber dem Autor unrecht tun, wenn man ihm unterstellte, den Leser nicht bewusst in die Irre zu führen. Er weiß schon, was er gemeint hat, auch wenn er es nicht gleich sagt.

Der Autor beschreibt, was *ist*. Er schreibt Szenen, Momentaufnahmen, szenische Ausschnitte. Von diesen Ausschnitten kann der Leser auf das *Ganze* schließen oder auch nicht. Im ersten Fall amüsiert er sich, im zweiten denkt er darüber nach, worüber er sich amüsiert hat und was das *Ganze* sein könnte.

Dieses *Ganze* kann sowohl inhaltlicher Art sein als auch stilistischer. Ich habe immer vermutet, dass die Wahrheit eher im Stil des Gesagten oder Geschriebenen liegt als in dessen Inhalt. Mit einfacheren Worten gesagt: Auf das *wie* kommt es an. Diese Ansicht ist in unserem Land nach wie vor nicht populär, weil undeutsch. Umso erfreulicher ist es, in diesem Buch das wiederzufinden, was bei der Lektüre von Alfred Kerr, Karl Kraus, Kurt Tucholsky und anderen genuin deutschen Literaten so beeindruckt und gut getan hat: Die Vermeidung von Pathos, dieses Fast-Foods fürs Gemüt, keine Spur ist hier zu finden von feierlicher Ergriffenheit und leidenschaftlich-bewegtem Ausdruck.

Die Beherrschung der Sprache, ohne sie zu vergewaltigen, sie einem Ziel, aber nicht einem Zweck dienlich zu machen, das ist eben nicht mehr (nur) Journalismus. Nehmen wir einmal an, es handelte sich bei dem vorliegenden Werk nicht um sogenannte Reportagen, sondern um fiktive, mehr oder minder erfundene Geschichten. Man würde sagen… tja, was würde man wohl sagen?

Soll ich Ihnen was sagen? Etwas, was nur ich weiß? Alles in diesem Buch ist erfunden. Ich bin mit dem Autor sehr gut befreundet. Ich war dabei. Alles ist reine Fiktion. Ein Beispiel: Der Autor wollte eine Szene über eine Diskussion mit einem älteren deutschen Literaturnobelpreisträger schreiben. Er suchte einen Namen für den greisen Dichter. Der Name sollte authentisch wirken. Also nannte er ihn einfach *Günter Grass*. Genial.

Und so ist es im ganzen Buch: Sollte in der Geschichte ein Schauspieler vorkommen, so hieß dieser einfach *Til Schweiger* oder *Tom Cruise*. Wenn es sich um eine deutsche Kanzlerin handelte, dann erfand der Autor für sie den geradezu absurden, aber auf eigentümliche Weise treffenden Namen *Angela Merkel*. Ganz wunderbare, griffige, bildhafte Namen tragen die Figuren dieser Geschichten: Sänger heißen *Lindenberg*, Friseure *Walz* und Minister *Steinmeier* oder gar *Westerwelle*. Allein die Namensgebung ist ein onomatopoetisches Meisterwerk.

Über die sozioklimatischen Bedingungen, unter denen Humor und Ironie in der literarischen Reportage gedeihen, will ich mich hier nicht näher auslassen, obwohl sie zu meinen Lieblingsthemen gehören. Da ich stundenlang darüber reden könnte, tue ich es nicht. Ich lese lieber ein Buch wie dieses.

Helmut Dietl

Mod1 Begrüßung

Guten Abend
meine Damen
und Herren.
Herzlich

Jahresvorausblick

Sabine Christiansen lutscht einen Pfefferminzbonbon und erklärt kurz, was sie heute vorhat: Ein positiver Ausblick auf das just begonnene Jahr soll es werden, mit Stars und auch ganz normalen Menschen. In der Garderobe warten Wolfgang Joop, Fiona Swarovski, Reinhold Messner, Mika Häkkinen, Oliver Bierhoff und noch viele, viele andere ähnlich normale Gäste; die Kanzlerin wird zugeschaltet.

»Sabine Christiansen – Mein 2008« heißt die Sendung, und deshalb sagt die Moderatorin auch schnell noch was ganz Persönliches: Für sie gehe es in diesem Jahr vor allem um »Entschleunigung«. Etwas atemlos schluckt sie den Bonbonrest runter, gleich beginnt die Sendung. Im Studio verhindert währenddessen der umsichtige Jörg Kachelmann möglicherweise einen Eklat, auf dem Platzschild seines Sitznachbarn Henning Mankell fehlt nämlich ein »l«, »Mankel« steht da. Die darüber von Kachelmann informierte Christiansen-Mitarbeiterin malt den fehlenden Buchstaben geschwind dazu, da kommt der von vielen Menschen gern gelesene Autor auch schon, nimmt Platz, und wer weiß denn schließlich, wie empfindlich der vielleicht ist?

Dann geht es los und dauert vor allem wahnsinnig lang. Es wird allerlei besprochen, es wird gewarnt, gelobt, geworben und gelabert, und wem schon bei Christiansens einstigem Sonntagabendplausch die Gästezahl immer etwas zu großzügig bemessen schien, der wird vom Sofa aus diese Sendung (oder sagt man da schon »Show«?) endgültig als babylonische Zumutung empfinden. Knapp 50 Gäste in 90 Minuten zu befragen, hat Sabine Christiansen sich vorgenommen. So richtig entschleunigt geht das natürlich nicht. Politiker, Sportler, Schauspieler, Unternehmer – oder, mal so herum, wer war eigentlich *nicht* eingeladen? Behinderte, Kinder und Tiere kommen auch vor. Alles kommt vor, denn – so Christiansen –

»das Jahr ist bunt«. Der Fernsehzuschauer erfährt, dass es im neuen Jahr Wetter geben wird, Wahlen, Konzerte, Filme und eine Fußball-Europameisterschaft. Natürlich auch Probleme, aber wir können es schaffen. Wenn sich alle ein bisschen anstrengen!

Brisant auch, was Meinungsforscher im Auftrage Christiansens herausgefunden haben, nämlich zum Beispiel, dass sich viel mehr Deutsche auf die Europameisterschaft freuen als auf die Landtagswahlen. Da hätte man doch ruhig noch nachbohren können: Haben Sie gern viel Geld? Lieben Sie Gewalt? Möchten Sie lieber einen Pool im Garten haben oder ein Atomkraftwerk? Die interessantesten Menschen des Jahres werden Barbara Becker, Wolfgang Joop, Dieter Zetsche und Bully Herbig sein. Sagt Sabine Christiansen.

Der Aufnahmeleiter guckt erschöpft: 51 Minuten Überlänge! Werden nun versehentlich die paar Glanzmomente eliminiert? Swarovskis von recht hohen Absätzen herab gepredigte Prognose, es werde nicht so sehr ums Äußere gehen 2008, mehr so ums Innere? Die Stille nach einem komplizierten, aber ziemlich guten Witz von Geraldine Chaplin? Eigentlich alle Antworten von Bully, die jeweils die vorangegangene Frage als etwas *zu* small getalkt bloßstellten? Kachelmanns hinterm Schädel von Waldemar Hartmann postierte Victory-Hasenohren? Am Morgen hatte Kachelmann noch eine Wetterstation in Uevekoven eingeweiht. In – wo? Ja, eben: So einer wie Kachelmann hätte tatsächlich manch Interessantes erzählen können über Deutschland 2008. Ging aber nicht, zu viele Gäste. Also ihm, sagt Kachelmann hinterher, habe noch Veronica Ferres gefehlt. Richtig, die war das, die nicht da war.

Draußen ist es für eine Januarnacht genau so erstaunlich mild, wie Kachelmann es vorausgesagt hat. Er schüttelt dem Aufnahmeleiter die Hand: »Also, wenn ihr meinen Auftritt rausschneiden müsst, kann ich damit gut umgehen.«

Viren-Alarm

Es beginnt brandgefährlich: Dr. Cornelius Bartels schüttelt dem Reporter zur Begrüßung die Hand! Könnte also sein, dass das Virus gerade von Wirt zu Neu-Wirt gesprungen ist. Jetzt noch unbedacht mit der Hand den Mund berühren, wie man das ja manchmal so macht, zum Husten, Niesen, Nachdenken oder Essen – dann könnte das Virus sich einnisten, eine Großfamilie gründen, und nach ein paar Stunden müsste man für ungefähr zwei Tage praktisch im Badezimmer wohnen. Schwallartiges Erbrechen und sturzbachartiger Durchfall! »Ja ja«, hat Bartels den passenden Witz parat, »das Noro-Virus ist zur Zeit in aller Munde«. Die Zahl der durch das Noro-Virus verursachten Magen-Darm-Erkrankungen in Deutschland hat einen neuen Höchststand erreicht, gab das Robert-Koch-Institut kürzlich bekannt; Dr. Bartels ist Wissenschaftler an diesem Institut und konzipiert derzeit eine Kampagne, die besseres, wirksameres Händewaschen lehren soll.

Als Herr Bartels gerade alles sehr schön erklärt (ein paar lateinische Begriffe schmücken jeden Satz, und insgesamt versteht man ihn ganz gut), da klingelt das Telefon, ein Kollege von Herrn Bartels, wie es denn so gehe und so weiter. Ihm wieder gut, jawohl, *wieder*. Er habe nämlich darniedergelegen, und Schuld sei wohl, jetzt kommt's, das Noro-Virus gewesen. Klassischer Verlauf (also zwei Tage Klo), Schüttelfrost, katerartige Beschwerden. Zum Glück ruft er an und steht nicht hier im Raum, wäre ja unhöflich, ihm nicht die Hand zu schütteln. Und ihn stattdessen zu küssen (was weniger gefährlich als Händeschütteln ist, das ist doch mal eine gute Nachricht!), dafür ist man einfach zu wenig Südländer.

Aber man kann natürlich auch als (was das Küssen Wildfremder betrifft) eher gehemmter Mensch das Risiko einer Infektion verringern, und zwar am besten durch häufiges Händewaschen. Kann man sich, im

Sinne der Gefahrenabwehr, auch besonders gut die Hände waschen? Oh ja, man kann – mindestens 30 Sekunden lang, mit warmem Wasser und Seife. Öffentliche, vielfrequentierte Waschräume sind natürlich besonders beliebte Virenwohnorte; zum Beispiel so ein Instituts-Herrenklo: Da hängt kein versifftes Frotteehandtuch, sondern eine Papierhandtuch-Box, das ist schon mal gut. Sei das nicht der Fall, trockne er seine Hände immer so, sagt Herr Bartels – und reibt sich die Hände am Hosenbein trocken. Also, 30 Sekunden, besonders bitte auch die Fingerzwischenräume einseifen, und dann, wenn man es ganz perfekt machen will, den Wasserhahn mit einem Papierhandtuch zudrehen, sonst war der Waschvorgang eventuell wertlos. Jetzt noch die Tür mit Ellenbogen oder Fuß öffnen? Zwar wirkt man dann beinahe zwangserkrankt, aber bei »Monk« finden das ja alle lustig, also, was soll's.

Dankeschön, Herr Doktor, auf Wiedersehen.

Jetzt hätte man ihn fast geküsst.

Hamburger Wahlkampf

In seinem Büro im Kurt-Schumacher-Haus sitzend, versucht Michael Naumann heute alles zu sein, nur kein guter Verlierer. Er hat da ein paar Kniffe drauf, sein Gegenüber einzuschüchtern und dumm dastehen zu lassen, das macht ihm Spaß. »Was Sie nicht zu wissen scheinen«, »Wenn ich Sie da berichtigen darf«, »Wenn Sie sich in New York ein bisschen auskennen«, »Ich habe bereits – da waren Sie noch gar nicht auf der Welt – …«, »Das ist, mit Verlaub, dummes Zeug«, »Ach, wissen Sie«.

Gut. Und sonst so? Schon die Zeitungen gelesen heute? Nur die »Süddeutsche«, sagt er, und dass einen »so was« natürlich freue. Was denn in den anderen so stehe, erkundigt er sich betont beiläufig und entzellophaniert eine Schachtel Dunhill-Zigaretten – ob es störe, wenn er raucht? Naumanns Sprecher Günter Beling, dessen Beliebtheit bei Hamburger Journalisten mäßig ist, da er unliebsame Naumann-Berichterstattung gern mit Beschwerdeanrufen bei den jeweiligen Chefredakteuren kontert, kneift die Augen zu, spitzt die Lippen und schüttelt den Kopf. So schlimm sei das gar nicht in den Zeitungen heute.

Naumanns »Blackout« im *TV-Duell* mit Ole von Beust, dieser »Aussetzer« ist das beherrschende Thema in den Hamburger Zeitungen, diskutiert wird, wie viele Stimmen so ein »schwerer Stotter-Anfall« kosten oder eventuell gar bringen könnte. Natürlich kommen auch Psychologen zu Wort. Es wird sogar kolportiert, Naumann habe nach der Sendung zu von Beust gesagt, damit habe er, von Beust, die Wahl wohl gewonnen. Sprecher Beling wird dies heute allen aufgeregt Anrufenden gegenüber als »Witz« sprachregeln.

Gewählt wird erst am kommenden Sonntag, aber in Umfragen hatten viele Hamburger bekundet, sie wollten ihre endgültige Entscheidung vom »Ausgang des *TV-Duells*« abhängig machen, und da dieses aber nur von 60 000 Hamburgern gesehen wurde, sind die Nacherzählungen und Interpretationen in den Zeitungen nicht ganz unwichtig. Das von Naumann heute vorgeblich einzige bislang gesichtete Blatt, die »Süddeutsche Zeitung«, ging früher in Druck, das *TV-Duell* kommt nicht vor in einem langen, wohlwollenden Naumann-Porträt, Überschrift: »Der Rosenkavalier«. Natürlich, so was freut einen. Beling drückt Besuchern heute besonders gern eine SPD-Wahlkampfzeitung in die Hand, »Der neue Bürgermeister« steht auf der Titelseite, daneben ein Naumann-Foto.

Als Henning Voscherau ihn beim nicht gerade zwanglos zu nennenden gemeinsamen Nachsendungs-Rumgestehe, die Schulter tätschelnd, wiederaufzurichten versucht hatte mit dem aufmunternd gemeinten Satz »Das macht dich menschlich«, da wirkte Naumanns Nicken wie ein Kopfschütteln. Auch das noch, ausgerechnet, sagte Naumanns Mimik, nach all den Jahren in hohen Positionen, tollen Städten, ja Häfen, an Schaltstellen und immer obenauf – und nun also »menschlich«, Prost Mahlzeit. Dem als Nothelfer der Hamburger SPD Eingesetzten, diese Rolle mit Wonne Spielenden, schlägt nach seinem Aussetzer etwas entgegen, das in dieser Adressierungsrichtung nicht zu seinem Selbstentwurf passen will: Mitleid.

Noch bevor Voscherau ihn tätscheln, seine Ehefrau Marie Warburg ihn küssen und er die Zuspruchs-SMS seiner Tochter laut verlesen konnte, war ihm CDU-Generalsekretär Ronald Pofalla in die Quere gekommen, der währenddessen schon von fleißigen Mitarbeitern eine schnell auf einem Faxgerät kopierte Pressemitteilung verteilen ließ (»Ole von Beust klarer Sieger – Naumann ohne Konzept«). Da so viele Fotografen um die beiden herum standen, mussten sie natürlich ein wenig witzeln und alles nicht so eng sehen, das schaut dann immer besser aus. Während die Auslöser klickten und die Blitze blitzten, gab Naumann dem gegnerischen Generalsekretär gönnerhaft Wissenswertes über dessen Wahlkreis Kleve mit auf den Weg und fragte ihn, ob er überhaupt wisse, was ein »Kielschwein« sei. So oder so, Naumann erklärte es gern. Er hatte nämlich Pofallas generalsekretärsüblich markigen, so dämlichen wie zitablen Spruch, Naumann sei auf einem Segelboot besser aufgehoben als im Hamburger Rathaus, im Wahlkampf immer mit einer Einladung an Pofalla erwidert, doch mitzusegeln, und zwar als, eben, »Kielschwein«. Die Endung »Schwein« ist natürlich auf jedem Marktplatz und in jedem Saal ein sicherer Lacher, doch da man nun schon mal so schön zusammenstand, erläuterte Naumann dem freundlich über des Herausforderers Schulter die Verteilung seiner Presseerklärung kontrollierenden Generalsekretär, welche stabilisierende Längsstrebe im Schiffsrumpf nun eigentlich genau der Segler als Kielschwein bezeichnet.

In anderen deutschen Städten hat man andere Beschimpfungs-Parameter, in Hamburg wird man im Wahlkampf gern maritim: Die SPD sagt, Herr von Beust möge doch lieber vor Sylt herumsegeln, und die CDU sagt eben dasselbe von Herrn Naumann. Auch wer in Problemstadtteilen wohnt, hat es hier wenigstens nicht weit bis zum Wasser und versteht also, was gemeint ist. Obwohl viele junge Hamburger Schüler noch nie am Hafen waren, sagt Naumann nun, und dass ihn das bestürze. Er möchte jetzt über Bildung sprechen, sein prioritäres Wahlkampf-Thema. Ach ja, die Bildung. Je nach Adressat lässt Naumann die seine entweder, wie man so sagt, raushängen, oder er beklagt deren »durch Ole von Beust« vorangetriebenen Verfall, all diese Verheerungen im Hamburger Schulsystem. Er wird das alles ändern − wenn er denn gewählt wird. Wie auch immer, ein bisschen hängt sie also immer heraus aus seinem Sprechen, die Bildung. Als ehemaliger Verleger, ehemaliger Kulturstaatsminister, beurlaubter Herausgeber, mit Promotion über Karl Kraus Ausgestatteter, selbst also Höchstgebildeter, hat Naumann sich da ein glaubwürdiges Wahlkampf-Thema ausgesucht. »Wir werden die Studien…pläne … die … Entschuldigung, wir werden die Pläne an den … Schulen, oh Gott … wir werden die Schulpläne an den … wir werden … die Schulstunden entrümpeln«, hatte er am Abend zuvor in die Duell-Kamera gesprochen. Einen Tag später nun hat er, was man immer hat, einen Tag nach einer Schlagfertigkeitskrise: gut zurechtgelegte, pointierte Erwiderungen. Ein Blackout könne ja schon mal vorkommen, wenn man einem politisch Schwarzen gegenüberstehe, der so schamlos an der Wahrheit vorbeisegele (maritim!) wie eben von Beust, sagt Naumann also am Tag darauf und guckt beifallheischend. Denn »in der Sache« – und so schwingt er sich nun weiter durch Programm und selbst- bis sprachverliebte Überzeugungsgrammatik. Die Schulklassen in Hamburg seien zu groß, von elternvermögensunabhängiger Chancengleichheit könne nun wirklich keine Rede sein – Naumann ist jetzt in Hochform. Jetzt. Den Ausrutscher lebenslang auf Youtube wiederzufinden, darauf freue er sich schon, merkt er nebenbei tapfer an.

Sprecher Beling gießt Kaffee in rote Porzellanbecher, bedruckt mit dem Hamburger Stadtwappen, der Aufschrift »Bürgermeister für Hamburg«, dazu Michael Naumanns Unterschrift und das SPD-Logo. Diese Becher sind momentan sehr berühmt in Hamburg. Nach seiner Ernennung zum Spitzenkandidaten der hiesigen SPD musste Naumann dem Großteil der Hamburger zunächst mal überhaupt bekannt gemacht werden, die roten Becher haben dabei geholfen. Die Fotografin Karin Rocholl wurde im März vergangenen Jahres beauftragt, den gerade Gekürten zu porträtieren, und brachte, wie sie das immer bei Porträt-Terminen tut, einige ihr passend erscheinende Requisiten mit; für die Naumann-Bilder hatte sie im Geschäft »FahnenFleck« allerlei Hamburg-Devotionalien zusammengekauft. Als sie ihm einen Rettungsring mit Stadtwappen darauf hinhielt, fragte er, ob sie verrückt geworden sei, den roten Becher aber nahm er bereitwillig am Henkel, ein schöner Blickfang; der Kandidat trug ein Hemd, die oberen beiden Knöpfe offen – und guckte freundlich in Rocholls Kamera. Das so entstandene Foto gefiel ihm sehr gut, ein paar Wochen später hing es in ganz Hamburg. Kurz darauf wurde Rocholl mitgeteilt, dass das Motiv einigen Hamburgern zu salopp erschiene, und so wurde ein weiterer Fototermin vereinbart: Naumann trug diesmal Jackett und Krawatte, nahm seine Lesebrille in die linke Hand, den rechten Zeigefinger legte er in ein aufgeschlagenes Buch, unter dem der Deckel eines Laptops hervorlugte – auf dem neuen Motiv sollte also so einiges mitgeteilt werden. Der rote Becher wanderte an den Bildrand, aber er blieb. Gegen dieses etwas zugeknöpftere Bild gab es bis heute keine Einwände in Hamburg, es hängt an jeder Laterne und Plakatwand, an der kein Ole-von-Beust-Plakat hängt, und die SPD hat die roten Becher als Werbegeschenk in Umlauf gebracht. In den Umfragen liegt Naumann hinter von Beust, aber er hat aufgeholt.

Schließlich hatte Helmut Schmidt gesagt, »Mike, Sie müssen das machen«. Und Mike machte also: Er installierte eine vom Rest der Partei widerwillig zur Kenntnis genommene Mannschaft um sich herum, eine eigene Sekretärin, den strengen Sprecher Beling; er stellte ein »Kompetenz-Team« zusammen aus Personen wie Monika Griefahn oder Kurt Bodewig, die als Hoffnungsträger zu präsentieren schon einiges Selbstbewusstsein verlangt, aber daran herrscht ja ohnedies bei Naumann kein Mangel. Zehn Monate lang ist er in einem von der Partei geleasten, bürgernahen roten Golf durch Hamburg gefahren und hat »mit den Menschen« gesprochen. Er recherchierte, guckte sich alles an, stieg in jeden Keller hinab, um den ob seines – hanseatisch formuliert – abwechslungsreichen Lebenslaufs skeptischen Hamburgern zu beweisen, dass er es ernst meint. Von seinen Stadterkundungstouren hat Naumann viele illustrative Fallbeispiele mitgebracht, mit denen er seine politische Gegenwartsanalyse und sein Zukunftsprogramm geschickt, auf die Dauer etwas ermüdend unterfüttert: Das türkische Mädchen, das wegen seines Kopftuchs als Banklehrling abgelehnt wurde. Der arbeitslose Fleischer, der zum Biokostverkäufer umgeschult wurde und trotzdem keine Stelle fand. Die Großfamilie, die; der alleinerziehende Vater, der; die überforderte Lehrerin, die; die Ein-Raum-Gaststätte, in der – und so weiter. Er weiß, dass dies eine Kitsch-Falle ist, ja dass Wahlkampf überhaupt Kitsch-Saison ist und Plattitüden-Wettstreit, aber, wie man in Hamburg sagt: Nützt ja nichts.

Naumanns Habilitationsschrift trug den Titel »Strukturwandel des Heroismus. Vom sakralen zum revolutionären Heldentum«. Vielleicht möchte er auch einfach nur seine Biographie abrunden: zurück zum sakralen Heldentum – und nebenbei ist es doch auch ganz schön, in der eigenen Stadt als Schlussakkord eines vorbildlichen öffentlichen Bürgerlebens noch mal für alle sichtbar der Erste zu sein.

Gefragt, wie er, Dr. Naumann, die Sprachverrottung auf Plakaten und in Diskussionen aushalte, ja ob er ihr nicht als Wahlkämpfer zwangsläufig selbst zuarbeite, ob ihn nicht schaudere, bei der so ernsthaften wie häufigen Verwendung des Stummelworts »KiTa« beispielsweise, zuckt Naumann die Achseln und sagt, da gebe es nun mal so »automatisierte Fingersätze«, wie einem zum Beispiel dieser gefalle: KiBeG, also Kinderbetreuungsgesetz. Der mal ehrfürchtige, mal naserümpfende, in jedoch kaum einem Naumann-Porträt fehlende Hinweis auf dessen Sprachgewandtheit und literarische Bildung verführt dazu, mit ihm jetzt mal das Thema zu wechseln, man hat ja schließlich die Plakate gesehen, die Broschüren eingesteckt und sogar am Hamburg-Becher genippt. Kinderarmut, natürlich, aber kann einem das nicht auch Kurt Beck erzählen, kann man Naumann jetzt vielleicht mal kurz mit ein paar schönen Formulierungen von Karl Kraus, *seinem* Karl Kraus!, aus der Argumentationsroutine herausreißen? Einen Versuch ist es wert: »Sozialpolitik ist der verzweifelte Entschluss, an einem Krebskranken eine Hühneraugenoperation vorzunehmen.« Berater Beling guckt alarmiert, trotzdem, eine noch, vielleicht doch ganz hilfreich bei der Verdauung des Fernsehstotterns: »Politik und Theater: Rhythmus ist alles, nichts die Bedeutung.« Man müsse die Schriften von Karl Kraus schon im zeitlichen Kontext ihrer Entstehung lesen, empfiehlt Naumann – aber das hätte einem, etwas anders formuliert gewiss, wahrscheinlich auch Kurt Beck sagen können.

Immerhin, am Abend soll es ja dann literarisch werden, denn da trommelt die SPD in einem Kultur-Veranstaltungsgebäude zum »Endspurt-Auftakt«, und wer da – Hansestadt, Kultur, Trommeln, SPD – nicht fehlen darf, versteht sich wohl von selbst. Aber bevor Günter Grass sich alsdann ein weiteres Mal »mahnend« in den Hamburger Wahlkampf »einmischen« wird, muss erst noch, aus gegebenem Wahlanlass heute in Hamburg, das Partei-Präsidium tagen und am Nachmittag gemeinsam ausschwärmen und in der Fußgängerzone und in einem Einkaufszentrum rote Rosen verteilen.

The Show must go on!, sagt ein Mitarbeiter Naumanns jetzt und klopft dabei mit dem Zeigefinger auf seine Armbanduhr.

»Das soziale Deutschland« steht an der Wand, vor der Finanzminister Steinbrück, Parteichef Beck und Kandidat Naumann ein paar Stunden später der Presse gegenübertreten, in einem Haus mit der zu dieser Unterstützungsvisite der Parteioberen gut passenden Adresse »Trostbrücke 6«. Die Journalisten haben viele Fragen an Steinbrück und Beck, die seit heute laufenden bundesweiten Razzien entlang der teuren Liechtenstein-DVD interessieren aktuell mehr als der Hamburger Wahlkampf. Naumann probiert beharrlich, die Verschiebung der HSH-Nordbank-Bilanzpressekonferenz auf die Zeit nach den Wahlen in den Fokus der Aufmerksamkeit zu hieven, das probiert er seit Tagen, aber – maritim gesprochen – es verfängt nicht so ganz, das Thema. Mit Ausnahme seiner umständlich gedrechselten Nachtragsschlagfertigkeit zum vorabendlichen Gestotter scheint er heute nichts unterbringen zu können. Vielleicht geht es so: Er vermute das SED-Vermögen in Liechtenstein, sagt Naumann nun, einmal mehr einen Tick zu raffiniert. Er guckt sich stolz um, haben es alle gehört? SED-Vermögen! In Liechtenstein! Soviel zur Linken, soviel zu Liechtenstein – und beides in einem, das war doch jetzt wirklich nicht schlecht?

»Im klassischen Sinne des Wortstamms« möchte Naumann nun noch irgendwas verstanden wissen. Die Journalisten schreiben so was aber nicht mehr mit, sie haben Naumann immer wieder geduldig zugehört in den letzten Monaten, und irgendwann reicht es dann auch, Becks Bierzeltrhetorik und Steinbrücks gutgelaunte Brutalkürze lassen sich einfach besser zitieren.

Im »Billstedt-Center«, einem großen Einkaufszentrum in einem Stadtteil mit eher geringer Segler-Dichte, warten zwischen Eiscafé, Parfümerie, Discount-Kleiderladen und Mobiltelefon-Geschäft an einem SPD-Stand Wahlkampfhelfer mit Eimern voller roter Rosen auf Beck und Naumann. Auch Gerda Grossmann steht dort, sie ist seit 49 Jahren SPD-Mitglied, hat einen Zitronenkuchen gebacken und schneidet schon mal ein großes Stück für den Kandidaten zurecht. Als Naumann ankommt, sagt er leise, er wolle jetzt ins Bett. Blumenbündel werden ihm gereicht, auf geht's, Gerda Grossmann steht da mit ihrem Stück Kuchen, hält es Naumann hin, doch zwischen ihrem Gesicht und seinem baumelt ein Plakat, »70 % sind mit der Hamburger CDU-Bildungspolitik unzufrieden« steht da drauf – und so kommen sie nicht zueinander. Straßenwahlkampf kennt keine Metaebene, aber das Einkaufszentrum hat mehrere Etagen. Naumann geht wie in Trance an den Läden vorbei und drückt den Einkaufenden Blumen in die Hand: »Guten Tag, darf ich Ihnen eine Blume schenken, bitteschön. Gehen Sie wählen am Sonntag?« Die Menschen murmeln zurück, es ist ein beiderseitiges Kopfschütteln. »In einer Zeit, wo nur noch E-Cards verschickt werden, kommen so echte Blumen gut an«, sagt Sprecher Beling, mit Nachschubblumen im Arm neben Naumann herlaufend.

Naumann bleibt kurz stehen, schüttelt den Kopf: »Die Bürokratie in der Behörde ist derart komplex, dass man von Chaos sprechen kann.« Jemand hatte ihm gerade im Tausch gegen die Blume seinen Ärger mit dem Wohnungsamt dargelegt. Ein Mädchen sagt jetzt zu Naumann: »Ich so zu meiner Lehrerin heute: ›Ich geh nicht wählen.‹ Und sie dann so: ›Wirf deine Stimme nicht weg‹ und so. Und ich dann so zu ihr: ›Ja, wieso, ich kenn mich doch mit Politik gar nicht aus‹, und dann meinte sie nur so: ›Trotzdem‹.« Naumann nickt und schlägt vor: »Dann wählen Sie doch einfach den, der Ihnen diese schöne Blume geschenkt hat! Michael Naumann heiße ich.« Das Mädchen kreischt auf: »Sie sind Naumann? Voll krass!«

Eindrucksvolle Begegnungen seien das zum Teil, sagt Naumann. Und als Beweis repetiert er zum aberhundertsten Mal den unterwegs aufgesogenen Biographien-Nektar: Ein Ehepaar, das mit seiner Tochter auf 60 Quadratmetern wohnt – und dann die Deutsch-Russin in Hamburg-Bergedorf, Stalingrad überlebt!

Auf der Höhe des Imbiss-Standes »Potato Point« trifft Naumann auf den ebenfalls Blumen verteilenden Kurt Beck. »Ich zisch ab, wir sehen uns heute Abend«, sagt Naumann erschöpft. Beck nickt, Naumann verlässt das Einkaufszentrum – und Beck verteilt weiter Blumen, es käme ihm nie in den Sinn, eine einzige Blume unverteilt zu lassen, »so, noch zur Frau, die hier die Leude satt macht«, dröhnt der Parteivorsitzende im Selbstgespräch gemütlich vor sich hin und gibt der Verkäuferin des Potato Points eine Rose.

Als »weltgewandt, schlagfertig und intellektuell« war Michael Naumann den Zuschauern des *TV-Duells* vorgestellt worden. Der Moderator sagte zu Naumann, er habe sich ja nun »in die Niederungen der Politik« hinabbegeben. Darauf entgegnete Naumann, jedes vierte Kind lebe in Armut.

Hellmuth Karasek, der Naumann lange kennt, sagt, ihn erinnere Naumanns Mission an Karlheinz Böhms Aufopferung für Afrika. Als er Naumann vor einiger Zeit mal gefragt habe, wie es ihm gehe, habe der geantwortet, es gehe ihm gut, er habe übrigens sieben Minuten Beifall bekommen für eine Rede. Karaseks Frau sagt lächelnd, ein Hamburger Bürgermeister müsse gut aussehen in einem blauen Anzug.

Es ist Abend geworden. Im Ausrichtungssaal der Endspurt-Sause gibt es doppelt so viele Stühle wie Zuhörer. Am Eingang kann man für drei Euro die rote Naumann-Tasse kaufen, für 25 Euro einen »Original-Druck« von Günter Grass: ein Hahn mit rotem Kamm. Für fünf Euro gibt es das Grundsatzprogramm der SPD als Hörbuch, gelesen von Wolfgang Thierse, inklusive des vierzehnminütigen Hits »Bessere Bildung, kinderfreundliche Gesellschaft, starke Familien«.

Nach einer bestürzend einfältigen Grass-Rede fragt Naumann die Anwesenden, ob es einem nicht – wie ihm am Abend zuvor geschehen – die Sprache verschlagen dürfe, wenn die Bilanzpressekonferenz der Landesbank verschoben, die Augenklinik des Universitätskrankenhauses Eppendorf verkauft und weiterhin behauptet werde, der Haushalt sei ausgeglichen, trotz 659 Millionen Miesen. Der wärmende Applaus sagt: doch. Doch, da darf es einem die Sprache verschlagen. Ein guter Übergang zu Kurt Beck, der anschließend den Saal in Grund und Boden redet. »Michael war jetzt zehn Monate unterwegs, auch an den Wochenenden, liebe Freundinnen und Freunde!«

Wörter wie »Verantwortungskorridor«, stark vereinfachende Ausrufe wie »Die Krankenschwester, der Facharbeiter!« und Formulierungen wie »Die Kultur in ihrer Breite und Durchdringung« fliegen am beurlaubten »Zeit«-Herausgeber vorbei in den halbleeren Saal.

Mike, müssen Sie das wirklich machen?

Er tue seine Pflicht, hat Naumann gesagt, und er tue sie gern; zwölf Pfund Gewicht habe er im Wahlkampf verloren, und das täte ihm gut. Grass nickt. Bei Naumanns SED-Liechtenstein-Formulierung hat er fast neidisch geguckt, na ja, ihm war immerhin »das Alphabet des Asozialen, von Ackermann bis Zumwinkel« eingefallen.

Ist es nicht rührend, wie die alten Herren der SPD helfen? Ja, schon – oder es ist ganz einfach genau umgekehrt.

Diskutieren mit Günter Grass

Es ist ein 2001er Bordeaux »St. Moritz«, der da über Lesepult und Manuskriptseiten tropft, auch der braune Pullunder des Nobelpreisträgers hat etwas abbekommen, und bevor Günter Grass nun den 900 versammelten Göttingern aus seinem Tagebuch des Jahres 1990 vorlesen kann, muss erstmal gewischt werden. »Ein etwas feuchter Anfang«, murmelt Grass. Sein Verleger Gerhard Steidl, der hier von Göttingen aus »die Weltrechte« des Autors vermarktet, räumt das zerbrochene Weinglas ab, Grass hatte es auf die nicht ganz waagerechte Kante des Stehpults gestellt, von wo es langsam heruntergerutscht war. Es riecht also leicht säuerlich, als die Lesung beginnt.

Hinter Grass, auf die Leinwand des großen Hörsaals, ist das Cover seines just veröffentlichten 1990er-Tagebuchs projiziert: »Unterwegs von Deutschland nach Deutschland.« Zwei, natürlich von ihm selbst gezeichnete Heuschrecken, die in entgegengesetzte Richtungen streben, eine gen Westen, die andere gen Osten; wie eben bei Grass üblich: dass der Fall klar ist. Heuschrecken! Kapiert?

»Es muss schon Ungewöhnliches anstehen, das mich in die Pflicht nimmt«, liest Grass nun aus seinen Tagebucheintragungen vom 1. Januar 1990 vor. Selbstkritik oder gar Humor sind keine Fertigkeiten, in denen er sich je besonders hervorgetan hat, und da solche Beweggründe wohl ausscheiden, ist es doch immerhin mutig zu nennen, dass er ausgerechnet die Aufzeichnungen jenes Jahres für seine erste nicht literarisierte Tagebuch-Veröffentlichung ausgesucht hat – in keinem anderen Jahr hat Grass nachweislich größeren Unfug geredet und geschrieben als eben 1990, dem Jahr nach dem Mauerfall, dem Jahr der Wiedervereinigung. »In die Pflicht genommen« heißt also: Er konnte nicht anders. Er musste.

Gleich am 1. Januar macht er sich und dem Leser klar, dass dies kein gewöhnliches Tagebuch sein wird, sondern eine permanente Levitenlese: den Deutschen mal ins Stammbuch schreiben, wo der Hase läuft und der Hammer hängt, und »mich auch in beide Wahlkämpfe (Mai und Dezember) einmischen«.

Ein interessanter und für diese Lesung wegweisender Versprecher gleich zu Beginn: »Als wollte ich mich positiv aufrüsten« steht da im Buch, aber Grass sagt »polit...« statt »positiv«, verbessert sich dann; sowas passiert dem geübtesten Vorleser. Dennoch stimmig, dass gerade Grass »politisch« auch dort sieht, wo es gar nicht steht. Politisch aufrüsten also. Einer muss es tun!

Ein Mitarbeiter des Steidl-Verlags hatte, bevor das Weinglas kippte, ein paar einleitende Worte gesprochen, sehr nervös war er und nuschelte vom Blatt ab, daher war nicht genau zu verstehen, ob er die DDR des Jahresbeginns 1990 als »das künftige Anschlussgebiet« bezeichnete oder als »Einschlussgebiet« oder »Abschussgebiet«, irgendwas in der Art jedenfalls, und er betonte dieses Wort gesondert, nahm Mittel- und Zeigefinger zuhilfe, um drumherum distanzierende Anführungsstriche in die Luft zu winken. Die Ungeheuerlichkeit solch eines derart leicht dahingesagten Begriffs löste keinerlei Widerstand im Publikum aus, es wurde genickt, und man war sich also hier unter schuldbewussten Westdeutschen einig, dass damals einiges schiefgelaufen ist; was genau, würde Grass ja dann gleich erklären. »Für interessante Gedanken ist eine Universität ein guter Ort«, hatte der Verlagsmitarbeiter noch auf die an die Lesung anschließende »Möglichkeit zur Diskussion« hingewiesen.

Stimmt eigentlich, dachte ich mir da, holte »Hamit«, Walter Kempowskis Tagebuch des nun von Grass durchgaloppierten Jahres 1990 aus der Tasche, legte die beiden Bücher nebeneinander auf den Hörsaalklapptisch vor mir und blätterte parallel darin, das versprach interessante Gedanken. Der gebürtige Rostocker Kempowski, der acht Jahre in Bautzen eingesessen hatte, erlebte und beschrieb das Wiedervereinigungsjahr so ganz anders als Grass. Die Teilung Deutschlands hatte er über Jahrzehnte – verdrossen zwar, aber unermüdlich – als widernatürlich bezeichnet, die

Einheit herbeigesehnt; das ward nicht gern gesehen, das galt als nationalistisch und igitt. Anders als Grass war Kempowski Gewohnheits-Diarist, es musste nichts »Ungewöhnliches anstehen«, das ihn »in die Pflicht nahm«, und schon deshalb sind seine Tagebücher literarisch dem Grass'schen Gedröhne weit überlegen. Zeitlebens hat es Kempowski geschmerzt, dass er von tongebenden Zirkeln gemieden, ja diffamiert wurde, doch für sein Schreiben muss man diese Randstellung heute, im direkten Vergleich mit Grass, wohl als Glück bezeichnen. Im Januar 1990 plant Kempowski Ausflüge in seine alte, nun endlich wieder problemlos erreichbare Heimat, während Grass im selben Monat darlegt, wie er sich ins Rad der Geschichte zu werfen gedenkt, jederzeit überzeugt, ohne sein Gemahne werde alles ein schlimmes Ende nehmen, Großdeutschland und Weltuntergang inklusive. Bei Kempowski mischen sich Freude und Angst, selbst eine Fahrt nach Bautzen will er sich zumuten, und die Aufzeichnungen dieser Gedanken und Erlebnisse sind logischerweise viel bedeutender als das Grundsatzthesen-Gestammel von Grass, der immer gleich alles zu durchschauen glaubt, durch nichts zu überraschen oder zu überwältigen ist, nein, er – wenigstens er! – ist das unverzichtbare Korrektiv des Weltenlaufs.

»Will versuchen, in der Frankfurter Rede das angebliche Recht auf deutsche Einheit im Sinne von wiedervereinigter Staatlichkeit an Auschwitz scheitern zu lassen«, liest Grass nun den Göttingern seine staatsmännischen Größenwahnvorstellungen vom 2. Januar 1990 vor. Niemand im Saal lacht darüber, nein, das ist ernst gemeint und wird ernst genommen. Gelacht wird bei Wörtern wie »Literaturquartett«, »Kotzen«, »Heidepark« oder »Schirrmacher«, man ist sehr selbstgewiss in diesem Saal, man ist im Bilde und weiß Bescheid.

»Aber die Blechtrommel«, wird einem immer entgegengehalten, wenn man sich kritisch zu Werk oder Person Grassens äußert. Schön und gut, aber die letzten Grass-Bücher, sind die gut geschrieben? Sind die interessant? War seine Empörung über die Diskussionen, die das Bekenntnis zu seiner früheren Mitgliedschaft in der Waffen-SS auslöste, nicht einfach nur verlogen und widerlich?

Nein, nein: ein kleiner Nebensatz in Roman und Interview, derart aus-geschlachtet! Kampagne! Natürlich.

Davon abgesehen: Steht nimmermüdes Eingemische und Politge-dröhne einem Schriftsteller wirklich gut? Ist die Beachtung gerechtfer-tigt, die jeder wie geistesschlicht auch immer formulierten Weltgesche-henskommentierung aus dem Hause Grass zuteilwird?

»Schrieb gestern noch rasch und konzentriert zwei Seiten, um sie an Augstein zu schicken, der mir versprach, für den Abdruck zu sorgen.«

Aber: Die Blechtrommel. Ja ja, schon gut.

Grass steht da vorn als rotweinbesprenkelte Karikatur eines politi-schen Schriftstellers. Politisch ist, wenn möglichst konkret über Poli-tik geredet wird, je mehr, desto besser. Im Auditorium lauter nickende Köpfe: Gut, dass wir unseren Großgünter haben, wir Deutschen sind ein gefährliches, von Ganoven regiertes Volk, es steht nach wie vor schlimm um unser Land – nicht auszudenken, was erst geworden wäre, wenn wir Grass nicht gehabt hätten.

Und es ist ihm wohl nachzusehen, dass das verlässlich große Echo auf all seine stets hochwichtigen Debattenbeiträge, Großpodiumsverlaut-barungen und all die »Streitgespräche« mit Augstein, Brandt und wem immer zwangsläufig dazu führen musste, dass er sich ganz selbstver-ständlich für das Nationsgewissen hält – wer so viel Gehör bekommt, wird taub für die eigenen Fehler und Irrtümer; wer derart im Licht steht, wird blind.

Den vorgetragenen Tagebuchpassagen zufolge war die entscheidende Frage des Jahres 1990, ob Günter Grass seine SPD-Mitgliedschaft würde aufrechterhalten können oder nicht.

»In die Suppe spucken« möchte Grass mit diesem Buch, und zwar al-len Wiedervereinigungs-Festrednern, das hat er in den letzten Wochen immer wieder gesagt, und er sagt es auch an diesem Abend. Dass derart notorisches Ein- und Mitmischen, wie er es sich zur Gewohnheit ge-macht hat, eine Grundzutat jener gemeinten Suppe ist, fällt ihm offen-bar nicht mehr auf.

Bisschen blättern im Kempowski: »An Grass trauen sie sich nicht ran. Der große Rauner faselt von Auschwitz, dass uns die Ermordung der Juden verpflichte, die Teilung aufrechtzuerhalten. (…) Was die Teilung Deutschlands mit Auschwitz zu tun hat, kann einem niemand erklären. Die schreien einen gleich an, wenn man danach fragt.« Dazu kommt es dann: Nach 90 Minuten Tagebuch- und Levitenlese soll diskutiert werden. Da sich zunächst niemand meldet, nehme ich mein Kempowski-Buch als Muthalt in die Hand, erbitte das Mikrophon und spucke also in die Suppe. Ich habe darin nicht so viel Übung wie Günter Grass, daher bin ich nervös und kann mich natürlich nicht an den Wortlaut meiner »Einmischung« erinnern. Sagen jedenfalls wollte ich:

Es ist läppisch, was wir hier über das Jahr 1990 gehört haben, verglichen mit Kempowskis Tagebuch desselben Jahres. Mich macht es zornig, wie Kempowski abgetan wurde als rechter Spinner, auch und gerade von Grass. Es ist ein Skandal, dass in unserem Deutschunterricht vor lauter Grass und Christa Wolf nie Platz für Kempowski war. Kempowskis Tagebücher sind so viel besser geschrieben als dieses von Grass, und sie enthalten viel Mutigeres und Interessanteres zur Wiedervereinigung, und man kann nur staunen, wie diametral zur literarischen Bedeutung die Aufmerksamkeit in Deutschland verteilt wurde. Und es ist doch einigermaßen verwunderlich, dass Kempowski zeitlebens vergeblich darauf warten musste, seine Jahre im Bautzener Zuchthaus als politische Haft anerkannt zu bekommen, und dass Grass ihm nie zur Seite gesprungen ist, was ihm doch ein Leichtes gewesen wäre! Und dass er, Grass, hier daherlabern darf, wie er mit Pfarrer Führer über Deutschland nachdenkt, und kurz drauf dann seiner Verwundung als 17-jähriger Waffen-SS-ler am 20. April, dem Geburtstag des Adolf Führer, gedenkt. Dass das einfach so durchgeht! Dass dieser Grass dieses Rederecht hat!

Das kommt natürlich nicht gut an im Saal, klar. Ich bin jetzt der Partyschreck, die Nervensäge. Unangenehm. Grass kann die Sache routiniert abbügeln, bekommt Applaus, und dieser Applaus sagt: Du Blödmann da, sei still, lass unseren Günter in Ruhe. Kempowski sei doch ein fleißiger

Autor gewesen, und es sei doch schön, dass so verschiedene Ansichten und Bücher existierten, gibt Grass mir mit auf den Weg.

Andere Fragen, bitte? Natürlich: Wie genau war das noch mal mit der Treuhand? Was ist mit der SPD los, was ist von der Linken zu halten, ist es nicht ein Skandal, dass in Ost und West noch immer unterschiedliche Löhne für die gleiche Arbeit gezahlt werden? Kann er alles erklären da vorn. Spricht hier eigentlich ein Altkanzler oder ein Schriftsteller, fragt man sich dann doch.

Ich probiere es noch einmal mit Kempowski, wohl wissend, dass es spätestens jetzt nervt. Ich solle bitte einsehen, dass wir in einer Demokratie leben, belehrt Grass mich und sorgt dafür, dass ich ausgelacht werde. Störer lächerlich zu machen, ist für einen Bühnenprofi die leichteste Übung.

Dahinten bitte, ja, noch eine Frage? Die Heuschrecken auf dem Cover. Ach so, natürlich, alles so simpel wie irgend möglich, tatsächlich führt Grass nun Müntefering an, die Heuschrecken, Hedgefonds also, und immer so weiter. Er als über 80-jähriger, holt Grass dann noch mal ganz groß aus, fordere uns junge Leute auf, Widerspruch anzumelden und aufzustehen – es sei schließlich unser Land. Das Asylrecht! Die Autohäuser im Osten! Die Kali-Industrie! Die Krankenkassen! Schäuble! Wahlbeteiligung! Pah! Der ehemalige Postchef läuft frei herum, während jeder noch so kleine Ladendieb ins Gefängnis kommt! Aufstehen, Leute, Widerspruch, Hintern hochkriegen!

»Vielen Dank, dass Sie Tacheles geredet haben«, dankt eine Dame mit lilafarbenem Halstuch Grass abschließend, »jedes Ihrer Worte heute hat mir aus der Seele gesprochen«.

Dann signiert Grass viele hundert Bücher. Neben ihm wacht Verleger Steidl, klappt die Bücher auf, legt sie ihm zur Signatur vor. Am Büchertisch kaufe ich das von Kurt Beck herausgegebene Buch »Schlagt der Äbtissin ein Schnippchen, wählt SPD!‹ – Günter Grass und die Sozialdemokratie« und stelle mich ganz hinten an in der langen Schlange vor dem Signiertisch. Als ich schließlich vor Grass stehe, sagt er spöttisch: »Ah, mein Freund!«

Tja nun. Ich bin noch immer ziemlich aufgeregt, peinlich war das Ganze schon für mich, und doch empfand ich meine Wortmeldung als richtig. Und hat nicht Grass selbst genau solches Verhalten eingefordert? Aufstehen, die Meinung sagen, auch wenn es mal nicht gar so bequem ist? Grass ist ganz ruhig. Und ich Depp fange wieder mit Kempowski an. Das sei ja eine regelrechte Obsession, sagt Grass. Mag sein, fahre ich fort, aber ich fände es nun mal unglaublich, dass er, Grass, sich für den »Tabubruch« loben ließ, mit seiner Novelle »Im Krebsgang« die Versenkung des deutschen Flüchtlingsschiffs »Wilhelm Gustloff« thematisiert zu haben, lange nachdem Kempowski dies im »Echolot« getan hatte; und dass Grass damals obendrein gesagt hat, er habe dieses Thema einfach nicht den »Rechtsgestrickten« allein überlassen wollen – damit hat er doch wohl Kempowski gemeint, oder nicht?

Schon klar: Diskutieren heißt für Grass, dass er mal rasch seine Meinungen durchgibt. Er guckt mich mitleidig an.

Letzter Versuch, zu ihm durchzudringen: »Herr Grass, Sie rufen zum großen In-die-Suppe-Spucken auf, und tut man das, benehmen Sie sich, als seien Sie Helmut Kohl, und man bedränge Sie, nun endlich die legendären Spendernamen zu nennen.«

»Günter Grass« schreibt er dennoch gütig in mein Exemplar des von Kurt Beck herausgegebenen Buchs, gibt es mir zurück und sagt, ich solle nicht so dummes Zeug reden. Ein bisschen riecht das Buch nach Rotwein, aber nur ein ganz kleines bisschen.

Protest

Es ist kalt und grau, als Barbara sich in die Sonne verwandelt. Barbara ist Aktivistin bei Attac, dem »globalisierungskritischen Netzwerk«, und ihr Sonnenkostüm hat irgendein Seminar gebastelt; »Solarenergie« steht auf der Brust des Kostüms. Die Sonne ist also die Gute, sie hat große Hände, mit denen haut sie gleich die Bösen.

Kasperletheater vor dem Internationalen Handelszentrum in der Berliner Friedrichstraße – die Passanten interessiert das alles nicht so sehr, nichtmal die Polizei ist da, aber die Attac-Kämpfer verteilen unbeirrt Zettel, auf denen steht, dass ihr gleich beginnender Protest gegen die vier Energieversorger EnBW, E.on, RWE und Vattenfall »eine phantasievolle Aktion« gewesen sein wird. Barbara fragt ihre Freunde, wer die Trillerpfeifen hat, denn die braucht man, um so richtig schön zu nerven. Also werden gelbe Attac-Trillerpfeifen verteilt, und dann kann es losgehen.

Vier als Könige verkleidete Jungs haben Kartons in der Hand, darauf stehen Lafontaine-Kampfbegriffe wie »Rekordgewinne« und »Preiserhöhung«. Da müssten doch die vorbeieilenden kleinen Männer und Frauen von der Straße aufhorchen, werden die Aktivisten im Bastelseminar sich gedacht haben. Jeder König stellt einen Stromversorger dar; Jutta mault in ein Megaphon, dass hier »jede Menge wütende Leute« stünden, die »stinksauer auf die Konzerne« seien. Ungefähr zehn wütende Leute sind es tatsächlich, Könige und Sonne mitgerechnet, aber wenn man die Kamerateams, Fotografen und Reporter dazuzählt, stehen nun fast 30 frierende Menschen auf dem Bürgersteig.

Die Sonne verhaut jetzt symbolisch die Könige, Jutta und ihre paar Kampfgenossen helfen der Sonne, die Könige ordentlich zu drangsalieren, sie als »Klimakiller« und »Preistreiber« zu beschimpfen, und die armen, nein, Verzeihung, die *total bösen* Könige rufen so Sachen wie »Wir wollen unser schönes Geld behalten«, »Haut ab, Bürger« oder »Wir brauchen die Politiker, die unseren Wahnsinn erlauben«. Sie fliehen Richtung Handelszentrum, dem Sitz der Berliner RWE-Repräsentanz, und auf deren Firmenschild schreibt Loni mit Edding ihre Meinung: »Lügen-Bande«, »Geldsammel-Zentrum« und so. Eine Empörungsschwester schaut ihr begeistert über die Schulter: »Au ja, schreib ›Raubtierkapitalismus‹, das ist gut!«

Megaphon-Jutta fordert nun »Enteignung, Zerlegung und demokratische Kontrolle« der Könige, also der Konzerne. Wenn man sie fragt, ob Begriffe wie »Demokratie« und »Enteignung« sich in so enger Nachbarschaft gut vertragen, sagt Jutta, das gehe sehr wohl, sie habe das mit diversen Juristen besprochen. Und fragt man Jutta dann noch, ob ihr nicht kalt sei in ihren Sandalen, sagt sie, auch das gehe prima, ihre (verschiedengemusterten) Wollsocken seien warm genug.

Als der von Rasmus dargestellte König RWE gebeten wird, noch etwas in eine Kamera zu sprechen, sagt Rasmus, nee, der Chris könne viel besser sprechen, er selbst sei mehr so der Denkertyp. Also entledigt er sich geschwind des Kostüms, Chris zieht es über und spricht Sätze mit ziemlich vielen Ähs und Irgendwies in die Kamera. Dann haut Sonne Barbara ihm auf die Krone – und als Beobachter hat man beim Weggehen so abstruse Impulse wie den dringenden Wunsch, kurz mal in die FDP einzutreten. Einfach so, als phantasievolle Gegenaktion.

Die Kanzlerin telefoniert ins Weltall

»Yes, hello ...«, spricht Angela Merkel ins Mikrophon, etwas unsicher noch, man telefoniert schließlich nicht täglich mit der Besatzung eines Raumschiffs, schnell aber wird die Kanzlerin stimmfester, sagt auf Russisch und dann auch auf Deutsch: »Guten Tag!« Hinter ihr auf einer Leinwand sieht man die Astronauten in der Internationalen Raumstation ISS wie zum Gruppenbild versammelt; es dauert ein bisschen länger als bei normalen Telefonaten, bis der Gruß angekommen ist, aber nun nicken die Astronauten, das Ferngespräch hat begonnen.

Die Kanzlerin steht auf einer Bühne im Bundesministerium für Wirtschaft und Technologie, 300 Kilometer himmelaufwärts kreist die Raumstation, neuerdings durch das Forschungslabor »Columbus« bereichert. Wie es ja nicht allzu selten der Fall ist, hat die Bundesrepublik auch bei diesem »europäischen Gemeinschaftsprojekt« den Großteil der Kosten übernommen; unter anderem deshalb ist natürlich ein Deutscher mit an Bord, unser Mann im All: Hans Schlegel. Dem war Anfang der Woche die ungewohnte Umgebung etwas auf den Magen geschlagen, er erholte sich aber schnell und konnte am Mittwoch mit seinem amerikanischen Kollegen Rex Walheim hinaus ins All spazieren und einen Stickstofftank austauschen. Ein bisschen sieht es aus, als säßen die Astronauten in einem Partykeller und guckten sich gemeinsam ein Fußball-Länderspiel an, Deutschland gegen Frankreich, denn hinter ihnen an der Raumstationswand hängen deren Flaggen. Aber das sieht nur so aus, in Wahrheit ist »dort oben« (Merkel) natürlich mit der Inbetriebnahme des neuen Labors allerhand zu tun.

Manchmal erkennt man ja mit etwas Abstand alles etwas besser, und so fragt die Kanzlerin nun Hans Schlegel, wie es unserem Planeten so gehe, von oben betrachtet, und da wird der Astronaut überraschend unwissenschaftlich, spricht von »zarten Farben« und der »Endlichkeit« unseres Planeten. Das Gespräch verläuft jetzt wie mit in jeder Hinsicht entfernten Verwandten: große Herzlichkeit, die aber etwas aneinander vorbei driftet. Wirklich nahe, in Zungennähe liegende Fragen werden höflichkeitshalber ausgespart, zum Beispiel, wie das *da oben* mit dem Klo funktioniert und wie und ob man *da oben* die Zumwinkel-Angelegenheit so sieht. Merkel sagt jetzt, dass die quality ja great sei, also listening wäre irgendwie like neighbourhood. Die Kanzlerin kommt allmählich in Fahrt, gleich werden die Männer im Saal mit einer Mischung aus Gönnerhaftigkeit und schlecht unterdrückten Unterlegenheitsempfindungen sicherheitshalber sehr lachen, denn nun thematisiert die Kanzlerin die männerseits stets gefürchtete, von ihr immer wieder herrlich zweischneidig lächelnd vorgetragene Männer-Frauen-Sache: Sie fragt die ISS-Kommandantin Peggy Whitson (auch sie: einzige Frau, trotzdem Chef), wie denn das so sei, mit lauter Männern im All. Whitson sagt, es sei wunderbar, sie hätten viel Spaß zusammen, und Schlegel pflichtet ihr bei, gemischte Teams seien immer gut. Das sagen die Merkel untergeordneten Herren ja auch immer gern, mit etwas einstudiert wirkendem Lächeln allerdings und eventuell geballter Faust in der Hosentasche. Einer von ihnen, Minister Glos, scheint die Rollenverteilung wieder ins Traditionelle wenden zu wollen, als er anschließend der Kanzlerin einen Blumenstrauß überreicht – und zwar, so Glos, »zum Valentinstag«.

Aber zuvor wird noch ins All gewinkt, es ist jetzt alles (und natürlich: nichts) gesagt, Merkel dankt höflich »Houston« für die ihr zugestandene Gesprächszeit, gerade so, als habe sie sich kurz mal für ein Ferngespräch das Telefon eines Fremden geliehen. Die Astronauten winken ebenfalls, dann erheben sie sich von ihren Plätzen – und schweben kreuz und quer durchs Bild. Ach ja, Schwerelosigkeit!

Hier unten bleibt es erdverhaftet, Angela Merkel redet noch ein bisschen über der Raumfahrt zu verdankende Innovations-Spaltprodukte »von CD-Spieler bis Teflonpfanne« – und sogar kurz, witzeshalber, über Peter Struck. Die Erde hat sie wieder.

Udo Lindenbergs Comeback

1. Ich zieh meinen Hut

Mann, ich hab mich selber fast verlor'n
Doch so'n Hero stürzt ab, steht auf, startet von vorn

Und dann nimmt er den Hut ab. Udo Lindenberg steht im Hutgeschäft Falkenhagen, in der Nähe des Hamburger Rathauses, hat in der rechten Hand eine Schirmmütze, die er sich aufsetzt, noch während er mit der linken Hand seinen braunen Hut absetzt; beides geschieht in einer Bewegung, so schnell kann man gar nicht gucken, dass man ihn auch nur einen Moment ohne Kopfbedeckung sähe. Freundlich nuschelnd bittet er die Verkäuferin, die ramponierte Krempe des braunen Huts ein wenig aufzubügeln. Er ist Stammkunde hier, besitzt etwa 15 Hüte desselben Fabrikats.

1980 hat Lindenberg in dem Geschäft Worth & Worth, an der Madison Avenue in New York, sein Hut-Modell gefunden, »Open Road« hieß es. Nicht nur der Name gefiel ihm, vor allem auch die Form, »nicht so ganz Cowboy, nicht so ganz Detektiv – irgendwie so dazwischen«. Bald war er in der Öffentlichkeit nicht mehr ohne Hut zu sehen, darunter gucken bis heute lange Haare hervor, und wie die Frisur oben, auf dem Kopf, genau weiter geht, ist eines seiner Geheimnisse, doch ist Lindenbergs Hut natürlich nicht bloße Tonsurtarnung: Ikonographische Merkmale des Udo Lindenberg sind Hut und Sonnenbrille, zwei Tarnutensilien, die durch konsequenten Gebrauch zum genauen Gegenteil wurden, niemand würde sich wundern, wenn sie in seinem Ausweis unter »unveränderliche Kennzeichen« aufgeführt wären. Die Hüte, die der Sänger bei Falkenhagen kauft, werden in einer Manufaktur im Allgäu hergestellt, in einem Ort namens, wirklich wahr, Lindenberg. »Ist Zufall, aber witzig, ne?«

»So, Udo, jetzt sieht er wieder frisch aus«, sagt die Verkäuferin, als sie mit dem renovierten Hut aus dem Hinterzimmer kommt. Das Schauspiel wiederholt sich in umgekehrter Reihenfolge, Lindenberg tauscht die Mütze nun wieder gegen den Hut, blitzschnell. Er bedankt sich, sagt, dass viel los sei momentan, »neue Platte am Start, viel Action«, und mit gebügeltem Hut geht er hinaus, sein Comeback genießen: In wenigen Tagen erscheint die beste neue Lindenberg-Platte seit über 20 Jahren.

2. Wenn du durchhängst

Wie viel Jahre sind wir jetzt
Schon durch diese Welt gefetzt

Vor einigen Jahren war ich etwas vom Weg abgekommen, verwirrt, zerzaust, außer mir. Und wo findet der denkende, lesende, schreibende Mensch Trost? In der Literatur doch wohl! Also hörte ich eine Weile lang nahezu ausschließlich die großen alten Lebenserklär-Klassiker Lindenbergs, die mir schon als Kind den Weg gewiesen hatten, all diese ewig wahren Geschichten von Ausbruch, Aufbruch, Neubeginn. In diesen Texten fand ich Rat, fand ich alles, vielleicht sogar mich selbst.

Ich fuhr nach Hamburg, bat um einen Termin in der »Panik-Zentrale«, Lindenbergs Refugium im Hotel »Atlantic«. Und dann saßen wir da, tranken »ein Teechen«, und ich sagte auswendig etwa 30 meiner Lieblings-Lindenberg-Texte auf. Lindenberg nahm die Sonnenbrille ab, guckte belustigt bis gerührt, zeigte mir eine leere Voliere neben seinem Bett und sprach: »Wir haben doch alle mal ab und zu einen Vogel.« Dann schickte er mich erstmal zum »Panik-Doktor«, seinem Leibarzt, der sich gut auskennt mit am Rande des Betäubungsmittelgesetzes Strauchelnden. Ich berappelte mich, bezog für ein paar Wochen ein kleines Zimmer in der »Atlantic«-Trutzburg, kaufte ein Aufnahmegerät und machte mich daran, diesem großen Dichter ein Denkmal zu setzen: »Poesiealbum Udo Lindenberg« nannte ich das so entstehende Hörbuch, es war ein Leichtes, die unterschiedlichsten Interpreten zum Mitmachen zu überreden, von Elke Heidenreich bis Harry Rowohlt, von Jeanette Biedermann bis Bryan Adams, von Wolfgang Joop bis Otto Sander. Niemand bekam einen Cent dafür, ich selbst zahlte ordentlich drauf, aber alle waren umstandslos dabei, Lindenbergs Poeme schienen nicht nur mir diverse Lichter aufgesteckt zu haben.

Dass die meisten der Texte fast so alt waren wie ich selbst, war erst auf den zweiten Blick problematisch. Waren wir nun alle sentimental, oder konnte Lindenbergs Spätwerk die Qualität früherer Geniestreiche einfach nicht mehr übertreffen?

3. Ganz anders

Eigentlich bin ich ganz anders
Ich komm' nur viel zu selten dazu

Lindenbergs markante Nasal-Stimme und seine selbsterfundene, querulatorische Sprache sind Steilvorlagen für Parodisten. Am lustigsten klingt es, wenn er selbst nachmacht, wie ihn jemand nachmacht. Er ist klug genug, auf liebevoll gemeinte Nachahmungen genauso wie auf spöttisch gedachte souverän zu reagieren. Heikel wurde es eigentlich nur, als er auf manchen Platten in den 90er Jahren klang, als imitierte er selbst diesen »Udo Lindenberg«.

Natürlich, auf Populärmusikkonzerten will das Publikum, egal von welchem Künstler, vor allem Altbekanntes hören; neue Lieder werden geduldet, aber am liebsten hört man, was man schon kennt, die Lieder, derentwegen man schließlich gekommen ist, die man schon lange in Herz und Ohren trägt. Am besten, sie werden originalgetreu vorgetragen und dienen dem Zuhörer so als Vehikel, sich zu fühlen wie: damals. Für einen Künstler ist es schön, ja ist es Ziel, solche Hits zu haben, aber irgendwann fragt er sich, was ihn eigentlich noch unterscheidet von einer Jukebox.

Udo Lindenberg hat in den letzten Jahren sehr viel gemacht, Ausstellungen, Tourneen, Filme, Nachwuchsförderung, dies und das – vor allem aber keine vollständige, vollgültige neue Platte. Als Ablenkungsmanöver nicht ungeschickt, all diese Verzweigungsabenteuer, aber irgendwann musste er doch mal zum Eigentlichen zurückkehren. Würde er das schaffen? Lange sah es nicht danach aus. Es war nie »ruhig um ihn«, vielleicht war das das Problem. Vor allem, wenn er mal wieder »ins Schleudern« kam, las man davon, aber man hätte es so viel lieber *gehört* – hinterher, verarbeitet in einem Lied. Am Persönlich-Menschlichen stark interessierte Boulevard-Zeitungen waren natürlich hin und wieder in »großer Sorge um Udo«, aber als Fan machte man sich vor allem Sorgen um sich selbst: Mit guten neuen Lindenberg-Liedern wäre doch das Leben so viel einfacher.

»Ja, komm, hau rein das Ding«, näselt Jan Delay, der ja sowieso auch selbst näselt, hier aber extra lindenbergig näselt – und dann schmettert dieses neue Lied los, ein Duett, Lindenberg und Delay singen gemeinsam, und so frisch klang Lindenberg lange nicht. Tatsächlich, ein neues Lied, das bald schon Klassiker sein wird, ein neuer Hit – von Udo Lindenberg!

4. Was hat die Zeit mit uns gemacht

Auf dieser Autobahn
Lass uns nicht weiterfahr'n
Die letzte Ausfahrt hier
Ey, komm, die nehmen wir

Sommer 2006, die Arbeit an der neuen Platte läuft. Wir sitzen in Lindenbergs Phaeton und fahren zur Elbe, mal alles besprechen, den Schiffen zuwinken, in den Wind pinkeln. Er sitzt am Steuer, ich habe einen Stapel DIN-A4-Blätter auf dem Schoß, lese in den Textbaustellen. Aus den Lautsprechern dröhnen neue Kompositionen sehr unterschiedlicher

Art und Qualität, noch ohne Gesang, die neuen Texte enthalten schon einige Juwel-Passagen, aber sie holpern noch, manches scheint brauchbar, wenn man noch … und falls denn …

Noch kann alles schiefgehen.

Lindenberg summt vor sich hin, ist noch unentschieden, mit wem er die Platte aufnehmen wird, wovon sie erzählen, wie sie klingen, wer sie wann veröffentlichen soll (beziehungsweise, wenn sie gut wird: darf). An Ideen mangelt es nicht, das genau ist das Problem. Lindenberg orientiert sich in Hunderten Gesprächen, Singversuchen und Probeaufnahmen. Als »Kumpel und Berater«, wie er uns um ihn Herumschwirrende einander und anderen vorstellt, darf man jetzt nicht die Nerven verlieren. Dass auch ich, als erklärter Ultrafan, etwas zu den Texten sagen darf oder soll, sogar ein paar Ideechen und Gags dazuzukritzeln gebeten werde, irritiert mich mehr als dass es mich ehrt: Wenn sogar ich da mitquatschen darf, um Himmels Willen, wie soll es dann eine große Lindenberg-Platte werden? Aber das ist seine Methode: Erkundungen in alle Richtungen.

Lindenberg will, wie immer, alles. Es soll knallen und rocken, und natürlich sollen auch Tränen fließen, »Taschenlampe ganz tief rein in die Seele«, wie er das nennt. Fatal wäre eine muskulöse Hardrock-Richtung, auch nicht richtig wäre ein durchgängig balladeskes Alterswerk. Und ganz furchtbar wäre ein halbgares Sammelsurium. Lindenberg sucht und sucht – und gibt, anders als in den Jahren zuvor, nicht ungeduldig auf.

Ein Jahr später ist mit Andreas Herbig endlich der Produzent gefunden, der die Angelegenheit respektvoll und doch radikal übernimmt: Er möchte Lindenberg wieder so singen und klingen lassen wie auf dessen ersten Platten, so sehnsuchtsvoll, so spielerisch, so einzigartig. Ein großer Künstler wie Lindenberg muss sich ja genau *nicht* »weiterentwickeln«, sondern am allerbesten zurück, er muss darauf vertrauen, dass seine ganze Erfahrung mittlerweile automatisch in seiner Stimme mitschwingt und -scheppert, und drumherum bitteschön: reduzieren!

»Straße, lässig, schluffig«, brachte Produzent Herbig es auf eine Formel, die Lindenberg zu verinnerlichen nicht schwerfiel, war sie doch nichts anderes als eine paraphrasierte Udo-Weisheit.

Herbig hatte vor 20 Jahren schon mal mit Lindenberg gearbeitet, der damals 18-jährige Produzent fing gerade an, und Lindenberg begann gewissermaßen gerade aufzuhören, alle folgenden Platten misslangen auf die eine oder andere Weise. Und von Sommer bis Winter 2007 hat Herbig nun geduldig und visionär Lindenbergs Stärken freigelegt, ihn vieles wegzulassen ermutigt, hat ihm, wo es nottat, unnachgiebig widersprochen. Hervorragende, undogmatische junge Musiker hat Herbig für diese Platte zusammengesucht, und vor allem hat er Lindenberg geholfen, aus dem Material-Wust die eine, große, absolut moderne, dabei vollkommen zeitlose Comeback-Platte zu destillieren. Und so konnte Lindenberg sich aufs Singen konzentrieren, darauf, endlich wieder der beste deutsche songsingende Geschichtenerzähler zu sein.

5. Mein Ding

Guckte hoch aufs weiße Schloss
Oder malochen bei Blohm & Voss
Nee, irgendwie, das war doch klar
Irgendwann, da wohn' ich da

Einer seiner knappsten Merkreime lautet: »Udo L./wohnt im Hotel«. Im »Atlantic« wohnt Lindenberg seit mittlerweile zwölfeinhalb Jahren, und dass ein solcher Dauergast sich seine Suite nach und nach bedürfnisgerecht umgestaltet und dekoriert, ist logisch. Lindenbergs besondere Wohnleistung ist daher außerhalb seiner drei ineinanderübergehenden Zimmer zu bestaunen: In den Fluren und in der Bar des Hotels hängen seine mit Likör, Acryl und Edding gemalten Bilder, die interessant kontrastieren mit dem übrigen, traditionellen Gemäldeschrott; das hauseigene Kino »LiLi« (Lindenberg-Lichtspiele) mit acht Sitzplätzen wäre ohne seine Initiative nicht eingerichtet worden; aus der Getränkekarte der Bar lachen einem Lindenberg-Zeichnungen entgegen; Barpianist Frank Linkus hat so lange die Melodie von »You're a lady« geübt, bis er sie für die B-Seite von Lindenbergs neuer Single einspielen durfte: »Bist 'ne Frau und ich 'n Mann«; in der Hotelgarage steht der letzte in Zwickau vom Band gerollte Trabant, von Lindenberg mit Goldspray veredelt. Noch erstaunlicher ist, dass Lindenberg es geschafft hat, Personal und Hausordnung mit seiner Lässigkeit zu infizieren. »Irgendwie / mal sehen / keine Panik / ganz easy«, so der bei allem Tun (und Lassen!) mitschwingende Hauston. Hier geht alles, und manchmal klappt gar nichts. Zuhausiger kann ein Hotel nicht sein.

Aus kleinem Haus, aus einem wirklich ziemlich kleinen Haus in der Gartenstraße Nummer 3 in Gronau, Westfalen, hat Lindenberg sich in den 60er Jahren nach Hamburg aufgemacht, er wollte Popstar werden und im Hotel wohnen. Das hat soweit ganz gut geklappt.

In seinem Wohnzimmer steht ein E-Piano, der Herstellername klingt wie von Lindenberg erdacht: Kurzweil. »Stevie Wonder hat dasselbe«, sagt Lindenberg, während er die schwer auseinanderzuhaltenden Fernbedienungen für sein umfangreiches Unterhaltungselektronikmobiliar durchprobiert, bis er die richtige gefunden hat, um mal einen Blick zu werfen auf Kurt Becks Beschwichtigungsverrenkungen bei Beckmann. Am Vorabend stand ebendieser Beck plötzlich unten in der Hotellobby und redete irgendwas auf Lindenberg ein. Das eben mag Lindenberg so am Hotelleben, dass durch die Drehtür ständig Überraschungen hereingestolpert kommen, mit denen man schnell ins Gespräch, vor allem aber auch unkompliziert wieder aus einem solchen heraus kommt. Beck hatte ihn im Januar 2007 mit der »Carl-Zuckmayer-Medaille des Landes Rheinland-Pfalz« ausgezeichnet, und Becks Redenschreiber hatte sich anlässlich der Medaillenverleihung Sätze wie diesen für den Ministerpräsidenten ausgedacht: »Was mir persönlich besonders imponiert, lieber Udo Lindenberg, sind Ihre Texte, die politisch engagiert sind.«

Auf Lindenbergs Plasmabildschirm laviert Beck nun herum, nein, es war kein Wortbruch, es war eine Richtung, die neu eingeschlagen wurde ... kein Wählerbetrug, sondern die Auseinandersetzung mit einer Situation, wie sie sich neu ergeben hat ... in unserer Aufregungsgesellschaft ...

Langweilig, der Typ, findet Lindenberg, »und vor allem – die Sprache!« Unterstützt von einem Hotelangestellten sucht er jetzt, viel wichtiger, die Kappe eines besonders dicken Eddingstifts, irgendwo muss die doch sein – unterm Sofa? Lindenberg wird nachts noch ein paar Bilder malen. »Und, sag mal, hat einer von euch zufällig meinen Führerschein gesehen?«

Ein Schild auf der Kommode mahnt: »Lebe immer First Class, sonst tun's Deine Erben!«

6. Stark wie zwei

Der Fährmann setzt dich über'n Fluss rüber
Ich spür' deine Kraft, geht voll auf mich über

Und auf einmal, aus vollem Lauf, ist man einer weniger: Am 1. Februar 2004 erlag urplötzlich Rocco Klein den Folgen eines Sturzes. Viele kannten ihn als klugen, lustigen Nachrichtenmann aus dem Musikfernsehen. Obendrein war er einer der treuesten, textsichersten und missionarischsten Lindenberg-Verehrer überhaupt. Alle paar Wochen legte er in einer Kölner Kaschemme seine Lieblingsplatten auf, und jedes Mal rief er dann tiefnachts an und meldete: »Bruder, jetzt ist Udo-Zeit – ich leg die ›Ball Pompös‹ auf und lass sie ganz durchlaufen, okay?« Und dann sangen wir gemeinsam am Telefon laut mit, im Hintergrund waren hin und wieder Beschwerden zu hören von irgendwelchen Kölnern, die was anderes hören wollten – aber da waren sie an den Falschen geraten, lieber legte Rocco noch eine Lindenberg-Platte auf, weniger, um die Nörgelkölner zu ärgern, mehr, um sich und mir eine Freude zu machen. Damit war es nun vorbei.

Ich saß bedröppelt in der »Panik-Zentrale«, und Lindenberg riet, ich solle es auf jeden Fall so sehen, Rocco sei »nicht *von* uns gegangen – er ist *vor* uns gegangen«. Wir kämen ja irgendwann hinterher, und Rocco würde dann mit all den anderen, die man hienieden überlebt hat, auf uns warten.

Lindenberg hat viele Sprüche auf Lager, und es ist gewiss naturellbedingt, ob einem der eine oder andere davon als Wegweiser taugt. Aber so wie er guckte, als er das sagte (ohne Sonnenbrille natürlich, ganz wach und warm blinzelte er mir zu), half es mir ein paar Meter weiter.

Im September 2006 starb dann Udos Bruder Erich Lindenberg. Wie so häufig in Formulierungsnöten, griff ich in die lindenberglyrische Hausapotheke, in der für jede emotionale Kippelsituation ein paar Haltegriffe zu finden sind, und dann tippte ich ihm ein paar Trostzeilen aus seinem eigenen Werk rüber. Mich haben sie oft gestützt, und ihn selbst doch vielleicht auch?

7. Der Deal

Vergiss nie, wir haben einen Deal
Ich lieb' dich nur ein bisschen, aber nicht zu viel

Im Herbst 2005 ritt mich mal wieder irgendein Teufel, beziehungsweise ich ihn, so genau war das nicht zu sagen, jedenfalls stand ich plötzlich im Londoner Tonstudio des Grönemeyer-Produzenten Alex Silva und nahm gemeinsam mit der Mädchen-Rockband AK4711 eine Coverversion des Lindenberg-Klassikers »Øle Pinguin« auf. Die Mädchen droschen auf ihre Instrumente ein, und ich sang den Refrain mit, in dem eine meiner liebsten Lindenberg-Wortschöpfungen vorkommt:

Manchmal ist es 'n bisschen kalt
doch wenn ich frier'
Dann greif' ich mir 'ne Eskimöse
und wärme mich an ihr

Schön – aber warum dieses Duett? Warum, warum – irgendwie waren wir eben darauf gekommen, was weiß denn ich. AK4711 waren bei Grönemeyers Label Grönland unter Vertrag, in diesem sehr guten Pinguin-Text von Lindenberg kommt das Wort Grönland vor, und versuchen konnte man es ja mal. Ich hatte auch einen ausgefuchsten Plan, wie man mit dieser Coverversion eine verdient große Aufmerksamkeit zugleich für das große lyrische Werk Lindenbergs und diese neue Mädchenband erzeugen könnte, aber ich hab es dann vermasselt, und nicht nur, weil ich nicht der allerbeste Refrain-Sänger bin. Immerhin jedoch wahrte ich die Traditionslinie, nach der Lindenberg bei der Auswahl von Duett-Partnerinnen immer auch (wenn nicht gar: vor allem) außermusikalische Argumente zu berücksichtigen scheint: Ulla Meinecke, Nena, Yvonne Catterfeld, Dorkas Kiefer, Nina Hagen und so – zum Zeitpunkt der Aufnahme – hübsch weiter.

Auf der neuen Platte nun singt er mit der Silbermond-Sängerin ein »Der Deal« betiteltes Lied, es ist in Ordnung, ist nicht ganz so schaurig wie zum Beispiel einst Falcos Duett mit Brigitte Nielsen (»Mit der Nielsen wollte ich nicht in die Charts, sondern ins Bett«, rückte Falco die Sache später wieder grade) – aber der Rest der Platte ist natürlich viel, viel besser. Doch hat dieses einzige misslungene Lied eine eminent wichtige Funktion: Es zeigt, wie es auch hätte werden können, wenn es eben nichts geworden wäre, wenn Lindenberg sich nichts getraut hätte, wenn er den ödesten Schnurstracks-Trivialrock-Weg gewählt hätte. Er sagt immer wieder, dass er eine »Schwäche« habe für solche, wahrscheinlich »stark« zu nennende, quälend frischwärts schruppende und röhrende, nichtmal durch Ironie abgefederte Musik. Und ist das nicht wiederum ganz sympathisch? Sei's drum, ganz ohne Ausrutscher wäre Lindenberg nicht Lindenberg.

8. Chubby Checker

In so 'nem Hotel muss man immer mal schnell
die Korridore abgeh'n
Mal gucken, ob noch alles klar ist
und ob noch alles da ist

Das Detektivtum ist ein klassischer Lindenberg-Topos. »Horizont«, einer seiner größten Hits, beginnt mit der Zeile »Wir war'n zwei Detektive«, im Spielfilm »Panische Zeiten« suchte er 1980 als Carl Coolman (»Der Detektiv, der niemals schlief«) den entführten Sänger Udo Lindenberg, den er natürlich ebenfalls selbst spielte – oder, genauer: darstellte, denn alle Maskeraden, alle Posen sind ihm ja längst Identität geworden; die als Jazz-Trommler einst schon detailliert erdachte, erträumte und erarbeitete Figur »Udo Lindenberg« ist er ja geworden, er *ist* sie, von morgens (na ja: mittags) bis nachts. Und auch in seinem zwar nachäffbaren, aber doch unnachahmlichen Spezialslang, dem Udo-Deutsch, kommt das Detektivtum häufig vor: Rumchecken, spionieren, die Lauscher auf – Lindenberg recherchiert tagein/nachtaus, unermüdlich löst er immer wieder diesen einen großen Fall: ein Leben ohne Langeweile.

Wenn man ein paar Tage mit ihm verbringt, wird man automatisch das, was Lindenberg romantisch als Komplizen bezeichnet; insofern paradiesisch, da ich das Cover von Lindenbergs »Detektiv«-Platte (er, lässig an eine nach gefährlichem Viertel aussehende Hauswand gelehnt, Trenchcoat, tief sitzender Hut, Zigarette im Anschlag) als Zielvorgabe, als Abbild der optimalen Männer-Existenz adoleszenzlang über dem Bett hängen hatte.

Anlass- und launenabhängig geht es mit Limousine oder Sportwagen los – »mal gucken«. Und wenn ich es nicht selbst gesehen hätte, würde ich es für eine Stilisierungspointe halten, aber tatsächlich schlittert er manchmal auch auf Rennrad oder Rollschuhen durch die Gegend und, ja, sogar durch das Hotel. Er kennt in Hamburg jeden Schleichweg, jeden Hintereingang, jedes Losungswort, und er pflegt durch seine Streifzüge ein erstaunliches Informantennetz. Im Hafen spaziert er auf ein Schiff, Hallöchen, er klappert ein paar Hotels ab, steigt in manch schummrigen Keller hinab, hier noch was abholen, da was angucken, dort nach Soundso fragen. Währenddessen wird telefoniert und gemailt, alles gleichzeitig, alles nebenbei; auf den ersten Blick mag Lindenberg manchmal »nicht ganz bei der Sache« erscheinen, aber er ist voll da, nur eben bei *den Sachen,* es sind so viele. Und wenn im Augenwinkelblickfeld darüberhinaus etwas Interessantes passiert, merkt er es zuerst.

Zurück im Hotel, begrüßt er jetzt Helge Schneider, der mit »00 Schneider« eine andere große deutsche Grotesk-Detektiv-Figur erschuf. In dem neuen Lied »Chubby Cecker« ermitteln Schneider und Lindenberg im Duett, und nun sollen die beiden der »Bild«-Zeitung am Hotellobby-Kamin erzählen, wie es dazu kam und so weiter. »Wie finden Sie Udos Stil?«, fragt der Mann von der »Bild«, und Schneider überlegt nicht lang: »Postmodern.« Der »Bild«-Mann lacht unsicher, das war doch jetzt wohl hoffentlich ein Warmwerdwitz?

9. Der Greis ist heiß

Alte Männer sind gefährlich
Denn die Zukunft ist egal

24. Juli 2006, kurz vor null Uhr. Unter einem Vorwand habe ich meinen Freund Moritz von Uslar am Vorabend seines Geburtstags in die Bar des »Hotel Atlantic« gelotst. Er gehört zu den vernünftigen Männern, die weinen, wenn sie bestimmte Lindenberg-Lieder hören. Wie verabredet kommt nun Lindenberg um die Ecke, er trägt eine Latex-Greisen-Maske, beugt sich zum erstaunten Uslar herunter und sagt: »Wir werden alle älter, nicht wahr? Gleich kommt ein junger Kollege, die Nachtigall Udo Lindenberg, der möchte Ihnen ein kleines Ständchen zwitschern, ich hol ihn mal.« Der Maskenmann verschwindet hinter einer Säule, kommt als Udo wieder hervor, tänzelt zum Barklavier rüber, an dem der

Panikband-Keyboarder Hendrik Schaper schon die ersten Töne von Uslars Udo-Lieblingslied intoniert, schlaggenau um null Uhr lindenbergt sich Udo in die erste Strophe, »Düpndödüp« – und dann: »Wir war'n zwei Detektive, die Hüte tief im Gesicht …«

Weinend freuten wir uns auf unseren 60. Geburtstag.

10. Woddy Woddy Wodka

Denn hier unten bei den Normalos
Nee, da hält er's nicht mehr aus
Nur da oben bei Daniel Düse
ist sein wirkliches Zuhaus

Ab einem gewissen, höheren Alter hat ja ganz streng gesunde, von jedem Laster abstinente Lebensführung einen starken Hau ins Lächerliche – als könnte man die Grubeneinfahrt ewiglich rauszögern! Wofür bitteschön so »fit«?

Aber Überleben ist schon auch nicht schlecht. Lindenberg hat jahrzehntelang die körpereigenen Belastungsgrenzen immer wieder übersprungen oder unterkrochen, er hat aus den Exzesserfahrungen große Texte gewonnen – »dicht gedichtet und nüchtern gegengelesen«, lautet seine diesbezügliche Standardkoketterie. Er hat Glück und Elend von Rausch und Sucht so süßweich wie knallhart besungen, als Profi auf diesem Gebiet weiß er natürlich, dass er nur nüchtern wirklich gut ist – aber wozu, für wen, für was denn eigentlich »dieser Stress«, immer wirklich gut zu sein?

Anfang des Jahres wollte er mal wieder kurz »checken«, wie genau das noch mal ist, wenn es einem richtig scheiße geht, denn eventuell ist es ja kurz vorher kurz himmlisch schön? Einen Versuch war und ist ihm das immer wieder wert. Als die Zeitungen ihn noch im Krankenhaus wähnten, standen wir in einem seiner Verstecke, hoch über der Alster, nicht weit vom, aber eben nicht im »Atlantic«. Der Fall war erledigt, Udo selbst zum Glück nicht, da gab es nichts groß zu besprechen, lieber setzten wir uns in seinen neuen Porsche, fuhren durch die Nacht und hörten einige der gerade fertig gewordenen Lieder. Diese enthalten alles, was Lindenberg bis heute »zum Thema« beizutragen hat, und wie jede große Poesie ist sie etwas weiser als ihr Urheber. Froh, dass es sich nicht umgekehrt verhält, gab Udo Gas, und wir fuhren Richtung Licht.

11. Nasses Gold

Wahnsinn und Genie – hat er oft gedacht
Was für'n schönes Paar, besonders an der Bar

Als jemand ihm in der Materialanhäufungsdetektivphase vor Aufnahme dieser seiner neuen, seit Jahrzehnten besten Platte einen Text zu singen vorschlug, dessen Erzähler melancholisch aus dem Fenster guckt, sagte Lindenberg: »Nö – ich bin ja nich' so der Ausm-Fenster-Gucker. Ich geh ja lieber runter in die Bar.« Dort hat er noch immer das meiste gesehen, und sei es, dass er dafür nichtmal die Augen öffnen musste.

Als er sich mal wieder für ein paar Tage und Nächte abmeldete und von dort oben, beziehungsweise unten, lapidar per SMS mitteilte, dass nunmal die Tage alle gleich lang, aber verschieden breit seien, kaufte ich ihm an jedem der folgenden, von ihm breit verbrachten Tage eine schmale Krawatte, die gab es in einem Laden an der Mönckebergstraße gerade im Angebot, aber so viele wurden es dann zum Glück gar nicht.

Lindenberg hat so viele einzigartige Tricks drauf, dass er sich einige der besonders banalen zu erlernen weigert – eine Krawatte umbinden zu können gehört dazu. Also versah ich die schmalen Kragenschmuckanhängsel mit einer Schlupfschlaufe, er muss sie sich nur über den Hut schwingen und sie dann festzurren, aber so ganz fest zurrt er sie eh nie. Immer schön offen halten alles.

12. Interview mit Gott

*Er war lange weg, wir sprechen exklusiv
über sein Comeback*

Das Album »Stark wie Zwei« ist im Presswerk, und natürlich wird man es sich auch aus dem Internet runterladen können. Musikalisch ist das Comeback gelungen, nun muss es nur noch vollzogen, die öffentliche Ernte eingefahren werden. Am kommenden Freitag ist die Platte, wie man so sagt, »draußen«, die Single »Wenn du durchhängst« wird von den paar weniger infantilen Radiosendern im Stundentakt gespielt, am Samstag wird Lindenberg sie bei »Wetten dass..?« vortragen – »aber nicht aufs Sofa, keine Lust, da gummibärchenessend irgendwelchen Rekordbaggerfahrern die Daumen zu drücken«. Muss er nicht, wird er nicht. Ach, ist das herrlich, dass er wieder Bedingungen stellen kann, so soll es sein!

Jeden Tag kommen jetzt Dutzende Journalisten und Kamerateams ins »Atlantic«, befragen, filmen und fotografieren Lindenberg. Manche stellen auch originelle Fragen, aber das ist ganz wurscht, Lindenberg antwortet eigentlich immer ungefähr dasselbe, er hat inzwischen raus, welche Antworten und Sprüche zu dieser Platte gut funktionieren, und doch ist keiner unzufrieden mit der Interview-Ausbeute, schließlich variiert ja Lindenberg in seinem berühmten »Freistil-Sprechen« dann doch wieder derart singulär, beugt die Grammatik, wie es ihm gefällt, setzt neue Wörter zusammen, wie er das immer tut, einfach, um sich selbst nicht zu langweilen. Und das Schöne ist ja: Wer wirklich etwas über ihn erfahren oder gar von ihm lernen möchte, muss schließlich nur die Platte hören. Da ist endlich mal wieder alles drauf: Liebe, Trauer, Kampf, Kapitulation, Überschwang, Naivität, Einsicht, Provokation, Spielerei, Kitsch und Quatsch – wunderschöne kleine Geschichten zu einer Musik, die all das untermalt und verstärkt, die diesem großen Sänger Raum gibt, die ihn hält und bewegt.

13. Verbotene Stadt

Denn ich bin auf der Flucht
vor mir selber so weit weg gerannt
Und alles, was ich fühle
hab' ich ganz weit weg verbannt

Vielleicht handelt der Text, den Lindenberg zu dieser nicht anders als betörend zu nennenden Till-Brönner-Komposition singt, von einer Liebe zwischen zwei Menschen. Man kann das so hören, je nach aktueller Gestimmtheit als Bestätigungsmunition für einen Bruch oder als Ermutigungsproviant für einen Wiederbeginn, so wie eben Lindenbergs große Liebeslieder immer diese beiden Interpretationsvarianten zulassen. Aber man kann es auch als ein Liebeslied hören, das keinem Menschen gilt – sondern der Musik. Der Held hat sie wieder, es war ein harter Kampf.
Happy: ja. End: nein.

14. Der Astronaut muss weiter

Man weiß es nie genau
auf dem Raketenbahnhof
Wird man den nächsten Flug
lebendig übersteh'n

In der Garderobe der »Panik-Zentrale« hängt seit einiger Zeit ein Astronauten-Anzug. Lindenberg hat ihn in einem Bühnengarderoben-Fundus gekauft, so wie er sich eben manchmal nicht direkt zur Grundausstattung eines Bürgers zu zählende Kostüme und Requisiten kauft, um dann mal zu gucken, was einem damit so passieren oder einfallen kann. Unvergessen, wie er im letzten Herbst plötzlich mit »Leuchthandschuhen« aus dem Lift in die Hotelhalle trat, an jeder Fingerspitze eine kleine batteriebetriebene Glühbirne, und den irritiert ein paar Schritte zurückweichenden anderen Hotelgästen gut gelaunt erklärte: »Enorm praktisch, so Dinger.«

Den Astronautenanzug trug er beim Videodreh mit Jan Delay, aber er trägt ihn »auch so« ganz gern mal, »ist doch astreine Ausgeh-Garderobe«. Und in sternklaren Nächten steigt er damit hin und wieder aus dem Fenster des Spitzwegstübchens, seinem Atelier im Dachgeschoss des Hotels. Dann stellt er sich auf den kleinen »Schwindel-Austritt« und winkt den Sternen zu. Genau wie Detektive gehören auch Astronauten und Außerirdische in allen Schaffensperioden Lindenbergs zum Textpersonal, man kann mit ihnen so prima unbefangen und grundsätzlich über die Menschheit sprechen – und uns danach ein schönes Lied davon vorsingen.

Leander Haußmann als Pädagoge

Peng, Peng, Menschen fliehen, Peng, Peng, Blut spritzt. Leander Haußmann nickt zufrieden, es ist ja nur ein Spiel. Aber immerhin eines der
berüchtigten Sorte »Ego Shooter«: Der Spieler kriegt eine Waffe in die
Hand und muss andere erschießen, um nicht selbst erschossen zu werden. Der nächste Film des Regisseurs, »Robert Zimmermann wundert
sich über die Liebe«, beginnt mit diesem Spiel, die Jungs in dem Film
haben es erfunden. Haußmann sitzt im Schneideraum, er hat diese Jungs
erfunden – und das Spiel natürlich auch.

Ja, sind denn solche Computerspiele nicht gewaltverherrlichend, ge-
waltfördernd, rekrutieren sie nicht nächste U-Bahn-Schläger oder
Amokläufer? Nein, sagt Haußmann, in den besseren »Shooter«-Spielen
gehe es nicht ums Töten, sondern vorrangig um Taktik. Und Spaß. Die
Erfinder dieser Spiele seien große Künstler, noch ein paar Jahre, dann
werde das auch endlich jeder kapieren, hoffentlich. Er jedenfalls könne
Eltern nicht begreifen, die stolz darauf sind, diese Spiele nicht zu kennen.
Diese Eltern, sagt der Regisseur und Vater, würden nichtmal probieren,
ihre Kinder zu verstehen.

Als sein 16-jähriger Sohn im Dezember von einer Demonstration in
Berlin Mitte kam und ihm die Augen tränten, erkundigte sich Haußmann, was bitteschön vorgefallen sei.

Pfefferspray, böse Polizisten!

Soso, sagte Haußmann. Sein Sohn habe es ihm ungefähr so geschil-
dert, dass ein paar friedliche Demonstranten, allesamt im Grunde Zen-
Buddhisten, von faschistischen Polizisten eingekesselt und verprügelt
worden seien. Haußmann lacht, er war ja auch mal Sohn. Als Vater aber
nun sagte er, wenn das wirklich so war, ruf ich jetzt die Polizei an. Mach
doch, entgegnete der Sohn. Das alte Poker-Spiel also, dachte Hauß-

mann – und rief die Polizei an. Der Polizist am Telefon war sehr nett, sowieso, Haußmann mag die deutschen Polizisten; natürlich gebe es auch unter ihnen, wie in jeder größeren Gruppe, ein paar dumme oder sogar gefährliche, aber die meisten seien nette Familienväter in Uniform, die zu hassen es keinen Grund gibt. Sein Sohn sah das bislang etwas anders, er bezeichnet sich als Anarchist und tummelt sich bei Demonstrationen gern im »Schwarzen Block«.

Wenn er zuhause Parolen höre, die er 30 Jahre lang in der DDR gehört habe, reagiere er ziemlich allergisch, sagt Haußmann. Manchmal nehme er es mit Humor, etwa wenn der Sohn beim Ausräumen der Geschirrspülmaschine verkünde, er wolle nicht länger in dieser scheiß Gesellschaft leben, der Staat gehöre abgeschafft, hinter dem Kapital stecke der Faschismus und umgekehrt. Stöpsele der Sohn dann die iPod-Kopfhörer ins Ohr und höre Anarcho-Punk, sei das schon nicht ohne Komik. Aber lachend erzieht man kein Kind, und Haußmann sagt auch, so leid es ihm tue, er sei nun mal nicht der Kumpel seines Sohnes, sondern dessen Vater. Klüger kann ein Vater sich kaum verhalten: Um seinem Sohn künftig Kontakt mit der Polizei zu ersparen, lud er den Polizisten vom Telefon ein, mit seinem Sohn zu sprechen. In der Medizin nennt man so etwas »aktive Immunisierung«: Dem Patienten (= Sohn) werden abgeschwächte Erreger (= Polizisten in Zivil) verabreicht, damit das Immunsystem spezifische Antikörper (= gesunder Menschenverstand) ausbildet.

Haußmanns Sohn hatte sich netterweise auch nicht uniformiert, kam in buntfarbiger statt – wie sonst meistens – in schwarzer Kleidung. Der Polizist hatte noch eine Kollegin mitgebracht, jung und hübsch, die beim G8-Gipfel von Demonstranten attackiert und verletzt worden war. Da klangen die Parolen dem Sohn plötzlich selbst etwas hohl, das Gespräch verlief freundlich. Sein Sohn habe anschließend verkündet, er wolle nun nicht mehr beim »Schwarzen Block«, sondern bei den »Hedonisten« mitdemonstrieren, den bunt angezogenen, die nur Quatsch machen – da sei er auch besser aufgehoben, freut sich der Vater. Insgeheim hofft er, dass diese Anarchie-Phase genauso plötzlich vergehe wie die Pokémon-Phase ein paar Jahre zuvor.

Haußmann lässt wieder ein paar Szenen seines Films laufen; auf dem Bildschirm jetzt: Eltern, die aus dem Fenster guckend darauf warten, dass ihre Kinder zum gemeinsamen Abendessen kommen. Da kommen sie – der Vater gießt sich schnell noch einen Drink ein. Haußmann lacht: »Familie ist mein Spezialgebiet, da bin ick Meister im Inszenieren.«

Polizeistreik

Früher nannten sie ihn Kalaschnikow, denn sein richtiger Name klingt so ähnlich: Kalinowski. Doch seit er unter dem Pseudonym Norman Kally zwei während ereignisloser Bereitschaftsdienststunden geschriebene Kriminalromane im Eigenverlag veröffentlicht hat, ist sein Spitz- und Rufname im Polizeifunk »Schriftsteller«. Kalinowski ist Angestellter der Fahrbereitschaft im Landeskriminalamt, er kutschiert Beamte, Strafakten, Dienstpost oder auch mal den Polizeipräsidenten durch Berlin. Aber heute streikt er, und mit ihm circa 600 Mitglieder der Polizei-Gewerkschaft.

Sie fordern 2,9 % mehr Lohn und drei einmalige Zahlungen von 300 Euro, und weil ja dauernd jemand irgendwas fordert, muss man sich etwas Besonderes ausdenken, um Reporter, Fotografen und Kamerateams zur Berichterstattung anzulocken. Die Idee der Polizei-Gewerkschaft: uniformiert in den Plötzensee springen. Eine gute Idee, das verspricht originelle Bilder, es sind viele Journalisten zum Freibad Plötzensee gekommen. Am Ufer steht ein zweistöckiger Turm, unten werden Getränke verkauft, oben wacht normalerweise die Badeaufsicht. Heute wartet dort Kalinowski auf seinen Einsatz. Er, der Dichter vom Dienst, hat ein Lied für den Streik geschrieben, aber das Mikrophon funktioniert gerade nicht. Am Fuße des Turms formieren sich die Polizisten zu zwei Schlangen, am Ende der einen steht ein Klapptisch, an dem sie per Unterschrift ihre Streikteilnahme dokumentieren, am Ende der anderen gibt es Bratwurst im Brötchen, dazu mittelscharfen Senf aus einem 10-Kilogramm-Eimer und Ketchup aus einer furzenden Plastikflasche.

Die Polizisten sind gut gelaunt, es scheint ihnen Freude zu bereiten, dass heute ausnahmsweise mal sie Regeln brechen und Quatsch machen dürfen, statt solcherlei Treiben zu unterbinden. Die gasbefüllten grünen

Ballons mit dem Gewerkschafts-Logo lassen sich gut an die Uniform-Schulterklappen binden, die Gewerkschaftstrillerpfeifen erzeugen den gewünscht ruhestörenden Protestlärm, die Würste sind nicht allzu verbrannt – und jetzt spurten die ersten Polizisten ins Wasser. Eine Polizeiangestellte im Objektschutz, kurz: PAngOS, von ihrem Chef liebevoll »meine kleene Pangosita« genannt, legt noch schnell ihre Mütze ab, ein seltenes, schirmloses Exemplar aus Altbeständen, nicht mehr neu zu bekommen, dann springt auch sie in den See. Das Wasser ist ein bisschen eklig, sagt sie, algig, glibschig, aber was soll's. Mit Mütze ist natürlich für die Fotografen reizvoller, aber auch davon gibt es genug, die Polizisten posieren auf Kommando, machen jeden von den Fotografen geforderten Blödsinn mit. Und sie rufen auch brav den Slogan, den die Gewerkschaftsführung für diese Aktion erdacht hat, er lautet, man ahnt es: »Uns steht das Wasser bis zum Hals!«

Kalinowski steht immer noch auf dem Turm, das Mikrophon funktioniert mittlerweile, ein Gewerkschaftssprecher benutzt es gerade, um die paar in Zivil erschienenen Kollegen zu ermahnen, bei künftigen Streik-Aktionen bitte uniformiert zu erscheinen, das wirke dann besser. Kalinowski legt eine CD ein, es erklingt eine Instrumental-Version des Hits von DJ Ötzi, den Kalinowski für den Streik umgetextet hat: »Ein Stern, der Wowis Namen trägt / Kurz vorm Explodieren steht« und so weiter, Kalinowski hat den Text an seine Kollegen verteilt, alle sollen mitsingen. Ein Ohrwurm, sagt Kalinowski, ist doch viel wirkungsvoller als die immer gleich klingenden Streik-Parolen. Aber gerade als Kalinowski sein Streik-Lied uraufführen möchte, erleidet einer der badenden Polizisten einen Kreislaufkollaps, ein Sanitäter muss ihn mit Sauerstoff versorgen und schließlich ins Krankenhaus fahren – kein guter Moment für ein Stimmungslied.

Der Gewerkschaftssprecher nimmt Kalinowski das Mikrophon aus der Hand, sagt, dass es dem kollabierten Kollegen schon wieder ein bisschen besser gehe und das Badengehen sehr gut angekommen sei bei den Journalisten. Am Nachmittag habe man einen Termin »bei Körting«, beim Berliner Innensenator also, und dort werde man »kompromisslos« auftreten. Applaus, noch eine Wurst, umständlich in ein Badetuch gewickelt trockene Unterwäsche anziehen, Ende der Veranstaltung.

Kalinowski packt etwas enttäuscht seine CD ein, fragt dann, ob man Angst vor Ohrenschmalz habe – auf so eine Frage kann man nicht mit Ja antworten, und so reicht er einem die Ohrstöpsel seines MP3-Players. Nur noch ein Polizist steht jetzt am Ufer und lässt ein selbstgebasteltes ferngesteuertes Boot über den Plötzensee zischen. In den Ohrstöpseln Kalinowskis Gesang:

»Irgendwann ist es vorbei / Nach neuen Wahlen sind wir frei.«

Trockengebiete

Charlotte Roche sieht in echt ganz anders aus als im Fernsehen, dicker, älter, graue Locken, Brille – doch halt! Das ist sie ja gar nicht, das ist Hermann Beil, der da eskortiert von Claus Peymann und Roger Willemsen die Bühne betritt. Angekündigt war: »Charlotte Roche, Claus Peymann und Roger Willemsen denken radikal und lesen Büchner, Meinhof, Bakunin, de Sade, Subcomandante Marcos, Meins, Kropotkin, Roche und andere«. Das Wort »radikal« war hervorgehoben in der Ankündigung des Berliner Ensembles für diese Abendveranstaltung auf der Probebühne des Theaters. RADIKAL! Kleingeschrieben: denken. Und so wurde es dann auch.

Der Saal ist vollbesetzt, und wer weiß, ob er das auch gewesen wäre, wenn der Name der Fehlenden nicht im Programm gestanden hätte. Schließlich denken Willemsen und Peymann ja nun nicht selten irgendwo herum. Aber mit dem, radikal gesagt, Flittchen der Saison hätte man die beiden schon gerne denken sehen. Und sie sich erst. Doch Roche ist an diesem Abend »nicht transportfähig«, erklärt nun Roger Willemsen, »ihre Darmflora ist völlig zerrüttet«, womit es ihr ja ergehe wie der Heldin ihres Romans – das Publikum lacht befreit auf, ob nun Roche selbst oder Willemsen statt ihrer die erstaunlicherweise auch 2008 noch skandalisierbaren Pipikacka-Wörter raushaut, scheint deren Wirksamkeit nicht zu beeinflussen. »Sie spricht aus, was andere nicht einmal zu denken wagen«, heißt es im Klappentext des Roche-Romans, und so standardisiert werbeblödelnd das auch klingt, die Publikumsreaktion bestätigt es. Er selbst, tut Willemsen jetzt so, als würde er, der trotz aller Vorbehalte am Ende doch bei Kerner über Afghanistan zu sprechen sich nicht scheut, sich extra biegen müssen – er selbst habe »das Thema Muschihygiene« (lach, lach, lach) bislang umfahren können, nun aber sei es an ihm, die erkrankte Autorin zu vertreten, er werde am Ende des Abends aus deren Buch »Feuchtgebiete« lesen, eine Abstimmung innerhalb des spontan umbesetzten Trios habe dies ergeben, hebt er schicksalsergeben die Schultern.

Außer einem enttäuschten Fotografen verlässt niemand den Saal, obschon, wie Willemsen gelenkig doziert, »das Thema gleichwohl ein ernstes« ist: Wenn heutzutage von »Radikalen« die Rede sei, dann allenfalls im Zusammenhang mit Islamisten oder 68ern. Oder »freien Radikalen«, nicht wahr, und da hat er den ersten Nicht-Popo-Lacher kassiert. Wir hier drinnen, wir sind nicht so doof wie die Illustrierten-Leser, denkt das Publikum, wir gehen aber auch zum Lachen keineswegs in den Keller, nein, viel besser: ins Theater. Und wir sind auch immer sehr gut informiert, kritisch sowieso. Natürlich liegt Jonathan Littells »Die Wohlgesinnten« neben unserem Bett, aber das darunter liegende Roche-Buch hatten wir schneller durch. Wir haben am Vorabend vor dem Schlafengehen »das philosophische Quartett aus der Autostadt« im ZDF gesehen, mit Safranski, Sloterdijk, Prantl und Nolte, »Was ist links« war da die Fragestellung, also, wir sind schon sehr interessiert immer. Und ja irgendwo auch radikal. Dazu, dass Joschka Fischer am Samstagabend zwei Gehminuten von hier, im »Grill Royal«, seinen 60. Geburtstag gefeiert hat, haben wir ebenfalls eine Meinung, und wir legen beim Zuhören gern den Kopf leicht angewinkelt zwischen Daumen und Zeigefinger, wichtig dabei ist, so durchgängig wie kaum merklich zu nicken. Und der Herr Willemsen kann sich – ach was, uns! – so gut ausdrücken, der weiß so viel, was wir eigentlich auch wissen müssten, er kennt all die Klassiker tatsächlich, sogar auswendig, und er schlägt dann aber immer noch so Bögen, dass wir es gerade noch kapieren und sogar als unsere Empfindung wiedererkennen, nur eben kompakter formuliert, bonmotgesättigt, druckreif. Wir nicken jetzt so stark, als würden wir einer immens rhythmisierten Musik lauschen; »weniger konform« als gemeinhin üblich solle hier heut Abend gedacht werden, flötet jetzt Willemsen, na bitte, das ist doch genau unsere Kragenweite. Willemsens blaues Hemd ist oben geöffnet, es kann losgehen, radikal. Peymann schwitzt schon.

»Schönberg sagt«, sagt jetzt der angemessen ratlos zwischen den beiden Rampenradikalen auf dem Podest sitzende Ersatzhermann Beil, im Hauptberuf Peymanns Dramaturg, »ich bin immer gegen den Strom geschwommen«. Willemsen nickt. Am Vortag hat Beil eine Lesung aus Briefen und Tagebüchern von Arnold Schönberg in der Leipziger Oper abgehalten, »in der DDR«, entfährt es Willemsen, und man rätselt, warum er das sagt – ist er befeuert von den Reaktionen auf das kindlich-unkontrollierte Aussprechen ungehöriger Wendungen? Dann wären wir ja jetzt hier, in Ost-Berlin, ebenfalls in der DDR, merkt Beil an. Stimmt, sagt Willemsen und beeilt sich dann aber, die Oberhand als Proseminarsleiter zurückzugewinnen: »Darf ich als Fußnote anmerken«, flicht er nun eine Schönberg-Anekdote ein, die ihm gerade so einfällt, Schönberg, »der sich befleißigte« und so weiter und so Willemsen.

Bevor endlich die angekündigten radikalen Texte aufs Publikum niedergehen, macht Peymann den einzigen Denkansatz des Abends, indem er noch »mehr so biographisch, persönlich« zu bedenken gibt, dass »Radikalität eine Altersfrage« sei. Hier könnte zumindest interessantes Denken nun beginnen: Peymann, der tapfer irgendwelche roten Fahnen hochzuhalten behauptet mit dem doch unzweifelhaft abgestandensten Klassiker-Programm aller Berliner Theater; Peymann, dem in allem schwitzenden Eifer nie aufzufallen scheint, wie wenig es sich verträgt, dass er, auf die Qualität oder auch Bissfestigkeit seines »Reißzahns im Regierungsviertel« angesprochen, zuvörderst immer nur die hohen Auslastungszahlen anführt; Peymann, der die Rechnung nie ohne den Betriebswirt macht – wie radikal ist der nun, wie radikal kann und will er sein?

Dass aber nicht gedacht wird auf einer Bühne, speziell dann nicht, wenn es explizit angekündigt wird, hätte man sich vorher schon: denken können. Ab 20 Uhr 15 wird radikal gedacht? Nein, wirklich nicht. »Sie werfen mir den Ball zu«, erteilt Willemsen sich selbst das Wort, statt Peymann eventuell gegen dessen Willen in das wirklich Unerhörte ausufern zu lassen, denn es gibt ja ein Programm, eine Choreographie, die dieser Denk-Simulation zugrunde liegt und die sie zugrunde richtet. Jetzt möchte Willemsen aus dem Godesberger Programm der SPD vorlesen, er freut sich merklich darauf. Zwar weiß er, dass alle Denkakrobatik vor Publikum immer mit Netz und am Seil hängend stattzufinden hat, sonst versendet es sich, auch ohne Kamera – aber das Godesberger Programm mit der Überschrift »radikal« zu versehen, ist Willemsen sich zurecht sicher, das ist eine nachvollziehbare Turnübung, da denken dann alle: Huch! Echt, *das* steht da? Na, das klingt ja nach akutem Lafontaine! Denken wir nur an die SPD dieser Tage, ihren Bahnprivatisierungsspagat, also, denk, denk, ist es denn die Möglichkeit, chapeau – radikal, das mal so zu sehen!

Die nächste Nummer der Radikal-Revue ist Henry David Thoreaus »Über die Pflicht zum Ungehorsam gegen den Staat«, Beil liest den Text schön nebensächlich, er ist ein geübter Vorleser, nur hat er aufgrund seiner spontanen Ersatznominierung die ihm zugeteilten Texte nicht einüben können, und das kommt der Erträglichkeit des Vortrags zugute: Man kann und mag folgen, vielleicht hier und da denkend abzweigen, was bei Willemsen und Peymann nicht möglich ist, da sie schon mal mit diesem Programm aufgetreten sind und folglich übertrainiert vortragen, viel zu didaktisch und pointenpointiert – und die Texte so erdrosseln; sie betonen derart überdeutlich, es klingt, als beschrieben sie einem kaum Deutsch Sprechenden den Weg zum Hauptbahnhof. Im Thoreau-Text kommt das Wort »Verdauungsstörungen« vor, und wie zwei Zirkuspferde heben Willemsen und Peymann auf dieses Kommando die Köpfe und schmunzeln, das Publikum schmunzelt folgsam mit, Verdauungsstörungen, das ist wirklich lustig, diese Passage könnte ja glatt als Rochesches Feuchtgebiet durchgehen.

Zwischen den Texten moderiert Willemsen lexikalisch, wirft mit Jahreszahlen, Querverbindungen, Verweisen und Gratisfrechheiten um sich, als würde er unter Aufsicht einer 3sat-»Kulturzeit«-Jury vortanzen. Übrigens, kitscht er, alle heute vorgetragenen Texte seien »beglaubigt durch das Leiden«. Und dann liest natürlich Peymann natürlich Büchner (na-

türlich: den »Hessischen Landboten«), natürlich nicht, ohne diesen Text
»all denen aus meiner Generation, die den Versuch unternommen haben, unsere Gesellschaft zu verändern«, zu widmen, »einige sitzen immer
noch im Gefängnis, ohne Gnade« – Klar, beziehungsweise klar, wen er
da meint, ebenjenem Christian hatte Peymann doch radikal eine Stelle
als Bühnenarbeiter angeboten, einst hat er für Zahnbehandlungen in-
haftierter Terroristen Geld gesammelt, unser Peymann, der jetzt wirklich
rührend bebt: »Friede den Hütten! Krieg den Palästen!«

Als Regisseur würde man ihm raten, das Requisit Taschentuch nicht
ganz so oft zum Stirntrockenwischen aus der Tasche zu ziehen. Und auch
das mit der Perücke bleibenzulassen, die er sich tatsächlich aufsetzt, um
dann stehend Marquis de Sade abzufeuern, mit der Hand – wenn er sie
nicht gerade zur Kampfesfaust ballt – die Lesebrille zurechtruckelnd. Das
aber war, trotz Bakunin, Meinhof und Kropotkin, alles nur vorrevolutio-
när, denn nun liest Willemsen abschließend Roche. Praktisch »als Frau«
zu sprechen, ist für Willemsen nichts Neues, sein eigener Roman »Kleine
Lichter« hatte schon eine Erzählerin, die hieß Valerie und sprach: »Ich
rede, um dich anzustecken« – wäre das nicht was für Peymann gewesen?
Jetzt liest Frau Willemsen: »Wir wollen uns alle paaren mit Menschen,
die nach Muschi riechen.« Das Publikum giggelt und freut sich. Rosette,
Hämorrhoiden, Kackaproblem – zu köstlich. Und superradikal. Roches
Platzhalter an diesem Abend, Hermann Beil, beobachtet, wie neben ihm
Willemsen sich durch diese, der Publikumsreaktion zufolge, radikalste
Schrift des Abends singsangt. Beil guckt weder angewidert noch schockiert, auch nicht besonders amüsiert, er scheint sich lediglich zu fragen,
ob da noch was kommt, ob es das nun schon ist. »Wir danken Ihnen sehr
für Ihre Tapferkeit«, beendet Willemsen den Vortrag konsequent kokett,
und Peymann leitet dann die Verbeugungszeremonie: abtreten, und dann
noch mal schnell rauf, verbeugen – und aus. So macht man das.

Beim Verlassen des Saals spricht das Publikum nur über einen der vor-
gelesenen Texte, aber zu dem fällt jedem etwas ein, es wird viel gelacht –
gedacht wird dann beim nächsten Mal.

Bierbotschafter Steinmeier

Für Kurt Beck war es ein schlechter Abend. Er hatte einen, sein Büro nennt das so, Mainz-Tag: Nachmittags ein Fachkongress, »irgendwas mit Gesundheitswirtschaft«, sagt das Büro, abends Landespressekonferenz, kleine Runde, »gesellig« möglicherweise – Hintergrundgespräche, und dann auch noch in Mainz, während in Berlin Frank-Walter Steinmeier sozusagen auf dem Tisch tanzte. Oder auch: ein Fass aufmachte. Mit dem »politischen Gegner«!

Aber der Reihe nach. Um kurz nach sieben betritt Steinmeier die Bayerische Landesvertretung, im Foyer begrüßt ihn der Präsident des Deutschen Brauer-Bundes. Der Außenminister scherzt ein bisschen herum mit dem Brauerbundpräsidenten, auch der Präsident des Deutschen Instituts für Reines Bier steht dabei. Natürlich gibt es solche Präsidenten in einem Land, in dem ein Großkonzern so genau und ordentlich bescheißt, dass er dafür sogar extra Formulare anlegt.

Es ist der »Tag des Deutschen Bieres«, datiert nach dem Erlass-Tag des Reinheitsgebots im Jahre 1516, und Steinmeier wird heute zum »Botschafter des Bieres« ernannt, tritt damit die Nachfolge von Horst Seehofer an; und es ist eine dieser besonders egalen Berliner Abendveranstaltungen, wo es formal um nichts geht, wo sich aber dann doch alles entscheidet, wo es jedenfalls nicht empfehlenswert ist, in Mainz zu sein, wenn man – schon gut, zu gegebener Zeit den Kanzlerkandidaten der SPD vorschlagen wird, der man aber ja eventuell selbst sein möchte.

Die Treppe rauf, da wartet die CSU. Na ja, erstmal wartet dort nur Markus Söder. »Der Horst fehlt, wir warten noch aufn Horst«, sagt Söder jetzt. In der »Bayernhalle« stehen Bierzeltbänke und -tische, an denen sitzen Mitglieder des deutschen Bundestages und die Chefs von 16 Brauereien, deren Biere später von Horst Seehofer mit dem »Bun-

BIERBOTSCHAFTER STEINMEIER 73

desehrenpreis« ausgezeichnet werden, weil sie bei der Qualitätsprüfung besonders gute Ergebnisse erzielt haben. Die Brauer scharwenzeln um die Politiker herum, kommandieren ihre mit Digitalkameras ausgerüsteten Ehefrauen, am besten, der Politiker nimmt das Bier des Brauers in die Hand, der Brauer drängt sich nah an den Politiker – und die so entstehenden Fotos stehen dann morgen auf der Internetseite des Brauers und hängen übermorgen gerahmt im Flur der Brauereiverwaltung: Als wir einmal in Berlin waren und es recht lustig hatten mit den Mächtigen, die sich sehr gefreut haben über eine Flasche unseres Bundesehrenpreis-Bieres.

Da kommt der Seehoferhorst, wie man in Bayern sagt; der Seehoferhorst humpelt, zieht das linke Bein nach, aber er ist bester Dinge, zumal hier, »auf bayerischem Boden«, wie Söder sagt; Bayerische Landesvertretung wegen Bier, und »bayerischer Boden« wegen Humor – es gehört dazu, wenn Politiker sich abends in Berlin treffen, dass sie ihr Bundesland spaßeshalber gegen die der anderen in Stellung bringen, wahrscheinlich denken sie, das sei gut für ihr »Profil«. Und es gehört auch dazu, dass sie sich, wenn keine Fernsehkameras in der Nähe sind, parteiübergreifend irritierend gut zu verstehen scheinen. Von Beckstein und Huber keine Rede, keine Spur – auf eine Art sind die beiden, wo immer sie sich befinden heute Abend, ebenfalls in Mainz, und an ihrer statt übernimmt Horst Seehofer. Es ist ja heut nicht so wie beim Pokalfinale, wo man zum Schluss mit Bier übergossen wird, sagt Söder noch zu Steinmeier, und dann sind alle Fotos im Stehen gemacht, die Herren setzen sich direkt vor der Bühne auf eine Holzbank an einem Bierzelttisch, Brezeln und Biere vor sich, das Humorprinzip für den Abend ist unausgesprochen klar, durchgängig ironisch wird man diesen Gaga-Anlass gemeinsam durchstehen, man streut einfach in jeden Satz das Wort »Bier« ein, denn dann wird ja, wenn genug Männer beisammen sind, automatisch gelacht.

Steinmeier sitzt neben dem Seehoferhorst, er legt sein iPhone auf den Tisch wie ein Cowboy sein Schießeisen auf den Tresen, und dann hebt er eine der vor ihm stehenden Flaschen Kritzenthaler Alkoholfrei hoch, der ihm gegenüber sitzende Brauerbundpräsident schüttelt mit gespielter Missbilligung den Kopf, und Steinmeier stellt die Flasche weg von sich, so kann sie erstens nicht aufs iPhone kippen, zweitens heißt das, er ist heute für jeden Spaß zu haben, fort mit dem alkoholfreien Bier, und drittens muss man nun mal irgendwas mit den Händen machen, wenn einen so viele Fotografen umringen.

Am Rednerpult stehend, spricht nun Markus Söder, das heißt, er liest im Wesentlichen ohne Quellenangabe vor, was er so bei Wikipedia unter »Bier« gefunden hat, etwa dass allerlei Paragraphen des Codex Hammurapi, einer der ältesten Gesetzessammlungen der Welt, Herstellung, Preis und Zuteilung von Bier regelten, und demnach babylonische Provinzverwalter und Hohepriester Anrecht auf die Höchstmenge von rund fünf Litern pro Tag hatten, die Hofdamen des Königs auf immerhin noch drei Liter. Er könnte es auch kürzer sagen: Bier ist super und Saufen voll okay, aber der gespielte Ernst sichert ihn natürlich ab, und auch so lachen alle, kommt doch in jedem Satz das Wort Bier vor.

Ebenfalls Gelächter und sogar Applaus, als Söder von Wikipedia abweicht und Steinmeier zuruft, zum politischen Aschermittwoch am Nockerberg würden traditionell die Kanzlerkandidaten eingeladen, und also würde man sich dort ja dann sehen im nächsten Jahr. Steinmeier stößt dem Seehoferhorst kumpelig in die Rippen, flüstert ihm irgendwas ins Ohr und guckt undurchdringlich, jetzt keinen Fehler machen, nicht dementieren, nicht bestätigen, das machen alles die anderen für ihn – und in Mainz sitzt Kurt Beck gerade in jeder Hinsicht im Hintergrundgespräch.

Als Seehofer dann ans Rednerpult humpelt, um in seiner Eigenschaft als Vorjahresbierbotschafter dem »lieben Vizekanzler« noch ein paar launige Hinweise mit ins Botschafteramt zu geben, »Du musst lernen, ein Bierfass mit maximal zwei Schlägen anzustechen« und so weiter, lässt auch er den Seitenhieb auf Beck nicht aus, es gebe, so Seehofer, ja ein Bier namens Beck's, und Steinmeier möge doch bitte in seinem Bierbotschafterjahr alles tun, »das Becksche zu überholen«. Wie ist das zu ver-

BIERBOTSCHAFTER STEINMEIER 75

stehen? Bloß als am Wegesrand aufgeklaubter Kalauer, Becks Bier – oder rechnet die CSU mit einer Fortführung der großen Koalition auch nach der Wahl 2009 und möchte es dann aber wenigstens lieber mit Steinmeier als mit Beck zu tun haben?

Die in der Bayernhalle Versammelten jedenfalls jubeln und heben die Bierkrüge, Prosit, es nütze Steinmeier und es schade Beck; und Steinmeier muss gar nichts tun, er muss nur die Plexiglastrophäe in Empfang nehmen und dann ein paar Karteikärtchen aus der Hemdtasche holen, um an denen entlang eine allerdings überraschende Rede zu halten. Zumindest wer Steinmeier bislang nur bei diplomatisch und protokollarisch korsettierten Anlässen oder in Murat-Kurnaz-Verstrickung hat sprechen hören, meistens mit Fahnen im Hintergrund und Knopf im Ohr, ist nun erstaunt, wie lustig, simpel, kurzum: wie bierzeltig der Außenminister sprechen kann. Schließt man während seiner Rede die Augen, meint man, die Bayerische Landesvertretung sei eine Zeitmaschine, habe einen gerade zehn Jahre zurückbefördert, und es spreche: Gerhard Schröder. Aber es ist 2008, und es ist Frank-Walter Steinmeier, der jetzt sagt, die Zeiten der Toskana-Fraktion seien genauso überwunden wie die, in denen sich ein Außenminister mit Champagnerglas in der Hand fotografieren ließ – er, Steinmeier, bevorzuge den Champagner des kleinen Mannes, den mit dem Kronkorken. Sagt er wirklich. Jubelnde Brauer, lachende CSUler. Und an den lieben Horst noch: Man sei sich wohl einig, dass Hopfen vor allem ins Bier und erst in zweiter Linie in den Tank gehöre. Steinmeier steigert sich jetzt etwas sinnlos, aber doch absolut publikumswirksam, in Weinbeschimpfungen, gerade so, als sei hier Wahlkampf und er trete als Kandidat der Bierpartei gegen die Weinpartei an; er verheddert sich dann etwas, als er das Populistische endgültig übertreibt und von der »nahenden Fußballweltmeisterschaft« fabuliert, »Europameisterschaft«, wird er berichtigt, richtig, EM, sagt Steinmeier, kriegt die Stadionkurve aber trotzdem nicht mehr, sagt, bei der EM 2006 (hier wäre jetzt WM richtig gewesen) sei ja zum Teil das Bier knapp geworden, und das dürfe natürlich bei der, äh, EM in diesem Sommer nicht passieren. Der Versprecher ist überwunden, schon vergessen, die Brauer merken sich: Steinmeier ist auf ihrer Seite.

Wie war das noch mal? Steinmeier ist zwar viel beliebter als Beck, aber leider nicht so volksnah? Steinmeier eher der Typ Bundespräsident, zu staatstragend für Marktplätze und Mehrzweckhallen? Jetzt spricht er mit der Hallertauer Hopfenkönigin, dann mit Ottfried Fischer – wie auch immer Beck hier agieren würde, Steinmeier zumindest meistert diese Nahkampfprüfungen problemlos. Nun kommt der Trompeter von der Bonner Dixieland-Zumutung »Semmel's Hot Shots« zu Steinmeier, sagt, er käme aus dem selben westfälischen Ort wie Steinmeier, die beiden diskutieren, was man hier für Lieder singen würde, wenn man westfälisch unter sich wäre, »Als die Römer frech geworden«, zum Beispiel. Der Trompeter hat eine Rassel in Form einer Plastikbanane in der rechten Hand, mit der linken schenkt er Steinmeier nun eine selbsteingespielte CD. Steinmeier freut sich, scheint kurz davor, dem Trompeter das Du anzubieten, aber da drängen schon wieder lauter mittlerweile von Seehofer mit einer Plakette für ihr gutes Bier bedachte Brauereichefs dazwischen, die Ehefrauen machen ein Foto: Brauereichef mit Plakette und dem nahbaren, freundlichen, lustigen Steinmeier.

Nach seinem Lieblingsbier gefragt, sagt Steinmeier, er möge besonders die regionalen Biere seiner bisherigen Wohnorte, also westfälisches, niedersächsisches und hessisches Bier. Mit anderen Worten, er ist bundesweit wählbar. Humorige Nachfrage eines Radioreporters: Und Beck's Bier? Ja, Beck's Bier, sagt Steinmeier sachlich lächelnd, das habe er natürlich auch schon mal getrunken.

Nicht so arrogant wie der Fischer, nicht so bräsig wie der Beck – diese Steinmeier-Charakterisierung summiert sich an den Holztischen unter den gemütlich sich langsam zusaufenden Brauereichefs, Drittreihpolitikern und Journalisten.

Steinmeier geht nun zum Buffet, und als der dort mit einer Kelle stehende Kochmützenmann fragt, was er ihm denn Schönes auf den Teller laden dürfe, sagt Steinmeier den für Beck wirklich hochgradig gefährlichen, nach diesem Abend kaum mehr anzuzweifelnden Satz: »Ich bin ein Freund des Leberkäses.« Zwei Scheiben nimmt er, dazu süßen Senf und etwas Gurkensalat.

Ein RTL-Team lauert ihm dann mit der Kamera auf, bitte noch ein kurzes Interview, »ein klitzekleiner O-Ton wenigstens«, doch Steinmeiers Pressereferent wimmelt sie ab. »Wir wollen doch gar nichts Politisches fragen«, probiert es der RTL-Mann verzweifelt. Nein, wiederholt der Pressereferent – und es bleibt offen, ob dieses Nein »Trotzdem nicht« oder »Eben drum nicht« meint.

Für Frank-Walter Steinmeier jedenfalls war es ein guter Abend.

Deutschland : Türkei

8 Uhr: In gut 12 Stunden geht es los. Kaffee, Morgengymnastik; das Müsli-Orakel befragen: Die Augen geschlossen, den Löffel ins Müsli tauchen, ein bisschen drinherumrühren, den Löffel schließlich heben, die Augen öffnen – ja, eine Brombeere ist auf der Löffel-Ladung, so ein Glück. Das bedeutet, Deutschland gewinnt heute Abend. Keine Brombeere auf dem Löffel hätte bedeutet, dass Deutschland verliert. Aber es ist ja noch mal gutgegangen. Fußball ohne Aberglauben, das wäre nix.

9 Uhr 30: Wenn man das Frühstücksfernsehen verpasst hat, bietet das ZDF immerhin noch die Sendung »Volle Kanne«; Gäste heute, natürlich: ein Türke und ein Deutscher. Fatih Çevikkollu und Matze Knop. Dieser Matze Knop gilt beim ZDF offenbar als witzig, als EM-Allesgucker kennt man ihn als Insassen des peinsam unkomischen Comedy-Missverständnisses »Nachgetreten«. Er ist auch heute Morgen natürlich zu dem aufgelegt, was er für Scherze hält. Nach der EM sollte er mal zur Berufsberatung gehen.

9 Uhr 43: Der Nachrichtensender N24 hat einen Ted geschaltet, momentaner Stand: 50,7 % tippen auf einen Sieg der Deutschen, 49,3 % auf einen der Türken. Vielleicht sind die Antworten »Weiß nicht« oder »Mir doch egal« nicht erlaubt – vielleicht gibt es aber auch nur wenige, die keinerlei Emotion aufbringen hinsichtlich des heutigen Halbfinales Deutschland – Türkei.

10 Uhr 24: Aus der Tiefe des Schranks die zwei Jahre nicht getragenen schwarz-rot-gelben Socken hervorholen, praktisch die Autoflagge für Fußgänger.

DEUTSCHLAND : TÜRKEI **79**

11 Uhr 20: Zeitungskiosk. Dass der Chef des Ladens Türke ist, kam in unserer schönen, langjährigen Beziehung bislang keinmal zur Sprache. Aber heute! Ich bitte ihn, mir die Schlagzeilen der drei türkischen Tageszeitungen, die er im Angebot hat, zu übersetzen. »Hürriyet«: Freundschaft über alles. »Sabah«: Wenn die Rede vom Pokal ist: Deutschland Nebensache. »Milliyet«: Wir vertrauen euch. Er ist offenbar bestens integriert, denn die Übersetzung der Sabah-Schlagzeile bereitet ihm große Probleme, er schlägt sogar in einem Türkisch-Deutsch-Lexikon nach. Womit titeln die deutschen Zeitungen? Auch sie sind ganz friedlich: Aufstellung und Taktik noch offen. Poldi mit neuen Tor-Tricks. Eine deutsch-türkische Begegnung. Heute siegt Berlin! Und, was tippt der Kiosk-Besitzer? Türkei. Deutschland hat keine Chance, sagt er freundlich, fast mitleidig.

11 Uhr 34: Vor dem S-Bahnhof Hackescher Markt steht ein Fernsehteam. Die wollen sicherlich die »Stimmung« einfangen, die Stimmung vor dem Spiel. Vor *dem* Spiel. Das will ich auch, also werde ich ihnen helfen und ihnen gerne meine Socken zeigen. Sie wollen dann aber, dass ich das Alter einer Frau schätze, die sie auf einen Stuhl gestellt haben. Bitte – was? Ja, man wolle diese Frau »umstylen«, und ich solle mal sagen, für wie alt ich sie halte, so wie sie da steht, bevor sie dann neu eingekleidet, frisiert und geschminkt wird. Kleiner Tipp: Über 30 sei sie. Das sehe ich auch, aber ich möchte hier niemanden beleidigen, und überhaupt interessiert mich heute nur Fußball, tschüss.

11 Uhr 55: Bahnhof Zoo. Viele Autos sind beflaggt, und tatsächlich, wie seit Tagen überall gerührt berichtet wird, zum Teil mit türkischer *und* deutscher Flagge. Sowieso alles ist voll mit Fahnen. Autos, Häuser, Menschen.

12 Uhr 01: Hardenbergstraße. Ich steige in das Auto des Fotografen Ufuk. Er ist Türke, und seit dem Sieg der Türken gegen die Tschechen funktioniert die Hupe seines Autos nicht mehr.

12 Uhr 38: Provinzstraße, Wedding. Besuch bei Remzi Kaplan, dem Besitzer einer großen Dönerfabrik. Bei einem türkischen Tee sagt er lauter nette Sachen, beide sollen gewinnen – oder der Bessere – und vor allem: die Freundschaft. Wie auch immer das Spiel ausgeht, am Donnerstag zwischen 13 und 14 Uhr wird es in seinen drei Berliner Imbiss-Stuben Gratis-Döner geben. Einen Namen für die Aktion hat er noch nicht. Dönerstag? Findet er nicht schlecht. Er ist auch Vorstandsvorsitzender der Türkisch-Deutschen Unternehmervereinigung Berlin-Brandenburg. Die hat T-Shirts gedruckt mit einem Herz vorne drauf, in dem die deutsche und die türkische Fahne einander, ja, herzen. Freundschaft soll siegen, steht darunter.

13 Uhr 31: In einem Hinterhof in Moabit klopfen zwei türkische Mädchen mit Stöcken auf einen Haufen Schafwolle. Wenn die Wolle weichgeklopft ist, füllt die Familie damit ihre Kopfkissen und Bettdecken. Eine deutsche Nachbarin schaut den Mädchen zu und murmelt: Heute kriegen se 'n Arsch voll. Sie meint wohl: Deutschland gewinnt. Im Vorderhaus ist eine kleine Moschee untergebracht. In einer Moschee zieht man die Schuhe aus – also tapse ich auf meinen schwarz-rot-gelben Socken über die Teppiche. Ein bärtiger Geistlicher erhebt sich vom Gebet, sagt, egal wer heute gewinnt, Hauptsache, niemand kränkt den anderen. Darf man für Fußball-Ergebnisse beten? Er selbst würde das nicht tun, habe aber im Fernsehen Türken gesehen, die das getan hätten. Und warum auch nicht, schließlich würden Landwirte zum Beispiel für Regen beten. Der Ausgang des Spiels jedenfalls sei göttlicher Entscheidung unterworfen, so wie alles – bis zum Ende der Welt. Er spricht durchgängig türkisch, Ufuk übersetzt. Dann lächelt der Geistliche und sagt auf Deutsch: Der Ball ist rund. Und eines noch, er deutet auf meine Deutschland-Socken und sagt, ich würde ja auf die Fahne meines Landes treten, das sei doch eigentlich nicht so gut. Auch wieder wahr.

14 Uhr 30: Charlottenburg, Rankestraße. Im durch »Skandal-Schiedsrichter« Hoyzer berühmt gewordenen »Café King« lässt sich der humorvolle türkische Geschäftsführer auf eine Blödelei ein – setzt zehn Euro auf einen türkischen Sieg, ich setze zehn dagegen. Ein Platzregen geht nieder. Adé Fanmeile?

15 Uhr 40: Kranzler-Eck, »BZ«-Sportredaktion. Die Kollegen sagen, man rechne damit, dass Löw mit derselben Aufstellung beginnt wie gegen Portugal. Eine Meldung kommt herein: Im Falle eines Sieges gegen Deutschland wolle der Präsident des türkischen Fußballverbands 1111 Schafe opfern.

16 Uhr 53: Anruf bei Johannes B. Kerner in Bregenz. Die Lage, sagt Kerner, sei völlig entspannt. Gewitter sei vorausgesagt für den Abend, aber das würden sie dort täglich voraussagen, und es stimme nicht immer. Zur Aufstellung: Die einzige Frage, so Kerner, sei die Frings-Frage, ob also der lädierte Frings spiele. Kerner tippt auf einen deutschen Sieg. Er fragt den offenbar gerade neben ihm stehenden Klopp: Oder, Jürgen? Klopp bestätigt.

17 Uhr 02: Die Sonne kommt wieder hervor, Joggingsachen anziehen, »anschwitzen«, wie Trainingsmaßnahmen am Spieltag seit dieser EM genannt werden. Also vom Monbijou Park aus an der Spree entlang zur Fanmeile laufen. Die Schiffe auch beflaggt, ach nein, das sind sie ja immer. Freundschafts-Doppelbeflaggung ist sicherlich von der Binnenschifffahrtsbehörde untersagt worden – also: nur deutsche Fahnen an den Schiffen. Am Reichstag kommt mir Jürgen Trittin entgegen. Was tippt der? Trittin: 2:1. Ohne stehen zu bleiben vergewissere ich mich: Für wen? Trittin: Na, für uns! Bei Claudia Roth oder erst recht bei Christian Ströbele würde »2:1 für uns« wohl Sieg für die Türkei heißen, aber bei Trittin höchstwahrscheinlich nicht. Im Tiergarten, auch bei diesem durchwachsenen Wetter: grillende türkische Familien. An der Fanmeile dreht sich melancholisch ein Riesenrad. Menschen mit Fahnen aller Art, inzwischen auch vermehrt mit denen aus Alkohol, strömen gen Großleinwand.

18 Uhr 56: Die Nachbarn stehen in Deutschland-Trikots auf dem Balkon, Bier trinkend, lachend. Auf geht's, ins »Grill Royal«, da warten die Freunde.

19 Uhr 30: Fachgespräche, die heute vor allem Frings-Gespräche sind. Aberglaube, Teil zwei: Wir bestellen genau das Essen und die Getränke, die uns hier zum Portugal-Sieg getragen haben. Im Raucherraum wird das Spiel schön groß auf die Wand gebeamt, die vorderste Sesselreihe reservieren wir mit unseren Jacken – so, wie die allerschlimmsten Pauschaltouristen es mit Handtüchern auf Hotel-Pool-Liegestühlen tun. Frings »nicht in der Startelf«!

20 Uhr 21: Kerner begrüßt die Band Revolverheld, die dann zum Playback ihres ärmlichen EM-Liedchens posiert.

21 Uhr 42: In der Halbzeitpause schnell mit der S-Bahn in die Redaktion. In der Ferne sieht man das Fanmeilen-Riesenrad, hier und da ein Blaulicht. Großstadt, du holde Schönheit. Wer jetzt S-Bahn fährt, wird gute Gründe haben – die Bahn ist voll, aber niemand spricht ein Wort. Am Bellevue steigt eine Horde Mädchen ein, per Handy-Radio hören sie die Spiel-Reportage. Schon Wiederanpfiff? Nein, sagen die Mädchen, aber gerade habe der Frings den Löw abgeklatscht.

23 Uhr 58: Auf dem Kurfürstendamm tanzen sie schwarzrotgold, als sei soeben die Mauer gefallen. Ich ziehe die Schuhe aus und gehe auf meinen WM-EM-Socken nach Hause.

Fernsehen mit Dieter Hildebrandt

»Oh je, Mathias schwitzt – das hat er noch nie getan«, sagt Renate Hildebrandt, und es ist nicht herauszuhören, ob sie sich darüber freut oder nicht.

Donnerstagabend, zehn vor elf, die Sendung »Satire Gipfel« – von der ARD als »der ›Scheibenwischer‹ mit neuem Outfit und altem Biss« beworben – hat gerade begonnen, und Sendungsgastgeber Mathias Richling ist schon völlig außer Atem: »Frau Merkel, der Mehdorn ... der Papst ... Herr Glos ... Herr Steinbrück, der Uri Geller des Finanzwesens ...« Die beiden freundlichen grauwollenen Hunde der Familie Hildebrandt haben sich vor dem Wohnzimmersofa ausgestreckt; die Hildebrandts schauen konzentriert auf ihren Panasonic-Flachbildschirm, sie schauen weder missmutig noch gehässig – wenn jetzt endlich mal ein guter Witz käme, die beiden wären durchaus bereit, darüber zu lachen. Richling hat ein Autolenkrad in der Hand und redet über die Abwrackprämie; »Ingolf, kommst du mal?« – und es tritt auf: Ingolf Lück, also einer jener »Comedians«, deren Kabarett-Kompatibilität Gegenstand des in den vergangenen Tagen über Zeitungsinterviews ausgetragenen Streits zwischen Richling und Dieter Hildebrandt war.

Schon Ende 2003 hatte Hildebrandt sich aus dem »Scheibenwischer«-Ensemble verabschiedet, doch als er hörte, dass Richling künftig sogenannte Comedians in die Sendung einladen will, untersagte er die weitere Verwendung des von ihm einst in anderer Absicht erfundenen Titels. Das erregte den Zorn Richlings, und er beschimpfte Hildebrandt in allerlei Interviews, worauf Hildebrandt in ebenfalls nicht wenigen Interviews antwortete; Richling vergriff sich sehr im Ton, und Hildebrandt gab lässig den Uli Hoeneß, es sei doch klar, dass Richling aufgeregt sei, der habe wohl Angst – und brauche PR. In einer Zeitung wurden Richlings Hildebrandt-Beschimpfungen als »Vatermord« bezeichnet; insofern lustig, da Richling immerhin auch schon 55 Jahre alt ist. Bisschen spät für einen Vatermord. Aber es spricht für Realismus in der Selbsteinschätzung der ARD, wenn eine »Formatverjüngung« in die Hände eines 55-Jährigen gelegt wird.

Die Sendung solle »jünger, heutiger und schneller« werden, hatte Richling die »Renovierung des Sendungskonzepts« erläutert. Leider verwechselt er Schnelligkeit mit Geschwindigkeit und kreischt heute noch aufgeregter als sonst querfeldein und ruckelt dabei an seiner Brille herum; es ist mühsam, ihm zu folgen. Die Aufgeregtheit und das Brillezurechtruckeln sind Richlings bevorzugte Stilmittel, und dieser Tage ist er besonders aufgeregt, auch abseits der Kamera. Am Nachmittag, in einem hektischen Telefonat, hatte er noch mal alles aufgesagt, Hildebrandt geriere sich als Humor-Papst und Kabarett-Fundamentalist, sei ein Altgenosse, der kein politisches, sondern immer nur parteipolitisches Kabarett gemacht habe und so weiter; Richling war so aufgeregt und überinterviewt, dass er auf normale Fragen, wie etwa die, warum denn in dem neuen Titel »Satire Gipfel« der Bindestrich fehlt, gar nicht einzugehen vermochte, stattdessen schwallartig zeterte, »das Verrückte ist ja, dass der Dieter …« – und wenn man nicht ganz genau zuhörte, wähnte man sich in der Gemengelage einer zu Bruch gegangenen Prominenten-Liaison, etwa zwischen Sandy Meyer-Wölden und Boris Becker. Er verstehe den Hass nicht, sagte Richling immer wieder.

Hass? Eine Stunde vor der Sendung, am Küchentisch seines Hauses im Münchner Stadtteil Waldperlach, streicht sich Dieter Hildebrandt Butter auf ein Brot und schüttelt den Kopf: »Hat doch nichts mit Hass zu tun, darum zu bitten, dass der Titel, den ich 1980 für eine politische Kabarettsendung erfunden habe, nicht mehr verwendet wird, wenn das Konzept der Sendung so grundsätzlich geändert wird.« Und warum gleich per Anwalt? Ähnelt das nicht dem Verhalten kleinbürgerlicher Nachbarn, die sofort die Polizei rufen, wenn es mal laut wird – also klassischer »Scheibenwischer«-Charaktere eigentlich? Hildebrandt legt

Gurkenscheiben auf sein Wurstbrot und bleibt ganz ruhig. »Ein Brief vom Anwalt geht direkt an den Intendanten. Alles andere strandet zwischen irgendwelchen Abteilungsfluren solcher Behörden.« Sofort hat man den sehr jungen Hildebrandt in der Böll-Verfilmung »Doktor Murkes gesammeltes Schweigen« vor Augen, wie er dort in der Abteilung »Kulturelles Wort« eines öffentlich-rechtlichen Senders verzweifelt. Man sitzt also am Küchentisch mit diesem zweifellos wichtigsten deutschen Nachkriegs-Kabarettisten – und es erscheint einem geradezu absurd, noch weiter zu erörtern, was genau Mathias Richling im »Focus«-Interview oder bei »Maischberger« oder wo immer gesagt hat. Viel interessanter von Dieter Hildebrandt zu erfahren ist doch, wie das damals war mit Böll, mit Jurek Becker oder Willy Brandt, oder mit den Auftritten in Leipzig 1985. Anders als Richling hat Hildebrandt schließlich richtige Geschichten auf Lager. Wie sagte Richling? »Bei Cindy aus Marzahn sehe ich Potential.« Hildebrandt spricht jetzt über Wolf von Lojewski und Nelson Mandela, er regt sich wahnsinnig auf, und es ist sofort sehr lustig in der Küche: Hildebrandt springt auf und zeigt, wie sie damals in der Schule »den Goebbels mit seinem Klumpfuß« nachgemacht haben; Hildebrandt humpelt also jetzt als Goebbels bis zur Stehlampe und kommt zurück als Unteroffizier Rützow, der eigentlich Kommunist und Sargträger war und Hildebrandt und dessen Kameraden, Kinder ja eigentlich noch, in den letzten Kriegstagen sinnlos durch die Gegend befehligte. Ob das politische Kabarett nun vom Aussterben bedroht ist (oder Bücher oder gedruckte Zeitungen), ist ja ein ergiebiges Quatschthema; jedoch: Engagiert, informiert und komisch über unser Land zu sprechen, wie Hildebrandt hier jetzt in seiner Küche, wird immer gefragt sein – und nötig. Problematisch an politischem Kabarett ist eher das Publikum, das sich stets einig wähnt und schon bei Namensnennung eines Politikers losprustet. Auswege aus diesem Dilemma heißen allerdings gewiss nicht »jung und schnell« oder Cindy aus Marzahn.

Der »Satire Gipfel« schreitet eilig und doch zäh voran; die Hildebrandt-Hunde wedeln mit den Schwänzen, und Dieter Hildebrandt entkorkt etwas umständlich eine Flasche Rotwein, er umklammert die Flasche mit den Schuhen und zerrt am Korkenzieher, während Richling auf dem Bildschirm schwitzt; »Achtung, der Teppich!«, ruft Hildebrandts Frau. »Nichts passiert«, sagt er und lässt einen 2007er Salento Primitivo in die Gläser gluckern.

Jetzt müht sich einer von Richlings jungen Supergästen, er heißt Matthias Seling und ist überhaupt nicht komisch, aber er trägt Hut und Ziegenbart, das wird wohl diese Verjüngung sein. Selings Beitrag handelt von Telekom und Taliban, er lacht vorsichtshalber weiträumig um die Stellen seines Textleins herum, die er für Pointen hält, nickt immerzu und streckt in Applauserwartung die Hände aus. »Der freut sich so an sich selbst«, wundert sich Hildebrandt. Mag die Sendung auch neu und live sein, so sind die verhandelten Themen doch merkwürdig abgestanden. Gemäßigte Taliban, Alois Mannichl – und dann kommt Richling mit dem auch schon etwas betagten Mißfelder-Zitat, eine Erhöhung des Hartz IV-Satzes würde sich positiv vor allem auf die Umsätze der Tabak- und Spirituosenindustrie auswirken; er hält illustrativ zwei Bierflaschen in der Hand. Frau Hildebrandt erhebt ihr Weinglas Richtung Fernseher: »Prost, Mathias!« Richling lässt die beiden Bierflaschen aneinanderklirren, er stößt mit sich selbst an.

Der einzige erträgliche Auftritt ist der von Frank Lüdecke. Hildebrandt rutscht nach vorn auf die Sofakante und ruft: »So, Frank, Junge, reiß es raus!« Lüdecke reißt es so ein bisschen raus, er variiert sogar mal Sprechtempo und Lautstärke, hat ein paar gute Pointen und fällt damit in diesem Ensemble schon sehr auf.

Als Höhepunkt gedacht dann Richlings Politiker-Parodie, wen wird er sich heute wohl vornehmen? Wieder mal eine Politikerin, so übertrieben und charleystantig, dass man sich beim Zuschauen an seiner statt schämt? Nein, heute Minister Guttenberg, und zwar mit einem Schulranzen, weil der doch ein so junger Minister ist! »Äh, ähm, Adel vernichtet …« – Hildebrandt sinkt ins Sofa zurück: »Nein, nein, Mathias, mach's nicht!«

Er macht es aber. Und er macht den Guttenberg sehr lang und sehr unkomisch. Der habe sich doch noch gar nichts zuschulden kommen lassen, sagt Hildebrandt, gut, über des Ministers Selbstbewusstsein könne man zwei, drei Bemerkungen machen – »aber davon muss eine dann richtig sitzen. Der Mathias sollte zur Abwechslung mal wieder den Mathias spielen, den hat er irgendwie verlernt, den gibt es gar nicht mehr.«

Der Abspann läuft, Richling und seine Mitkomödianten verbeugen sich; Hildebrandt, etwas hinterhältig: »Die sehen doch sehr zufrieden aus.« Das also war der »Satire Gipfel«, ohne Bindestrich, ohne Scheibenwischer, ohne Hildebrandt. Hatte das Gesehene noch irgendwas mit ihm, mit seiner Idee von Kabarett zu tun? Nee, sagt Hildebrandt. Und ein Gipfel sei es sicherlich nicht gewesen, aber einige Hügel immerhin seien doch zu erkennen gewesen.

Das Telefon klingelt, erste Solidaritätsbekundungen.

Eine weitere Flasche Rotwein wird entkorkt, und Frau Hildebrandt mahnt an, jemand müsse heute noch mit den Hunden rausgehen. Die aber schlafen grad so schön, und es gibt ja auch noch allerlei zu trinken und zu besprechen. »Dieter, jetzt hol doch mal die Anwaltsbriefe«, bittet Renate Hildebrandt schließlich, um die Thematik Richling/Titelstreit dann auch mal abzuschließen für heute – »und ab morgen gibt es dann hoffentlich wieder wichtigere Themen, meine Güte noch mal«.

Auf dem Wohnzimmertisch werden nun Kopien der Korrespondenz zwischen Hildebrandts Anwalt und dem Sender aufgefächert, schönste Anwaltsprosa, null Aufregung und natürlich auch kein Hass. Davon hatte Richling nichts erzählt, vielleicht auch gar nichts gewusst: In einem Schreiben an Hildebrandt wird – eher freundschaftlich-privat am Rande – ein Justitiar des Bayerischen Rundfunks erwähnt, der »als ›Scheibenwischer‹-Fan der ersten Stunde« froh sei, dass die Nachfolgesendung nicht diesen Namen tragen darf. Angehängt außerdem ein Auszug aus dem »Titelschutzanzeiger«, demzufolge sich der Sender nicht nur die Namensrechte für »Satire Gipfel« gesichert hat, sondern auch noch für ähnlich missglückte Alternativen: »Satire GmbH«, »Erstes

Deutsches Kabarett«, »Das Erste Deutsche Kabarett«. Aua. Schon lustiger sind da die nebenan aufgeführten Titel, die sich irgendein anderes Genie hat sichern lassen: »Was fehlt denn meinen Pflanzen?« oder auch »200 besondere Winkel unserer Heimat«.

Es ist spät geworden, die dritte Rotweinflasche ist geleert, und Renate Hildebrandt möchte jetzt abschließend doch noch mal etwas Freundliches über Mathias Richling sagen, »es gibt schließlich auch noch einen anderen Mathias«. Sie erzählt, wie Richling sie mal bei einer Filmpremiere rettete, indem er flugs ihren eingerissenen Hosenanzug genäht hat. Und heute? Ach, heute sei er so aufgeregt gewesen; sie blickt zu ihrem Mann: »Weil er es dir beweisen wollte.« Hildebrandt grummelt irgendwas, steht auf und geht noch mal kurz mit den Hunden raus.

Das Deutsche Fernsehen

»Entstehen Ihre Bilder aus dem Bauch heraus?« Der Maler Gerhard Richter schaut angewidert auf das ihm entgegengestreckte orange ZDF-Mikrophon und bricht das Interview ab. Schon einer so einfachen Frage verweigere er sich leider, sagt eine dieser öffentlichrechtlichen Höchstkulturstimmen, schade, »Erklärungen gibt es keine« für Richters »Farbenspiele, vielschichtig aufgetragen mit Spachtel und Pinsel«. Statt sich für die besonders dumme Frage seines Mitarbeiters zu schämen, fand Nachrichtensprecher Steffen Seibert offenbar, der Fehler liege beim so angegangenen Künstler, und leitete routiniert augenzwinkernd über: »Das Wetter wird morgen etwas freundlicher.«

Und das war dann Kultur. Qualität! Programmauftrag!

Das war am Donnerstag, und es war ein Beispiel für das große Missverständnis »Kultur im Fernsehen«, Kultur immer gemeint als Qualität, stets mit diesem Unterton, den man von Fernsehkommissaren kennt, wenn sie Angehörigen eine Todesnachricht zu überbringen haben: »Dürfen wir reinkommen, das besprechen wir lieber nicht im Treppenhaus, wir müssen Ihnen etwas sehr Trauriges mitteilen – Kultur.«

Zwar hatte Marcel Reich-Ranicki das deutsche Fernsehen effektvoll blamiert mit seiner Fernsehpreis-Nichtannahme, doch erlebte es gerade deshalb eine goldene Woche: Endlich wurde überhaupt mal wieder darüber gesprochen, endlich gab es mal wieder ein kollektives Fernseherlebnis, die Ausschnitte von Reich-Ranickis amüsantem Wutanfall und Gottschalks geistesgegenwärtiger Schlichtung hatte tatsächlich jeder gesehen (kleiner Treppenwitz am Rand: Das von Fernsehverantwortlichen so gefürchtete Internet hat diese Verbreitung erst ermöglicht). Wenn sich also im Fernsehen ausnahmsweise mal ein besonderer Moment ereignet, dann interessiert es auch wieder.

Dass weder Reich-Ranicki noch Gottschalk das gegenwärtige deutsche Fernsehprogramm gut genug kennen, um substanziell darüber zu sprechen, bestritten nicht einmal sie selbst, aber die große Aufregung zeigte: Da hat der Falsche das Richtige gesagt. Dass das Fernsehen auch über sinnvolle Potentiale verfügt, hat Reich-Ranicki nie bestritten, schon 1961 befand er: »Wir können es nicht abschaffen. Vielleicht kann man es aber verbessern?« Seine Idee damals, man ahnt es: Literatur! Roman-Verfilmungen, Bücher-Sendungen. Damals gab es noch keine privaten Sender, keinen Atze Schröder und nur einen Fernsehkoch.

Mittlerweile ist das Fernsehen eines auf jeden Fall nicht geworden: weniger verbesserungswürdig. Der strahlend selbstvergessene Irrsinn auf der Fernsehpreisbühne genügte Reich-Ranicki für seine Blickdiagnose, und seine Abscheu konnte jeder nachvollziehen, mit Ausnahme von Veronica Ferres (was natürlich bekräftigend wirkt).

Doch wie schlecht genau ist das deutsche Fernsehen eigentlich? Einer, der sich gerade mit den Niederungen des Programms im Detail auskennt und zu einem durchaus ähnlichen Urteil wie Reich-Ranicki kommt, ist Oliver Kalkofe. Seit vielen Jahren kritisiert der das Fernsehen im Fernsehen, schlägt es mit dessen eigenen Waffen. In seiner Sendung »Mattscheibe« nimmt er sich die schlimmsten Entgleisungen vor und seziert sie, montiert sie zu noch größerem Schwachsinn, er tut das angemessen drastisch, grob, pointiert – würde Reich-Ranicki das deutsche Fernsehen wirklich kennen, an Kalkofe hätte er seine Freude. Natürlich, man muss es nicht kennen. Aber falls doch, ist eine Diskussion darüber, wie man es verbessern könnte, so unausweichlich wie interessant. Und Kalkofe ist gewiss ein geeigneter Kronzeuge. Kürzlich hat er in einem Gymnasium mit Schülern darüber gesprochen, er hat sie gefragt, was sie sich gern ansehen, und bekam die braven Lügen zu hören: Dokumentationen, Tierfilme, Nachrichten, Reportagen; das übliche Arte-Alibi. Es waren aber auch Lehrer im Raum, vielleicht lag es daran.

Keineswegs wünsche er sich das Programm, das Reich-Ranicki sich erträume, sagt Kalkofe, »für den ist ja 3sat schon Super-RTL«. Sehr wohl aber wünsche er sich »ein Programm, das die Zuschauer nicht dermaßen verachtet«. Die Sendung »Mattscheibe« sei als Notwehrmaßnahme entstanden, Notwehr gegen das permanente Schwachsinnsbombardement. Kalkofe ist, was das Fernsehen betrifft, ein enttäuschter Liebhaber, und er rächt sich bitter. Gutes Fernsehen aber – wie sähe das aus? Da muss Kalkofe nicht lange überlegen: »Dazu müssten die Programm-Macher endlich mal die Zuschauer, aber auch sich selbst und ihre Vorlieben ernst nehmen.« Er saß oft genug mit Redakteuren von Sendern zusammen, und immer wenn er ihnen etwas Neues vorschlug, sei die ängstliche Frage gekommen, womit man das Vorgeschlagene vergleichen könne. Und wenn etwas nicht vergleichbar ist, sondern neu, noch nie dagewesen, heiße es: »Schwierig, das ist noch nicht getestet.«

Es herrsche, sagt Kalkofe, bei den Sendern eine ungeheure Angst vor eigener Meinung, Haltung, eigenem Gefühl. Sein Traumprogramm sei

DAS DEUTSCHE FERNSEHEN **93**

eine Vielfalt, die sich nicht allein an der Zahl der frei empfangbaren Sender bemisst, sondern an Sendungen, bei denen nichtgemeinte Zuschauer auch mal empört abschalten. Kalkofe möchte keine Richter-Show und keinen Musikantenstadl absetzen – sein Vater zum Beispiel schaue sowas gern. Aber ein Sender müsse doch verschiedene Ansprüche bedienen. Der Auftrag! Nicht dieses Zielen auf die Mitte, das Allgemeingültige, Gefallsüchtige, so könne es doch nur flach werden. Unmöglich, mit einer Sendung alle zu erreichen – trotzdem werde das ständig weiter probiert. Die öffentlich-rechtlichen Sender seien in dieser Hinsicht noch schlimmer als die Privaten: »Man kann nicht mit denen reden, es sei denn, man hat drei Jahre Zeit, und es ist einem wurscht, wenn dann nichts draus wird.«

Das Fernsehen sei kurz davor, sich selbst abzuschaffen. Freiwillig schaut Kalkofe kaum noch das reguläre Programm, er weicht, wie so viele, lieber auf amerikanische Serien aus, die er auf DVDs kauft, denn selbst wenn sie im deutschen Fernsehen liefen, sei das nicht auszuhalten, »da plingt und klingelt es am Bildrand, es laufen Männchen ins Bild und bewerben die darauffolgende Sendung oder ein Telefongewinnspiel, es werden Werbepausen an den falschesten Stellen gesetzt, die Programm-Macher gehen damit völlig respektlos um, wie mit einem alten Stück Fleisch. Ich kann dem Fernsehen in dieser Hinsicht nicht mehr vertrauen. Wenn es mal ausnahmsweise was Gutes gibt, versauen sie einem selbst das noch.«

Das vom ZDF anberaumte fernsehkritische Gespräch zwischen Gottschalk und Reich-Ranicki werde natürlich nichts bringen, das sei ja, als spräche man mit jemandem vom Robert-Koch-Institut über Computerviren, es wird, da ist sich Kalkofe sicher, eine groteske Veranstaltung. Er macht sie schon mal im Vorhinein nach und trifft dabei den Gottschalk-Ton sehr gut, er kennt das deutsche Fernsehen, seine Akteure und Formate in- und auswendig. Und wie sehr er es – in diesem Wissen – verabscheut, sollte den Programmverantwortlichen mindestens so zu denken geben wie Reich-Ranickis Brandrede. Kalkofe selbst steht auf einer Bühne, während das ZDF das Gespräch der Herren Gottschalk und Reich-Ranicki ausstrahlt, und führt einen Sketch über die Fernseh-preis-dekorierte Sendung »Deutschland sucht den Superstar« auf. Wie endet dieser Sketch? Kalkofe, nicht ohne Vorfreude: »Zum Schluss sterben dann alle.«

Als Höhepunkt dieser nostalgischen Woche, in der tatsächlich das ganze Land endlich mal wieder über eine Fernsehsendung gesprochen hat, war es nichtmal mehr abwegig, sich – wie früher! – zum gemeinsamen Fernsehen zu verabreden. Also, Freitagabend, kurz vor halb elf, man ist verabredet, richtet sich nach der Sendezeit und guckt es nicht irgendwann später, nein, wie ein Fußballendspiel.

Hellmuth Karasek schneidet sich eine Zigarre an und erzählt, während im ZDF noch das Wetter vorhergesagt wird, von seinen Telefonaten mit Reich-Ranicki in der zurückliegenden Woche. Wie dieser hörbar aufgelebt sei durch den ganzen Rummel und wie er sich geärgert habe über die Heidenreich und – dann ist man schon wieder mit der Hand nah am Fernbedienungsknopf, es ist einfach nicht auszuhalten, nichtmal die Wettervorhersage: »Im Norden kocht die Sonne eher auf Sparflamme«, sagt die Meteorologin Inge Niedeck, und dass »wir insgesamt aber von der Temperatur her gut aufgestellt« seien. Karasek schüttelt sich: »Diese Sprache ist so schlimm.«

Dass, anders als von Reich-Ranickis Preisablehnung, von diesem daraus folgenden Gespräch mit Gottschalk nicht wochenlang die Rede sein würde, hatte man sich schon gedacht. Es ist eher ein Planschen im Entmüdungsbecken, wie es Fußballspieler nach großen Finalspielen tun. Zu Karasek hatte Reich-Ranicki nach der Aufzeichnung am Telefon gesagt, das Gespräch sei im Grunde zwecklos gewesen, weil kein Intendant dabeisaß. Trotzdem, man sieht es gern; einfach auch, weil man sich nun schon ein paar Tage darauf gefreut hatte. Gesagt und geschrieben worden war ja vorher schon alles. Brecht, Shakespeare, Schiller – ja, natürlich. Und warum läuft nicht jeden Abend ein Film über Henry Kissinger?

»Die einen reden über Qualität im Fernsehen, die anderen arbeiten daran, wie wir, seit 40 Jahren«, eröffnet Luzia Braun im Anschluss die

Sendung »Aspekte«. Und führt dann mustergültig vor, wie das Niveau des Fernsehens ganz gewiss nicht anzuheben ist: mit dem, was öffentlich-rechtliche Sender explizit als »Kultur« anbieten. Schon die Ästhetik dieser Sendungen streckt sich so rührend nach Modernität, dass sie automatisch ältlich wirken, hier ein Clip und da ein Schnitt; wer sich wirklich für Literatur, Theater oder Film interessiert, muss fliehen, und für jeden anderen ist es erst recht eine Zumutung. Also, Frankfurter Buchmesse, da einfach mal ganz locker auf einer Party rumstehen und Paulo Coelho fragen: »Würde es helfen, wenn man mehr Bänker auf den Jakobsweg schicken würde?« Da ist doch dann irgendwie alles drin, oder?

Karasek stöhnt gequält: »Ich gucke lieber zehn Folgen ›Deutschland sucht den Superstar‹ als so was. Diese Art Kulturfernsehen ist das Allerschlimmste und Verblödetste. Ich hatte in der Schule einen Physiklehrer, der hat mal gesagt: ›Die Relativitätstheorie verstehen auf der Welt nur fünf, sechs Leute. Ich werde sie Ihnen jetzt erklären.‹ Und genau so treten die auf in diesen Kultursendungen. Wir müssen das ausschalten, ich halte das nicht aus.«

Zugfahrt mit der Juso-Vorsitzenden

Kurz bevor die Zukunft der SPD am Berliner Hauptbahnhof eintrifft, huscht die Vergangenheit vorbei: Die Vergangenheit sieht erholt aus, zieht eine grüne Rolltasche hinter sich her, verschwindet dann eine Treppe hinauf zu den weiter oben liegenden Gleisen; die Zukunft hat es eilig, trägt einen Rucksack, weil sie diese Rolldinger nicht mag, und muss hinunter, Gleis 4. Die Juso-Vorsitzende Franziska Drohsel und der ehemalige Finanzminister Hans Eichel haben sich nur knapp verpasst an diesem Freitagmittag.

ICE 5111 nach München, über Leipzig und Nürnberg, wo Franziska Drohsel aussteigen wird; am Abend trifft dort der Juso-Bundesvorstand zusammen, am Samstag die SPD zu einem »Zukunftskonvent«; die Türen schließen selbsttätig, Vorsicht bei der Abfahrt. Franziska Drohsel nimmt in Wagen 27 ihren reservierten Sitzplatz 91 ein, natürlich zweiter Klasse. Vormittags hat sie noch schnell in die Kamera des ARD-»Mittagsmagazins« gesagt, dass sie die Teilprivatisierung der Bahn missbilligt.

Kaum dass sie sitzt, meldet ihr Blackberry den Eingang einer SMS: Der Ralf aus dem Bundesvorstand erkundigt sich, ob die teilprivatisierungskritische PM rausgegangen sei; PM für Pressemitteilung. Die Juso-Vorsitzende fragt die neben ihr sitzende, für die Pressearbeit der Jusos zuständige Daniela, ob die PM ausgesendet wurde, Daniela bestätigt dies, ja, per Fax und Mail. Natürlich haben diese Jusos auch Nachnamen, aber unter Genossen, sagt Drohsel beziehungsweise Franziska oder auch Franzi, unter Genossen duzt man sich. Das ist so. Wenn jetzt Frau Schwan vorbeikäme, würde sie es zwar zu umschiffen versuchen, aber eigentlich: Gesine. Formal muss ich sie duzen, sagt Franzi. Gesine Schwan wird auftreten beim »Zukunftskonvent«, Kurt Beck wird eine Rede halten, und weil es seit Monaten drunter und drüber geht in der SPD (vor allem drunter), wird diese Rede Becks – was nicht für viele seiner Reden gilt – »mit Spannung erwartet«. Zwischen Kurt Beck, Mittagspause und Gesine Schwan wird es verschiedene Podiumsdiskussionen geben, Franziska Drohsel wird an einer teilnehmen, da gehe es um linke Sozialpolitik, um »eine kritische Bestandsaufnahme von ›Fördern und Fordern‹«. Leistungskürzungen, nur weil jemand nicht zu irgendwelchen bescheuerten Psychotrainings gehe, da könne sie sich echt aufregen drüber, denn letztlich hieße das ja, wer nicht arbeiten geht, kriegt nichts zu essen.

Sie zieht die »FAZ« aus ihrem Rucksack und sagt, dass sie sich voll blöd vorkomme, aber sie abonniere die »FAZ« nun mal, obwohl die ja nun nicht gerade links sei; das sei irgendwie durch das Jura-Studium gekommen, das »FAZ«-Lesen, zu juristischen Themen biete diese Zeitung einfach die ausführlichste Berichterstattung. Den Politikteil lese sie, so 'n bisschen die Wirtschaft – und, wenn sie viel Zeit habe, auch das Feuilleton. Ein Freund aus der Uni habe ihr morgens beim Kaffeetrinken erzählt, dass darin heute ein Verriss des »Sex & The City«-Films stünde. Die Serie habe sie total super gefunden, aber das sei höchstwahrscheinlich so ein Frauen-Ding. »Ein Konvent für Beck« ist ein Artikel auf Seite eins der »FAZ« übertitelt, Drohsel überfliegt ihn und murmelt: Guck mal an, dreitausend Leute kommen da hin, ist ja ganz ordentlich.

Sie guckt aus dem Fenster, der vollbesetzte ICE saust durchs Land. Diese Strecke ist wahrscheinlich rentabel, sagt Drohsel, aber wenn es nur noch um Rendite geht bei der Bahn, was wird dann aus weniger frequentierten Nahverkehrsstrecken? Und aus der Streckensicherheit? Ein Blick nach England genüge doch, zu sehen, wohin das führt.

Die Bahnreform ist eine dieser mittlerweile klassischen Beckschen Eiertanz-Kreisquadraturen. So wie die Haltung, genauer: Haltungen zu Linkspartei, Abgeordneten-Diäten, Bundespräsidentenwahl und so weiter. Schwierigkeiten bei der Umstellung auf das »Fünf-Parteien-System« kann die SPD nicht haben: Betrachtet man sie dieser Tage etwas genauer, hat man den Eindruck, sie selbst bestünde schon aus fünf konkurrierenden Parteien. Bei so quälender Gegenwart ist ein beherzter Hüpfer in die Zukunft naheliegend; ein Zukunftskonvent, die Erwartungen sind groß. Wird alles wieder gut – oder alles noch schlimmer? Wird man eines Tages sagen, von Nürnberg ging ein Signal aus? Bekommt der Name der Stadt im Zusammenhang mit der SPD einen historischen Klang – wie Mannheim? Mit Hamburg hat man das im letzten Jahr probiert, es hat nicht lang vorgehalten. In Mannheim 1995, als Lafontaine gegen Scharping putschte, trat die damalige Juso-Vorsitzende Andrea Nahles ans Mikrophon und sagte, »Rudolf, das war mir zu viel Lirum Larum Löffelstiel«. Ist die Vorstellung abwegig, dass Franziska Drohsel nun in Nürnberg sagen wird, Kurt, das war mir zu viel und so weiter? Abwegig nicht, sagt Drohsel, aber wo denn die linke Alternative zu Beck sei?

Hm – Andrea? Also: Nahles?

Franziska Drohsel sagt nichts, und ihr Blick sagt, dass sie dazu jetzt nichts sagt. Zu irgendetwas nichts zu sagen, fällt ihr allerdings schwer, und so sagt sie sicherheitshalber mal schnell, dass sie an Kurt (sie sagt Kurt, ja) inhaltlich manches auszusetzen habe, nichts aber an seiner Parteiführung.

Ihr Blackberry düdelt, diesmal ein Anruf, ein Redakteur vom »Spiegel«. Drohsels Miene, die kurzzeitig diese Thema-Beck-Düsternis befallen hatte, hellt sich auf. Ach echt, das freue sie aber, sagt sie ins Telefon. Ja, demokratischer Sozialismus und, genau, Kapitalismus überwinden. Es geht um das Thesenpapier »Für eine linke Zukunft«. Der »Spiegel«-Redakteur hat Auszüge daraus zu lesen bekommen und bringt dazu eventuell eine kleine Meldung in der nächsten Ausgabe. Das ist voll gut, freut sich Drohsel, als sie aufgelegt hat. Das Papier werden sie heute Abend im Juso-Vorstand beschließen – beschließen oder auch verabschieden, Drohsel kichert, was für bekloppte Begriffe man da automatisch dauernd verwende, das sei schon krass. Kurz darauf ruft noch jemand an, einer, der dieses Thesenpapier gerade noch mal überarbeitet. Europa?, fragt Drohsel ins Telefon, ja, finde sie gut, Europa solle er mal ruhig noch als Extrapunkt aufnehmen, auch wenn im Thesenpunkt »Globalisierung« ja

Europa schon ein bisschen mit drinstecke. 60 Thesen würden es insgesamt, vielleicht auch 59.

Es sind 63 geworden, sagt sie kurz darauf, es könne aber auch sein, dass sie sich verzählt habe. Daniela hat sich inzwischen die Schuhe ausgezogen.

Leipzig Hauptbahnhof. Hier wohnt mein Bruder, sagt Drohsel. Der Versuch, einen Mitropa-Kaffee zu kaufen, misslingt zunächst, die Kasse spinnt, sagt die Dame hinterm Tresen. Frage an Franziska Drohsel, ob sie bitte noch mal in einem Satz erklären könne, was es mit der Bahnreform auf sich hat? Die Fachtermini kommen ihr mühelos über die Lippen: Vinkulierte Namensaktien, stimmrechtslose Vorzugsaktien – wenn es konkret wird, klingt natürlich auch Franziska Drohsel wie einer dieser Talkshow-Parlamentarier. Aber noch merkt sie es, wenn sie in diesen lachhaft verstiegenen Duktus verfällt, eine Mischung aus Kleingedrucktem und maschinell erstellter Behörden-Mitteilung – und dann bricht sie kichernd ab.

Saalfeld an der Saale. Hier sei sie mal bei einer großen Antifa-Demo gewesen, fällt Drohsel ein. Zweimal seien die Busse von der Polizei abgefangen worden, erst beim dritten Anlauf habe es geklappt mit der Demo. Wenn sie von Demonstrationen spricht, wird ihre Stimme schwärmerisch. Bahnreform, Kurt Beck, Kapitalismus – muss wohl alles überwunden werden, irgendwie. Ihr sei das alles zu defensiv, der neoliberale Zeitgeist sei doch Vergangenheit, die Stimmung im Land habe sich schließlich gedreht, warum bloß drehe die SPD sich nicht konsequent mit? Kapiert sie nicht. Worüber die da immer zanken – das nerve doch. Zukunft der SPD? Na ja. Ihr gehe es, sagt Drohsel, um die Zukunft linker Politik. Um freies Denken. Dieses Thesenpapier zum Beispiel, ihre Stimme klingt jetzt wie sonst nur bei der Schilderung von Demonstrationserlebnissen, da stünden Sachen drin, die den Jusos wichtig seien, radikal, mit Zitaten von Peter Weiss, Rosa Luxemburg und Karl Marx. Vorfreudige Vorsitzende: Am Montag hauen wir das raus! Zwei Tage nach dem Zukunftskonvent der SPD also.

Am kommenden Sonntag hat Drohsel Geburtstag, sie wird 28. Tagsüber müsse sie leider zum NRW-Landesdelegiertenkongress, das sei nun mal ein wichtiger Landesverband.

Als die Kasse nicht mehr spinnt, im Speisewagen, bei Kaffee und Käse-Kirsch-Kuchen, setzt sich Daniela dazu, kurz darauf auch Ralf, der mit der SMS vorhin; einen Wagen weiter sitze er, und mit ihm praktisch das halbe Willy-Brandt-Haus. Oh Gott, erschrickt Drohsel plötzlich, die letzte Fassung des Juso-Thesenpapiers habe sie nicht auf ihrem Laptop, sondern nur auf dem Computer im Büro! Ralf kann sie beruhigen, er hat sie auf einem USB-Stick dabei. Jetzt piept Ralfs Handy: 163 dafür, 27 dagegen, 2 Enthaltungen, 30 abwesend, liest er vor, es handelt sich um die Abstimmungsstatistik der SPD-Fraktion zum Bahnprivatisierungsmodell. Drohsels Blackberry hat auch eine Neuigkeit: Wir sind immer noch im Umfragetief, sagt sie, 21 % nur noch für die SPD, wenn am Sonntag Wahl wäre, und: Die Mehrheit der Bürger misstraue Kurt Beck. Projekt 18, kommentiert Ralf ausatmend. Schön ist das nicht, sagt Drohsel.

Wie diese drei da sitzen, man hat das Gefühl, sie spielen Politik. Können sie mal Kurt Becks Steuerpläne rasch zusammenfassen? Sozialer Aufstieg für alle, sagt Drohsel; die SPD rückt wieder in die Mitte, sagt Daniela. Dann lachen sie, also echt, wie das klinge!

»Attraktiv und voller Ideale«, so beschrieb die »Bunte« Franziska Drohsel. Sie selbst findet solche Titulierungen nicht weiter schlimm, sagt aber, es sei schon schwierig, sie müsse ja eigentlich darauf achten, sich bei offiziellen Auftritten ein bisschen nett herzurichten, aber sie gehe so wahnsinnig ungern einkaufen; sie habe nur dieses eine Paar Schuhe, das ihr passe, mit etwas höheren Absätzen, dann wirke sie erstens größer und müsse zweitens automatisch den Körper gerade halten. Auch ihre Handtasche gefalle ihr eigentlich gar nicht, die habe sie in aller Schnelle für die Demo am 1. Mai gekauft, um da nicht den Rucksack mit sich herumschleppen zu müssen. Jeans wird sie morgen tragen und eine Jacke. Ein Jackett? Na ja, sagt sie, eben die, die sie jetzt auch anhabe. Es ist eher eine

Jacke. Sie weigere sich, im Kostümchen rumzulaufen, sie sei nun mal bei den Jusos.

Wenn sie im Namen der Zukunft morgen ein Lied durch die Lautsprecher des Konventssaals jagen dürfte, welches wäre das? Sie guckt ihren iPod durch. Tatsächlich finden sich in ihrer nicht ganz altersgemäß wirkenden Interpretenliste Hannes Wader und Franz Josef Degenhardt. Also, Degenhardts »Entschuldigung eines alten Sozialdemokraten«? Nein, sagt Drohsel, es müsse schon ein neuerer Interpret sein, einer, der heutige Lebenswelten drastisch besinge. Hans Eichel hätte das wahrscheinlich nicht anders formuliert, es spricht aber weiterhin die Vorsitzende der Jusos: Der Rapper Sido vielleicht – wenn der nicht leider sexistisch wäre. Wird denn am Ende des Zukunftskonvents gesungen? Könnte sein. Wie geht noch mal dieses Lied? Leise singt Franziska Drohsel: Wann wir schreiten Seit' an Seit'/Mit uns kommt die neue Zeit …

So ganz hat sie den Text nicht parat. Bei den Jusos, sagt sie, würden sie immer »Die Internationale« singen. Das sei viel schöner, und ja wohl echt das bessere Lied, auch musikalisch.

Nürnberg Hauptbahnhof, die Zukunft der SPD steigt aus. Der, so wurde es heute im Bundestag beschlossen, künftig zu 24,9% privatisierte ICE fährt nach kurzem Aufenthalt weiter nach München. Einer der Juso-Jungs möchte jetzt erstmal ein Eis essen. Aber die Vorsitzende sagt, dafür sei jetzt wirklich keine Zeit, in einer halben Stunde gehe es los, die Thesen verabschieden.

Obama in Berlin

Endlich schwieg die Musik, es war kurz vor sieben, und alle starrten zum Himmel – dort sah man einen Hubschrauber. Es war jetzt sehr still. Einige dachten vielleicht, Obama säße in diesem Hubschrauber, andere mutmaßten, der Hubschrauber flöge genau über der Obama-Limousine auf ihrem Weg zur Siegessäule. Aber man schaute so oder so nach oben, denn das war das Gefühl: Obama kommt von oben. Stille. Rund um das Rednerpult ein paar Gummibäume und eingetopfte Farnbüschel, das sah eher nach Stadthalle aus, aber hinter dem Rednerpult ragte die Siegessäule in den Abendhimmel, Victorias Gold in Sonne getaucht – das sah nun wahrlich überhaupt nicht nach Stadthalle aus.

Man hatte vorher noch Witze gemacht, Witze und Wetten, denn unironisch einer Politiker-Rede zuzuhören, war man einfach nicht mehr gewohnt. Was wird er anhaben, Hemdfarbe hellblau oder, wie heute Morgen vor dem Kanzleramt, weiß; wie viele sind wir hier überhaupt, welche Begrüßungsformel wird er wählen (»Thank you« zählt nicht), wird er ein Redemanuskript dabeihaben, wie wird der eine deutsche Satz lauten, den er am Ende sagen wird, auf den doch alle warten – über all das hatten wir Wetten abgeschlossen. Und uns war dabei aufgefallen, wie liebevoll wir den Namen Obama intonierten, so als handele es sich um einen Vor- oder gar Kosenamen.

Dann ertönte eine Stimme aus den Lautsprechern und bat, Senator Barack Obama zu begrüßen. Jemand flüsterte, er habe heute irgendwo gelesen, dass der Schauspieler Ulrich Matthes einleitende Worte sprechen würde. War das jetzt die Stimme von Matthes? Das alles war plötzlich ganz unerheblich, denn da schritt nun tatsächlich Obama auf das Rednerpult zu, Applaus, Sprechchöre, Begeisterung. Er dankte mehrfach für diese freundliche, ja überschwängliche Begrüßung – und dann sprach er.

OBAMA IN BERLIN **103**

Frei, eindringlich, brillant. »Citizens of Berlin« – juhu, hier sind wir! Unsere Witze und Wetten (und die beiden Teleprompter) vergaßen wir.

Luftbrücke, Partnerschaft, Freiheit – schöne Wörter. Terrorismus, Völkermord, Klimawandel, Atomwaffen – schlimme Wörter. Obama erzählte die Geschichte seiner Familie, erzählte auch die jüngere Geschichte Berlins und also Deutschlands. Hier stand ein Mann, der nicht direkt etwas von uns wollte, wir können ihn schließlich nicht wählen. Change – ist das eine Phrase, bloß ein cleverer Slogan? Oder was möchte man denn, woran mangelt es, wenn man es mal zusammenfasst? Nie war man so sicher vor Folter-Begriffen wie Pendlerpauschale oder flächendeckender Tarifvertrag. Man schaltet in Deutschland den Fernseher ein, und kaum wird es politisch, fallen diese Begriffe, die ja keine unwichtigen Themen benennen, die aber so totgeleiert sind im läppischen Kleinkrieg der Parteien, dass sie leider gar nichts mehr bedeuten. Man hört ja auch gar nicht mehr zu. Aber hier nun: keinmal aufs Handy geguckt, keinmal gegähnt, keinmal nach einem Bierstand Ausschau gehalten. Tatsächlich, wir hörten einem Politiker zu. Es ging tatsächlich ums sogenannte große Ganze, und trotzdem hatte man nicht eine Sekunde das Gefühl, da labere einer; wenn in Deutschland jemandem attestiert wird, er klänge wie ein Prediger, ist das in den allermeisten Fällen abfällig gemeint. Da denken wir dann ein andermal drüber nach. Aber: Dies war eine Predigt. Eine gute Predigt, eine große Rede. Mit dem verworrenen Gefühl war man hergekommen, dass dieser Abend legendär werden könnte – und vielleicht auch genau nicht, weil vorher schon so viel darüber gesprochen wurde, Obamas Auftritt vorgreifend eingereiht wurde in epochale Berlin-Reden, gleichzeitig augenbrauenlupfend darauf hingewiesen wurde, dass er ja bislang noch nichtmal offiziell Präsidentschaftskandidat ist, der Herr Obama. Man hatte die Floskel »seine mit Spannung erwartete Rede« so oft gehört und gelesen, dass eigentlich jegliche Spannung verdampft war.

Wie froh man aber nun war, trotzdem gekommen zu sein: Man hatte jetzt das Gefühl, einem sehr guten Arzt zuzuhören, einem, der die

Krankheitsgeschichte analysiert, die Vorerkrankungen nicht unerwähnt lässt, der Behandlungsmethoden skizziert und einen Heilungsprozess in Aussicht stellt.

Thank you Berlin, God bless you – er ist nichtmal der naheliegenden Versuchung erlegen, uns einen Satz in deutscher Sprache zuzurufen. Applaus, Applaus. Nun kam er vom Podest, Hände schütteln, man sah ihn nicht mehr, sah nur noch, wo er entlangschüttelte, weil dort die Fotoapparate blitzten und die Menschen besonders drängelten.

Seine mit Spannung erwartete Rede? Pah. Das ganze blöde Gerede, man war dagegen jetzt immun. Man hatte ja selbst gehört und gesehen – und wusste gar nicht so genau, wie das nun zu bewerten war, was das nun hieß, und die schlauen Herren vor ihren Kameras dahinten, die sollten mal bloß nicht so schlau tun. Wir gingen jetzt einfach nach Hause und hatten endlich mal wieder einem Politiker zugehört. Auf dem Asphalt sah man, als sich die Menge etwas lichtete, noch ein paar rote Farbspritzer von dem Irren, der tags zuvor durch die Absperrung gebrettert war und diese Farbe verschüttet hatte, um somit gegen irgendwas zu protestieren. Hoffentlich hat er einen guten Arzt. Den Super-Arzt jedenfalls hat er verpasst.

Vor Schloss Bellevue sah man dann Ulrich Matthes in eine Kamera erzählen, wie sehr ihm die Rede gefallen hat. Als er damit fertig war, konnte man ihn noch schnell fragen, ob das wirklich stimmte, dass die Begrüßungsstimme aus dem Lautsprecher die seine war? Quatsch, sagte Matthes, an dessen Jacke ein großer »Obama 08«-Button hing. Aber war die Rede nicht großartig, fragte Matthes zurück – und seine Augen leuchteten.

Die Schlange vor dem Reichstag

Ein schlechter Tag für die Demokratie, steht in den Zeitungen, denn: »Den Volksparteien laufen die Mitglieder weg.« Die SPD-Mitglieder laufen am schnellsten, aber die CDU-Mitglieder sind auch nicht langsam. Ein neuer Tiefstand, bald geht das Abendland unter.

Über dem Reichstag ist die Sonne trotzdem aufgegangen, brennt bereits ordentlich, es ist noch früh am Morgen. Schon bevor um acht Uhr die ersten Besucher durch die Sicherheitsschleuse gehen dürfen (Taschen und alle metallischen Gegenstände bitte aufs Röntgenfließband legen), formiert sich die Schlange, die zum Reichstag gehört wie die Kuppel, diese Menschenschlange, die da die Treppe zum Eingang herunterwächst auf den Vorplatz, den »Platz der Republik«, die jetzt immer länger wird, die jeden Tag sich hier schlängelt bis zum Rasen, von frühmorgens bis spätabends.

Gibt es hier was umsonst? Ja: Der Eintritt ist frei, nichtmal die Broschüren kosten etwas. »Hier schlägt das Herz unserer Demokratie«, fabuliert in einem Faltblatt »Ihr Norbert Lammert, Bundestagspräsident«. Ihr – also unser, mein Norbert Lammert, momentan, wie die meisten seiner Kollegen, in der Sommerpause. Schlägt also das Herz unserer Demokratie im niederfrequenten Ruhepuls? Keineswegs, zeigt ein Blick auf die *Vena Cava:* diese Menschenschlange.

Der Ausblick, dieser »einmalige Rundblick« (Lammert), kann nicht der alleinige Grund dafür sein, dass Menschen aus allen Bundesländern, aus der ganzen Welt hier täglich bis zu zwei Stunden warten, um mit dem Aufzug zur Aussichtsplattform des Reichstagsgebäudes zu gelangen und den Spiralgang in der Kuppel hinauf- und wieder hinabzuspazieren, denn der Fernsehturm – für die meisten Reichstagsbesucher ebenfalls Station ihres Berlin-Aufenthalts – ist deutlich höher.

Liegt es an der Architektur, am Rudelverhalten, am Demokratie-verständnis? Jedenfalls: Zum Kanzleramt oder zum Schloss Bellevue geht kaum jemand. Da am Zaun stehen? Dann doch lieber hier in der Schlange.

Den Volksparteien laufen die Mitglieder weg, und niemand will mehr wählen, höchstens eine radikale Partei? Wo laufen sie denn? Hier jedenfalls stehen sie, jeden Tag.

Die Schlange, sagt ein Herr aus Kalifornien, der schon seit fast einer Stunde ansteht, die Schlange ist ein Statement. In Amerika sei es, nicht zuletzt aus Sicherheitsgründen, undenkbar, dergestalt den Kongress zu – ja: bevölkern.

»Die Abgeordneten repräsentieren die Menschen in Deutschland«, sagt unser Norbert Lammert, und das ist natürlich eine schöne Idee, und darauf basiert schließlich unser politisches System. Doch man hat auch schon von Menschen gehört, die nach einem Blick in den gefüllten Plenarsaal oder auch nur auf den Wahlzettel so ihre Mühe hatten, dort eine ihnen genehme oder gar ihnen gemäße Identifikationsfigur zu finden. Man sieht häufig Politiker im Fernsehen, hinter sich sinnfällig die Kuppel, die, weil die Umfragewerte gerade nicht so passen, verkünden, sie machten sich Sorgen um die Demokratie, man müsse nachhaltig dafür werben, für die Demokratie – und im Hintergrund sieht man dann ameisenklein all diese Menschen in der Kuppel ihre Rundblickrunden drehen; Menschen, die sich interessieren, die teilhaben wollen, die diesen Staat ganz in Ordnung zu finden scheinen, die lange angestanden haben, um das Bühnenbild der Politik zu inspizieren und so auch auf sich hinzuweisen. Jeder, den man in der Schlange danach fragt, beteuert, wählen zu gehen, und zwar: »natürlich«! Ein paar Tausend Menschen pro Tag, etwa drei Millionen im letzten Jahr.

Kurz vor dem Ziel steht jetzt ein Studentenpärchen aus Hamburg, vom Eingang nur noch getrennt durch eine schwarzrotgoldene Kordel, mit dem nächsten Schwung werden sie in den Reichstag gelassen. Sie sagt: »Schöner Bau, muss man mal besichtigt haben als Deutscher, gut, dass er offen für jeden ist.« Ihr Freund empfindet den Klang des Wortes Reichstag als »ungefähr zu einem Drittel negativ«, sie sagt, dass diese Bezeichnung ja aus der Kaiserzeit komme, Wort und Gebäude schließlich nichts für den Missbrauch durch die Nazis könnten. Ihr Vater ist Architekt, und der frage sich übrigens wirklich, wie man nur solchen Beton benutzen konnte für das gegenüberliegende Kanzleramt – der wird doch ganz schnell schmutzig.

Ein paar Warteminuten weiter hinten steht eine Familie aus Colorado, freut sich auf die Kuppel und findet, dass dieses Ensemble »good vibes« habe: dieses geschichtsträchtige Haus inmitten der Stadt, und all die unterschiedlichen Menschen in der Schlange davor. Der Reichstag sei ein Symbol für die Geschichte Deutschlands, sagen sie stadtführergeschult. Und was soll man auch sonst sagen.

Ich war in Paris – ja, auch auf dem Eiffelturm.

Ich war in London – natürlich, auch am Big Ben.

Und in Berlin standen wir auch in dieser Schlange vor dem Reichstag.

Man will in das Fernsehbild, die Postkarte, die offizielle Kulisse hineintreten, und ein Beweisfoto machen, als Beleg für den Besuch der Stadt und die eigene Existenz.

Touristen verhalten sich wie Fernsehkorrespondenten, die ihren aktuellen Aufenthaltsort am liebsten durch ein weltbekanntes Wahrzeichen im Hintergrund beglaubigen lassen.

Nachdem er 84 auf den Stufen sitzenden Gymnasiasten erklärt hat, wo die Buslinie 100 abfährt, kann ein leicht gestresster Mathematiklehrer aus Vilshofen kurz erzählen, wie mitunter irritierend die Gespräche mit diesen nach der Wende geborenen Schülern seien. Für uns Lehrer, sagt er, war die Wiedervereinigung ein emotionales Ereignis – für diese Schüler ist es bloß Geschichte, etwas, das man eben lernt, aus Büchern. Keine eigene Erinnerung und Erfahrung, sie hören davon – und es klingt fern wie der 30-jährige Krieg.

Die Bleigravur über dem Portal ist ein treffender Gemäldetitel für dieses Bild, Menschenschlange vor Gebäude: »Dem Deutschen Volke«. Und wenn die Bonn-gewöhnten Lehrer sich auch das spärliche Resthaar raufen mögen, weil ihre Schüler beim Wort »Reichstag« nicht zusammenzucken, ja nichtmal beim Wort »Volk« – so können sie hier doch den seltenen Fall besichtigen, dass ein Gebäude tatsächlich die ihm eingeschriebene Bestimmung erfüllt. Und die Völker der Welt? Schauen, wenn sie endlich oben sind, auf diese Stadt.

Studentische Hilfskräfte in roten T-Shirts, beschriftet mit »Deutscher Bundestag Information«, gehen die Schlange ab, schauen nach Menschen älter als 70 oder jünger als sieben und körperlich Behinderten, um sie zu einem separaten Eingang zu geleiten.

Auf den Stufen sitzt ein Elfjähriger aus Köln, seine Mutter steht in der Schlange, er schreibt Postkarten, Schwarz-Weiß-Aufnahmen des Boulevards Unter den Linden und des Brandenburger Tors von 1910 und 1915 – das passe gut für Postkarten an seine Oma und seine Uroma, findet er. Da drüben, er zeigt aufs Kanzleramt, regiert die Kanzlerin. Das Saarland habe weniger Abgeordnete als Nordrhein-Westfalen, weiß er, wie er sich überhaupt am meisten für Geschichtsgeschichten interessiert, in denen seine Heimat vorkommt: Über Adenauer, der ganz früher Oberbürgermeister von Köln gewesen war, später dann erster Bundeskanzler der Bundesrepublik wurde. Und dass das Glockengeläut vom Band, mit dem zur morgendlichen Andacht in die kleine Kapelle im Reichstag geladen wird, das des Kölner Doms ist. Liebe Oma, schreibt er nun auf die Schwarz-Weiß-Postkarte.

Die Schlange vor dem Reichstag scheint als Luftholpause durchaus eingeplant in den klassisch-touristischen Berlin-Tag, die Wartenden blättern in ihren Reiseführern, kontrollieren die bislang gemachten Berlin-Fotos im Digitalkameradisplay, machen weitere Bilder voneinander in der Schlange, auf der Wiese, auf der Treppe. Ungeduldig wirken die Menschen nicht, eher andächtig. Das Schlangestehen ist Teil der Reichstagsbesichtigung, schon in der Schlange steht man im Bild, das man vom Reichstag hat. Wir könnten anders, aber: Wir stehen hier. Die Reichstagsbesichtigung ist Pflicht, sagen viele der Wartenden, Pflicht ganz unterschiedlicher Art, auferlegt von Lehrern, Eltern, Reiseführern, Internet oder Reisekompagnon. Oder von – viele wissen es gar nicht so genau. Irgendwie Pflicht eben.

Man sehe das Gebäude schließlich jeden Tag im Fernsehen, sagt ein schlangestehendes Ehepaar aus Idar-Oberstein, und die Besichtigung gehöre einfach dazu, wenn man schon mal in Berlin ist. Und es sei auch mal schön, über den Politikern zu stehen, probiert der Mann einen Witz. In Bonn damals seien es ja eher Zweckbauten gewesen, da sei er öfter dran vorbeigefahren, wäre aber nie auf die Idee gekommen, einen davon zu besichtigen. Bevor sie sich hier heute angestellt haben, saßen sie im Foyer des Hotels Adlon und haben dort einen Kaffee getrunken, horrend teuer, aber: die Atmosphäre! Das habe sich gelohnt.

Zwei Mädchen aus Konstanz erzählen, sie hätten dem Abgeordneten Andreas Jung aus Baden-Württemberg eine Mail geschrieben, daraufhin habe der sie eingeladen, und deshalb müssen sie sich nicht hinten anstellen. Das ist ein guter Trick, jeder Abgeordnete hat ein gewisses Kontingent solcher Einladungen zu vergeben, ein gemeinsames Essen im Paul-Löbe-Haus inbegriffen – so hat der Abgeordnete Kontakt zu »den Menschen«, und diese eingeladenen Menschen müssen nicht in der Schlange stehen. Für heute, sagen die Mädchen, haben sie nun ihr Pflichtprogramm beendet, jetzt: Shopping und Feiern. Die Broschüre »Parlamentsdeutsch – Erläuterungen zu parlamentarischen Begriffen« lassen sie auf den Stufen zurück.

Auf dem ersten Treppenabsatz vor dem Eingang informiert ein Schild: ab hier noch ungefähr 30 Minuten. Manchmal geht es schneller, manchmal langsamer, das komme, sagt einer der hier arbeitenden Studenten, darauf an, welche Schicht der Sicherheitsfirma gerade Dienst tue, die seien unterschiedlich fleißig. Doch gibt es Orientierungsmarken: Ab Höhe der am Tag der Einheitsfeier 1990 aufgestellten Deutschlandfahne auf dem Vorplatz dauere es eine gute Dreiviertelstunde, wer bis auf den Rasen anstehe, müsse circa zwei Stunden Wartezeit einkalkulieren.

Und auf dieser Wiese stehend, die zum Rand hin erst von Pflastersteinreihen durchzogen ist, dann in eine lockere Pflasterung übergeht, jeder Stein noch grasumsäumt, um schließlich vor der Treppe in einen festverfugten Steinboden zu münden – da fällt einem ein, wer vielleicht erklären könnte, was sich hier täglich abspielt: das Grünflächenamt! Der zuständige Herr ist freundlich, klug und nachsichtig. Dürfe er annehmen, dass er mit einem biologischen Laien spreche, eröffnet er das Gespräch; das darf er – und erklärt dann alles gut verständlich. Es gehe um nicht weniger als den Übergang von Grün zu Stein. Schließlich sei der Kaiser einst mit der Kutsche durchs Brandenburger Tor gefahren – und wo gelandet? Im Wald! Der Mann vom Grünflächenamt, jetzt poetisch: »Es wächst aus der Wiese der steinerne Bau.«

Die vereinzelten Bäume und Sträucher am Rande des »Strapazierrasens« markierten den Übergang vom waldartigen Tiergarten zur Wiese, und die Wiese würde dann sanft ausgeblendet, erst von Steinen unterbrochen, dann immer mehr Stein, und schließlich nur noch Stein. Gerade in solchen Übergangszonen sei biologisch am meisten los, deshalb müsse man sie weiträumig anlegen, denn dort beherberge die Natur die größte Artenvielfalt.

Artenvielfalt meint immer Pflanzen *und* Getier, ja?

Ja, genau.

Vielleicht sogar Menschen? Diese sich permanent neu zusammensetzende Menschenschlange vor dem Reichstag vereint doch die unterschiedlichsten Biographien und Charaktere – könnte es sein, dass auch der Mensch, in all seinen Arten, diesen Übergangsbereich anziehender findet als den kompromisslos versiegelten Boden vor dem Kanzleramt oder Schloss Bellevue?

Jawohl, bestätigt der Mann vom Grünflächenamt, wir können gar nicht anders, wir Menschen, das ist in uns drin, wir kommen schließlich aus der Savanne.

Die Sonne ist jetzt untergegangen, um Punkt 22 Uhr wurden die letzten Schlangesteher in den Reichstag gelassen, die paar, die es nicht geschafft haben, waren vorher von den Studenten darauf hingewiesen worden, dass sie wohl vergeblich anstehen, sie haben es trotzdem versucht und schimpfen nun fast gar nicht. Im Licht der in den Boden eingelassenen, die Fahnenmasten hinaufstrahlenden Scheinwerfer tanzen artenvielfältig die Insekten. Morgen ist auch noch ein Tag für die Demokratie, ab acht Uhr ist geöffnet.

Die Google-Party

Das wird bestimmt die Party des Jahres, denkt man frohgemut, einfach alles spricht doch dafür: die Adresse, der Gastgeber, die Schwierigkeiten bei der Einladungsbeschaffung. Der Suchmaschinenbetreiber Google feiert auf dem Skylounge genannten Dach des E-Werks in der Wilhelmstraße die Eröffnung seiner Berliner Repräsentanz. Forschungs- und Bildungsministerin Annette Schavan wird sprechen! Klingt das alles gut.

Google, was wäre der Mensch von heute ohne Google – weil man dank Google alles findet, findet man natürlich Google total super. Und von dieser Firma hört man ja auch nur Gutes: Die Mitarbeiter fahren auf Rollern durch ihre Büros, die aussehen wie gut ausgestattete Kindergärten, denn spielend kommen den Google-Leuten die besten Ideen, heißt es. Ganz sicher, das wird eines dieser Feste, von denen noch monatelang die Rede sein wird. WAS? Du warst nicht bei der Google-Party? Da kam Madonna mit dem Hubschrauber für zwei Lieder vorbei, Jamie Oliver stand am Grill, Karl Lagerfeld hat Handstand gemacht und Bryan Adams hat das fotografiert, beziehungsweise umgekehrt – ein unglaublicher Abend. Oder?

Goldbesonntes Berlin von oben, beruhigende Musik, anregende Getränke – es kann losgehen; auf weißen Stehtischchen dekorativ verstreute Legosteine, bunt wie das Firmenlogo. Ein Herr kommt an den Tisch, guten Abend, er sei von Google. Die Legosteine? Ganz witzige Geschichte, sagt der Google-Mann. Auch wenn bei dieser Formel als Einleitung einer Erzählung immer Vorsicht geboten ist, diese ist nicht schlecht: Legosteine also, weil die beiden Google-Gründer Larry Page und Sergey Brin aus solchen einst die Gehäuse für die Platinen ihrer ersten Server zusammengesteckt haben. Herrlich mythische Gründergeschichte: Vom Tellerwäscher zum Millionär? Nee, vom Legosteinzusammenstecker zum

Milliardär! Spielend! Deshalb die Roller, Rutschen, Schaukeln und Bauklötze in den Büros. Die Google-Gründer haben also nicht »schon im Sandkasten miteinander gespielt« – die tun das wahrscheinlich immer noch.

Nutzen Sie Google, fragt der Google-Mann nun. Was für eine Frage. Oft und gern. Am besten, antworte ich, gefällt mir an Google die Höflichkeit, mit der es einen berichtigt, wenn man sich bei einer Sucheingabe vertippt hat. Wenn ich also zum Beispiel »Anette Schawan« eintippe, fragt Google so ausgesprochen charmant: »Meinten Sie *Annette Schavan*«, und diese Kursivierung der richtigen Schreibweise, die ist so taktvoll, das liest sich nicht wie »Du Blödian, die heißt ›Annette Schavan‹ und nicht ›Anette Schawan‹«, nein, vielmehr gibt mir diese Kursivierung das Gefühl, hier neige jemand Allwissendes freundlich den Kopf und erkundige sich ohne jeden Unterton, ob er für mich die Falsche suchen soll, die es ja vielleicht auch gibt, wer weiß, oder nicht besser doch gleich die Richtige. Aha, sagt der Mann von Google, interessant, so habe er das noch nie gesehen.

Wer mal zu Besuch bei einer Sekte war, kennt diese beängstigende, psychologisch geschulte Art, mit Besuchern umzugehen, egal wie irr klingen mag, was die so sagen, immer wird erstmal genickt und das Gesagte für »interessant« befunden. Und immer fällt diesen Leuten noch eine Ergänzung ein, die das Gespräch voranbringt, das irr Gesagte aber miteinbezieht: Dann werde mich bestimmt interessieren, schließt der Google-Mann an, wie viele verschiedene Schreibweisen von Britney Spears schon bei Google eingetippt worden sind. Aber ja, das will man wissen! Tja – 786. Bridnej Schbiehrß? Zum Beispiel.

Na schön, eine Frage noch, hier schwirrt dauernd das Wort »Gadgets« durch die Luft – was ist das noch mal genau? Gadgets, sagt der Google-Mann, Gadgets sind dasselbe wie Widgets. Ah, ok, danke. Und noch was, apropos Annette Schavan suchen – wo ist die eigentlich? Die habe vor einer Dreiviertelstunde abgesagt, bedauert der Google-Mann, die Ministerin müsse überraschend irgendeine ausländische Besuchergruppe empfangen. Statt ihrer spricht jetzt ein Staatssekretär, und der sagt ziemlich zu Anfang seiner Rede einmal »Mädchen« statt »Medien«, und danach hört keiner mehr zu, weil alle so lachen müssen. Jaja, die elektronischen Mädchen und so weiter. Auch der Chef von Google Deutschland beginnt seine Ansprache dann mit einem echten Klopper: »Berlin ist anders.« Ach du meine Güte, das sagt nun wirklich jeder Hans Wurst, der hier neu hinkommt. Was soll das eigentlich immer heißen, also, was genau? Berlin ist aufregend, ach so. Ja, klar.

Apropos aufregend, was ist denn jetzt mit der Party, wo sind denn bitte »die Stars«? Da hinten steht Cherno Jobatey, ZDF, dort drüben Cornelia Pieper, FDP. Berlin ist wirklich anders, man kann es kaum, äh, anders sagen.

Wer im Internet mal nach Mann oder Frau fürs Leben gesucht und infragekommende Personen dann auch in der echten Welt getroffen hat, kennt dieses Gefühl, das den Besucher der Google-Party spätestens jetzt überkommt: Was online super funktioniert, klingt und aussieht, erweist sich offline, also »in echt«, nicht selten als Enttäuschung. Nun singt die als »Youtube-Star« angekündigte Anna Coralee ein Liedchen, begleitet von einem Gitarristen mit interessanter Mütze. Fürs Internet mag das genügen, aber hier, leibhaftig, klingt es wie ein spätstündiges Karaoke-Soul-Missverständnis. »Es ist nie zu spät, wenn du heute etwas änderst«, singt Anna Coralee. Große, platte Popwahrheiten. Cherno Jobatey gefällt das ganz gut.

Abschlussfrage an den Google-Mann: Wo genau ist denn jetzt Ihre Berlin-Filiale?
Unter den Linden.
Stimmt, war blöd, die Frage – und die Hausnummer?
Die weiß er jetzt so aus dem Stegreif nicht.

Ach, wären wir nur immer online. Die echte alte Welt, sie ist so anstrengend, unattraktiv und voller unbeantworteter Fragen.

Paparazzi

Schnell die Handykamera hervorholen, *das* ist doch mal ein Bild: Der gefürchtete Medienanwalt Christian Schertz betritt die Foto-Ausstellung »Pigozzi and the Paparazzi«. Sozusagen: der Globalisierungskritiker bei McDonald's, der Onkologe am Zigarettenautomaten, der Landesbischof auf der Reeperbahn!

Im Museum für Fotografie, direkt hinterm Berliner Bahnhof Zoologischer Garten, ist die weltweit erste Ausstellung zu sehen, die sich ausschließlich dem Fotogenre widmet, mit dessen Bekämpfung sich Schertz in Deutschland einen Namen gemacht hat: berühmte Personen, ohne ihr Wissen, gegen ihren Willen, in privater Situation »abgeschossen«. In diesem Wort klingt bereits an, was diese Fotos so beliebt – und verboten – macht: Es geht um Jagd, Hetze, Beute. Kaum ein Tag vergeht, an dem Schertz nicht im Auftrag einer Berühmtheit irgendeiner Zeitung oder Zeitschrift diesbezüglich eine Unterlassung zustellt, je nach Pikanterie des Motivs verbunden mit einer Schmerzensgeldforderung. Mit diesen Fotos lässt sich viel Geld verdienen – sowohl für Fotografen und Verlage als auch für die Geschädigten und deren Anwälte. Die Rechtsprechung ändert sich ständig in Nuancen, aber insgesamt ist der Schutz Prominenter vor Veröffentlichungen unliebsamer Fotos deutlich gewachsen, es ist heute weniger erlaubt als noch vor ein paar Jahren.

Wäre das Museum für Fotografie eine Zeitschrift, und wäre Schertz heute beruflich hier, die Museumsbetreiber müssten jetzt beginnen, sich Sorgen zu machen.

Aber der Anwalt ist privat hier – also darf man, streng genommen, auch gar kein Handyfoto von ihm machen, es zumindest nicht veröffentlichen. Schnell wieder in die Tasche mit der modernen Multimediapistole, kein Abschuss, guten Tag, Herr Anwalt, auf geht's, zur Kunst.

Auf teurem Holzboden schleichend, bleibt man vor schön gerahmten Schwarz-Weiß-Bildern stehen, der Trick »Museum«, das merkt man gleich, tut dieser Art Fotografie gut. Die ersten Fotos stammen von Jean Pigozzi, Schertz verweilt vor einer Aufnahme von Phil Spector und Yoko Ono, an einem Restauranttisch sitzend, New York, 1991; er hat einen Drink vor sich, sie ein unangetastetes Dessert, die beiden blicken in die Kamera. Yoko Ono trägt ein T-Shirt, auf dessen Vorderseite Paul McCartney und Ringo Starr abgebildet sind. Der erklärte Beatles-Fan Schertz guckt sich das genau an: Yoko mit Paul auf der Brust, das sei ja schon interessant. Überhaupt sei von den Beatles jedes Foto wichtig, er besitze alle Beatles-Bildbände, gebe sogar zu, die Beatles betreffend selbst ein gewisses Schlüsselloch-Interesse zu haben. Es gebe zum Beispiel diese Aufnahme von John Lennon, wie der seinem späteren Mörder Mark David Chapman am Tag des Attentats ein Autogramm gibt – ein Paparazzo-Foto, das zu Recht weltweit veröffentlicht worden sei, weil es einen ungeheuren zeitgeschichtlichen Wert habe. Was er damit auch sagen will: Er hat ja gar nichts gegen das Fotografieren von Stars, überhaupt nichts, er sammelt solche Fotografien sogar. Nur gut müssten sie sein – und mit Einverständnis des Fotografierten gemacht. Oder so herum: Privat sammelt er erlaubte Bilder, beruflich verbotene. Also ist gegen dieses Bild von Yoko Ono und Phil Spector rechtlich nichts einzuwenden? Nein, das sehe nach einer öffentlichen Veranstaltung aus. Und gucken die beiden nicht auch recht freundlich in die Kamera? Vorsicht, doziert Schertz, das bloße In-die-Kamera-Gucken sei kein Einverständnis im Rechtssinne.

Ein Party-Bild von Paris Hilton, New York, 2005. Ist Paris Hilton noch presserechtlich zu schützen? Würde er sie vertreten, wenn sie gegen ein Paparazzo-Bild vorgehen wollen würde? Schwierig, sagt Schertz. Es sei schwer bis unmöglich, den Bildrechtsschutz von Stars einzuklagen, die ihre Privatheit professionell vermarkten, die überhaupt durch diese Vermarktung erst zu Stars geworden sind. Im Falle eines Prozesses legten die Beklagten nämlich das mediale Vorstrafenregister des Klagenden vor, und Homestorys oder andere freiwillige Intimbekenntnisse in der Vergangenheit seien dann von Nachteil. Es gibt zwar so etwas wie eine presserechtliche Resozialisierung, aber dafür darf jemand über einen längeren Zeitraum nicht mehr mit »Super Illu« Ruderboot gefahren sein oder eine Trinkmolkekur unter Aufsicht von »Bild der Frau« gemacht haben. Oder, in schönstem Liebling-Charlottenburg-Deutsch: Das mediale Eigenverhalten definiert den Umfang des Rechtsschutzes.

Weiter: U2-Sänger Bono, Monaco, 2004: gut gelaunt, Augen auf Viertelmast, Hemd offen, Drink in der Hand, er scheint etwas zu rufen (oder zu singen?), was vermutlich nicht direkt mit der Entschuldung der Dritten Welt, Bonos Hauptthema tagsüber, zu tun hat. Öffentliche Veranstaltung, sagt Schertz, aber Bono sei augenscheinlich betrunken, das sei nochmal was anderes. Es gebe ja deshalb diese Regel bei solchen Veranstaltungen, ab einer gewissen Uhrzeit, null Uhr beispielsweise, keine Fotografen mehr zuzulassen. Wer schon vorher betrunken ist, hat dann Pech gehabt? Ja, könne man so sagen.

Fotograf Pigozzi ist gern selbst auf seinen Bildern, man sieht ihn mit Sylvester Stallone, Hugh Grant, Rod Stewart, Martin Scorsese, Andy Warhol, Clint Eastwood, Carla Bruni und so weiter. Das seien eigentlich gar keine Paparazzo-Fotos, sagt Schertz, es seien eher Party-Fotos, viele davon im Leserreporter-Stil: Hobbyfotograf bittet Prominenten um ein gemeinsames Foto. Die Veröffentlichungszahl von Leserreporter-Fotos, die Prominente ohne deren Einwilligung zeigen, sei deutlich zurückgegangen, lobt Schertz, juristisch sei der »Abschuss« so definiert: Aufnahme in einem Moment der Entspannung, wenn sich der Fotografierte unbeobachtet fühlt. Als die Leserreporter-Mode aufkam, setzte Schertz mehrere Unterlassungserklärungen durch, etwa gegen die weitere Verbreitung solcher Aufnahmen der Fußballer Podolski und Odonkor (Letzterer pinkelnd), gemacht in deren Ferien direkt nach der Fußballweltmeisterschaft. Überhaupt seien Paparazzi-Bilder zuallermeist Urlaubsfotos: Da ist die Kleidung spärlich oder zumindest ungewöhnlich, die Familie beisammen, die Disziplin niedriger als sonst, die

Umgebung gibt einen schönen Kitsch-Hintergrund ab, der Tagesablauf ist eintönig – alles gut für Paparazzi. Zum Beispiel das berühmte Foto von Joschka Fischer, aufgenommen vor einer Bäckerei in Saint-Tropez. Ach, Saint-Tropez – besonders häufiger Spielort der ausgestellten Fotos, die meisten stammen aus den 50er bis 70er Jahren. Es gab noch kein Internet, kein Privatfernsehen, viel weniger Yellow Press, keine Digitalkameras, keine Fotohandys – die Sache war halbwegs überschaubar. Heutzutage, sagt Schertz, könne jeder jeden in jedem Moment fotografieren. Viel Arbeit für ihn.

Die nächsten Fotos stammen von Daniel Angeli: Lady Di in Saint-Tropez, 1997, im Badeanzug mit Raubkatzenmuster, an einer abgelegen wirkenden Bootsanlegestelle, eines der wenigen Farbfotos der Ausstellung. Schertz attestiert mit geübtem Blick den Einsatz eines starken Zooms, Erkennungsmerkmal von Paparazzi-Bildern. In keiner Person, wird der Anwalt nun grundsätzlich, verdichte sich das Problem dieser Art Fotografie so wie in Lady Di. Es müsse für jeden Menschen, auch für sogenannte absolute Personen der Zeitgeschichte, einen Bereich geben, der privat ist und bleibt. Dieses Badeanzug-Foto wurde im Todesjahr der Prinzessin aufgenommen; es sei ja, erinnert Schertz, bis heute umstritten, inwieweit die sie jagenden Paparazzi den todbringenden Unfall im Pariser Tunnel eventuell mitverursacht haben.

Nächstes Drama: Michael Jackson auf dem Balkon des »Carlton«-Hotels in Cannes, 1997, eine Hand zum Winken ausgestreckt – Winken könne, so Schertz, als konkludente Einwilligung in ein Foto verstanden werden; Balkone seien ansonsten Privatbereich. Auch im Hotel, speziell in einem Hotel in Cannes, während der Filmfestspiele, wie hier im Fall Jackson? Ja, es sei denn, Michael Jackson halte mal wieder seine Kinder aus dem Fenster. Da würde dann der Nachrichtenwert überwiegen, die Dokumentation eines solchen Fehlverhaltens sei statthaft. Der Nachrichtenwert sei entscheidend; ein Beispiel: Fotos von Prominenten beim Einkaufen. Laut Gerichtsurteil besteht berechtigtes öffentliches Interesse an einem Foto der einen Tag nach ihrer Nicht-Wiederwahl Einkaufen gehenden Heide Simonis – nicht jedoch an einem Foto der auf Mallorca einkaufenden Sabine Christiansen als Bebilderung der Geschichte »Was jetzt los ist auf Mallorca«.

Schertz bleibt vor dem nächsten Bild stehen, sagt mit Kennerblick, hier werde es nun richtig teuer, »ein klassischer Abschuss«: die nackte Romy Schneider auf ihrem Boot in, natürlich, Saint-Tropez, 1976. Schertz geht näher ans Bild, guckt sich das mal *ganz* genau an, murmelt, die Anmutung sei natürlich nicht von schlechten Eltern. Dann zoomt sein Kopf zurück, wechselt wieder von der männlichen in die juristische Sicht der Dinge: achtzigtausend Euro, bei Abdruck auf der Titelseite einer Illustrierten. Na, sagen wir: fünfzigtausend auf jeden Fall. Komplett nackt, eindeutig privat, starker Zoom – zudem eine Frau, die bekanntermaßen unter anderem vor der Boulevard-Presse nach Frankreich geflohen ist. Er dreht sich kopfschüttelnd um – und sieht gleich den nächsten Romy-Abschuss, dieser hat den schönen Titel »Romy Schneider and Daniel Biasini kissing in their chalet ›Diablerets‹, Switzerland, 1974«. Wieder ein klassischer Abschuss, absolut justitiabel, sagt Schertz: Privatgrundstück, direkte körperliche Zuwendung, die beiden fühlten sich offensichtlich unbeobachtet, die unscharfen Gesichter deuteten auf starken Zoom hin.

Die benachbart hängenden Arbeiten des Fotografen Weegee zeigen ausschließlich Nicht-Prominente. Der nicht berühmte Bürger, sagt Schertz, müsse sich gar nichts gefallen lassen, genieße absoluten Schutz des eigenen Bildes. Und zusätzlich den Schutz durch relative Interesselosigkeit des Betrachters, man geht schneller an diesen Bildern vorbei.

Schertz blickt sich um – der überwiegende Teil der hier ausgestellten Bilder sei eigentlich gar keine Paparazzi-Fotografie, wenn er das mal sagen dürfe, zumindest juristisch sei hier das Thema verfehlt. Was man aber sehe: Früher habe es wirkliche Stars gegeben, solche, die einen bis heute interessierten, oder deren Namen man zumindest noch kenne. Und die Paparazzi-Bilder seien mythosstützender Teil des Glamours gewesen, Ziel sei noch nicht so sehr die Herabwürdigung gewesen, die heute vorrangige Absicht aller Abschüsse sei, was auch am Fortschritt der Fototechnik liegen könne, dennoch: Wer sei denn heute in Deutschland so glamourös wie Romy Schneider einst? Da fielen ihm nur ganz wenige ein. Das Paparazzitum, orakelt Schertz, werde sich irgendwann vielleicht ganz auf gekrönte Häupter beschränken. Es könne durchaus sein, dass dieser Teil seines Arbeitsalltags aussterbe. Verstöße der klassischen Boulevardblätter in Deutschland hätten massiv nachgelassen; die paar großen Stars wehrten sich und hätten dafür inzwischen auch eine aussichtsreiche Rechtsgrundlage. Schertz vor einem Foto, das Sean Penn zeigt, wie er einen Paparazzo verprügelt: Das sei der falsche Weg – lieber zum Anwalt gehen. Hugh Grant, erinnert sich Schertz an eine Zeitungsmeldung, habe doch kürzlich mit Bohnensuppendosen oder ähnlichem nach Fotografen geworfen? Das zeige, wie sehr manche Stars drangsaliert würden; beim Strafmaß finde die Provokation durch den Paparazzo erhebliche Berücksichtigung. Man denke an die Meldung, dass Britney Spears auf der Flucht vor Fotografen einem Paparazzo über den Fuß gefahren ist und anschließend vom Vorwurf der Körperverletzung freigesprochen wurde. Berufsrisiko.

Was aber ist mit der Pressefreiheit? Die werde ihm etwas inflationär als gefährdet bezeichnet, sagt Schertz; dass die Pressefreiheit leide, wenn ein Sänger nicht beim Einkaufen gezeigt werden wolle oder ein Moderator nicht beim Heiraten, sei doch Unsinn. Das dagegenstehende Persönlichkeitsrecht, dieses Grundrecht schütze doch das höchste Gut überhaupt – den Menschen. Politiker müsse man gesondert betrachten, da diese Gemeinschaftsaufgaben wahrnähmen. Wer also die Werte der Familie im Wahlkampf propagiere und hierfür auch Homestorys zulasse, gleichzeitig aber ein uneheliches Kind in die Welt setze, müsse Berichterstattung darüber hinnehmen.

Der Kurator der Ausstellung, Dr. Matthias Harder, kommt hinzu. Er und Schertz kennen sich aus Studientagen. Damals ging es um – nein, das ist privat. Das gehört hier nicht her, es aufzuschreiben, unterlässt man lieber gleich. Schertz fragt, ob man die Bilder kaufen könne. Kann man nicht. Welches würde er denn kaufen? Schertz zeigt auf ein Edward-

Quinn-Foto: »Greta Garbo at the villa ›The Rock‹, Cap-d' Ail, 1958«. Zu Unterrichtszwecken sei das hervorragend geeignet, sagt Schertz, der Medien- und Persönlichkeitsrecht lehrt. Dieses Foto zeigt Greta Garbo auf einer Felstreppe, an der ein Schild angebracht ist: »Propriété Privée«. Schertz energisch: Eindeutiger gehe es nicht – starker Zoom, ausgewiesenes Privatgrundstück! Das sei doch der Witz, sagt der Kurator. Witz hin oder her, verboten sei es, entgegnet Schertz. Und er müsse mal anmerken, dass nur etwa zehn Bilder in dieser Paparazzi-Ausstellung auch tatsächlich Paparazzi-Bilder im engeren Sinne seien. Die paar klassischen Abschüsse allerdings seien gute Beispiele für solche Fotos, deren Verbreitung er im Falle eines Mandats zu unterbinden hätte.

Am Ende der Runde noch mal Fotos von Angeli: »Jacky Kennedy Onassis in Yves Saint Laurent's store in Paris«. Sie hält sich die Hand schützend vor die ja ohnehin schon schützende Sonnenbrille. Mein Lieblingsbild, sagt der Kurator. Im Schaufenster reflektiert der Blitz, der Fotograf spiegelt sich. Da sei doch alles drauf – und, sie lächele schließlich, das sei doch ein Einverständnis, quasi?

Oh nein.

Ein, äh – halbes, ein halbes Einverständnis?

Nein, sagt Schertz, das sei überhaupt nicht ausgemacht, dass sie lächele, wohl gar noch aus Freude über den Fotografen, so weit komme es noch, nein, nein, nein, ein Abschuss beim Einkaufen – verboten. Es sei denn, Jackie wäre tags zuvor als Ministerpräsidentin von Schleswig-Holstein abgewählt worden.

»Keith Richards and Mick Jagger during the wedding of Mick and Bianca Jagger, Saint-Tropez, 1971«. Zaubersprache Juristendeutsch: Zumindest Keith Richards sei hier eindeutig nicht mehr rechtswirksam einwilligungsfähig. Keith Richards liegt da und sieht, vornehm formuliert, ziemlich müde aus. Aber es sei doch eine Hochzeitsfeier, da werde doch immer alles fotografiert, bittet der Kurator um Nachsicht. Nun, sagt Schertz, es sehe so aus, als sei zum Zeitpunkt der Aufnahme der offizielle Teil der Hochzeit schon seit ein paar Stunden vorbei.

Ganz zum Schluss wird es noch mal ganz verboten: »Giovanni Agnelli jumps from his boat«, »Romy Schneider and her husband Daniel Biasini on their boat«, »Brigitte Bardot sunbathing«. Schertz scannt interessiert, aber professionell entrüstet: Nacktheit in erkennbarer Abgeschiedenheit, es sei offensichtlich, dass sich die Fotografierten unbeobachtet fühlten. Schmerzensgeld jeweils etwa fünfzigtausend Euro. Der Kurator nimmt die anwaltliche Einschätzung gelassen entgegen: Das seien doch durchweg schöne Bilder? Schertz lacht – schön, ja klar, schön; dann wird er streng: Durch Passepartout, Rahmung und Ausstellung geadelt, vermittelten die Bilder eine Seriosität, die man diesen dreien jedenfalls absprechen müsse. Man müsse sie ja im Kontext sehen, wiegelt der Kurator ab. Nee, sagt Schertz, die verstünde man schon auch isoliert, diese Bilder, der Fall sei ganz klar. Und die schöne Rahmung ändere nichts daran, es sei derselbe Rechtsverstoß wie beim Abdruck auf billigem Glanzheftpapier.

Was ist mit der Ausrede Kunst? Kunstfreiheit? Dafür müsse das Bild so unstrittig künstlerisch wertvoll sein, wie es Paparazzo-Fotografie kaum sein könne, sagt Schertz, der Sammler von Fotokunst, der natürlich ein gutes Beispiel parat hat: »Die Absinthtrinkerin« von Picasso. Würde die so porträtierte Dame noch leben und gegen dieses Gemälde klagen, würde die Kunstfreiheit gegenüber dem Persönlichkeitsrecht wohl überwiegen.

Wird es in zwanzig Jahren solch eine Ausstellung mit Paparazzi-Fotos von heute hoch gehandelten und also vielfotografierten Personen geben? Schertz glaubt nicht: Die heute üblichen Paparazzi-Fotos hätten keinerlei künstlerischen Wert (der Kurator nickt), und viele der darauf abgebildeten C-Prominenten werde in zwanzig Jahren niemand mehr kennen. Romy Schneider in Saint-Tropez – das sei doch was anderes als Oliver Geissen und Christina Plate auf Mallorca, oder nicht?

Schertz verlässt die Ausstellung, geht zurück in seine Kanzlei. An den Wänden seines Arbeitszimmers hängen Fotos von Willy Brandt, Bruce Springsteen und John Lennon.

Vor Herlinde Koelbls Kamera

Ich kam etwas zu spät zu dem verabredeten Fototermin – doch das entscheidende Porträt hatte sie da schon gemacht: Herlinde Koelbl saß in meinem Büro und hatte die aus dem Regal quellenden Zeitungen, Bücher und leeren Evian-Flaschen und die Papierstapelwanderdünen auf meinem als solchen kaum mehr zu nutzenden Schreibtisch fotografiert. Noch heute zeigen mir diese Fotos am deutlichsten, was damals mit mir los war; gerade auch, weil ich selbst darauf gar nicht zu sehen bin.

»Hallo«, sagte sie und lächelte. Und haute mich dann aus den Schuhen mit einer ganz einfachen Frage: »Wie geht es Ihnen?«

Da musste ich mich erstmal setzen.

Am Abend zuvor hatte ich eine vierwöchige Lesereise zu Ende gebracht, mit letzter Kraft, und nun sollte Herlinde Koelbl mich fotografieren. Einen Monat lang hatte ich jeden Abend vorlesend auf einer Bühne gesessen, vorher und hinterher in allerlei Mikrophone und Kameras geredet, vollkommen automatisch waren die Antworten aus mir herausgesprudelt, ich wusste auf alles eine. Zwar war ich nun wieder zuhause, doch längst nicht tatsächlich dort angekommen – noch immer sprach ich mit Bühnenstimme, stets einen Witz auf den Lippen, um keine Erwiderung verlegen, auf nichts so bedacht wie auf Wirkung; mich spielend, anders ist sowas gar nicht zu schaffen. Mich selbst hatte ich beim hektischen Umsteigen auf irgendeinem Bahnhof des Landes stehen lassen. Und nun saß also diese feine Dame mit irritierend mädchenhaftem Grinsen und lustiger Vogelnestfrisur in meinem Büro. Ich war bereit, ihr in erprobten Sentenzen das üblicherweise Gewünschte darzulegen, die Lage des Landes und der deutschen Literatur, meine Rolle in dem ganzen Theater und so weiter – bloß wollte sie all das gar nicht hören. Sie fragte nur: »Wie geht es Ihnen?«, und eindeutig war dies kein phrasenhafter Begrüßungsappendix – sie wollte das wirklich wissen. Ich dachte also nach, tja, wie geht es mir eigentlich, das ist doch ausnahmsweise mal eine gute Frage. Und während ich immer tiefer in mir hinabstieg, auf der Suche nach der Antwort, verschwand Koelbls Gesicht kurz hinter ihrer altmodischen Kamera, sie justierte das Objektiv, kam dann wieder hinter dem Apparat hervor, provozierte jetzt Blickkontakt, lächelte – und schaute also im Moment des Auslösens nicht durch den Sucher, sondern mir direkt ins Gesicht. Ihre Mimik sagte: Dem Apparat kannst du etwas vorzumachen versuchen, mir aber nicht.

Klick.

Überreiztheit und Verzweiflung, die zu überspielen und dadurch noch zu verstärken mir in jenen Tagen zur Routine geworden war, hatte Herlinde Koelbl in diesem einen Moment dingfest gemacht. Sie knatterte nicht, wie es sonst üblich ist, Film um Film oder Chip um Chip voll, es entstanden nur wenige Fotos, und jedes davon ist als gelungen zu bezeichnen. Keineswegs in dem Sinne, dass ich mir selbst darauf besonders gut gefiele – aber sie »stimmen«.

Jedes Abbilden der Wirklichkeit bedingt Manipulation, von der Porträt-Fotografie wird Betrug – aus naheliegenden Gründen – sogar erwartet, das verraten schon die gängigen Porträt-Bewertungskategorien, von »schmeichelhaft« bis »unvorteilhaft«. Und so hat jeder Mensch seine paar Posen drauf, ein »Fotogesicht«, und wendet der Linse das zu, was er an sich als schokoladenseitig empfindet. Ich zum Beispiel gucke, wenn ich fotografiert werde, lieber ernst, da mir mein Gesicht lachend besonders fett erscheint. Aber vor Herlinde Koelbls Kamera kann man posieren, wie man will, sie drückt erst ab, wenn einem die Attitüde entgleitet. Ausrüstung und Aufbauten hält sie klein, sie bringt nur eins im Übermaß mit: Zeit. Die meisten Fotografen wollen einen zu lächerlichen Sperenzchen verleiten, bitte mal in die Luft springen, mal die Hand an den Kopf, mal dies, mal das. Herlinde Koelbl hingegen wartet auf den einen Moment, flirtet listig, lässt sich nicht täuschen. Das Gespräch, in das sie einen währenddessen verwickelt, ist kein Vorwand, sie will tatsächlich etwas herausfinden und die Antwort Bild werden lassen. Irgendwann gibt man die Verrenkungen auf – und dann macht es klick, und das war's, das ist dann das Bild. Und sollte es einem doch gelungen sein, die Pose zu halten, so wird man an diesem Foto später erst recht nicht die erhoffte Freude haben – es zeigt dann nämlich einen Menschen, der ganz offensichtlich posiert.

Ein paar Jahre nach der ersten Begegnung mit Herlinde Koelbl geriet der Held meiner Autobiographie in gefährliche Turbulenzen: Ein fatales Symptom-Pingpong zwischen Essstörung und Drogen-Abusus machte eine stationäre psychiatrische Behandlung unumgänglich. Da dem Schreibenden das eigene Leben naturgemäß das ergiebigste Erschließungsgebiet ist, fand ich das alles zwar unter dem Aspekt späterer erzählerischer Ausbeutung höchst interessant, doch ist es in solch desperater Lage kaum kontinuierlich möglich, brauchbare Notizen anzufertigen; und auf bloße Erinnerung wollte ich mich erst recht nicht verlassen. Da fiel mir Herlinde Koelbl ein: die Stunde der Wahrheit vor ihrer Kamera damals und ihre spektakuläre Langzeitstudie »Spuren der Macht«, für die sie Gerhard Schröder, Angela Merkel, Joschka Fischer und andere über Jahre regelmäßig interviewt und fotografiert hatte. Doch doch, ein bisschen größenwahnsinnig darf man, derart am Boden, durchaus sein, das ist unter Umständen schon als therapeutischer Erfolg zu werten. Ich rief sie also an, sicherte mich zunächst mit Ironie ab: Ob wir nicht gemeinsam »Spuren der Nacht« fabrizieren könnten?

In den folgenden Monaten besuchte sie mich an allen möglichen Orten, in jedem denkbaren Zustand, und filmte unsere Gespräche. Daraus entstand der Dokumentarfilm »Rausch und Ruhm«. Wir beide taten dies auf eigenes Risiko: Weder hatte sie Auftrag und Budget von einem Fernsehsender, noch war vorauszusagen, ob ich die ganze Sache überlebe; unausgesprochen war zwischen uns klar, dass ich ihr später beim Schnitt nicht reinreden würde und dass sie nicht die Retterin sein konnte, sondern nur das filmische Protokoll eines langen Weges führen würde. In dieser Zeit war sie der einzige nicht selbst am Abgrund taumelnde Mensch, mit dem ich in regelmäßigem Kontakt stand. Und unser Film, so verrückt das klingen mag, diente mir auch als Hilfskonstruktion, durchzuhalten und mich aus dem Desaster zu manövrieren: Ich wollte, dass er offen, aber tendenziell eher »gut« endet.

»Wie geht es Ihnen?« – so begann jedes unserer Gespräche. Und irgendwann konnte ich dann wahrheitsgemäß auch mal Erfreuliches berichten.

Als ich wieder bei Sinnen und zurück in friedlicheren Lebensbahnen war, wurde der Film im Fernsehen gezeigt, Herlinde Koelbl und ich schauten ihn gemeinsam an (ich hatte ihn zuvor noch nicht gesehen). Als er begann, fassten wir uns kurz an den Händen, blickten uns an – und wenn sie eine Kamera dabeigehabt hätte, wäre dies der Moment gewesen, in dem sie schnell meine Hand losgelassen und auf den Auslöser gedrückt hätte. Ein abenteuerliches Experiment lag hinter uns, und wir waren beide froh, dem Leben wieder etwas abgerungen zu haben. In Wort, Ton und Bild festzuhalten, was der Fall ist – um nichts sonst geht es doch.

Ich habe mir diesen Film seither nicht mehr angesehen, denn es ist nicht gerade eine Komödie; aber neben dem Rohmaterial, das mir für spätere literarische Verwertung nun zur Verfügung steht, ist er ein Mahnmal, das ich immer im Kopf habe. Und wenn ein Schlaukopf daherkommt und sagt, das sei doch Exhibitionismus, dann sage ich dem Schlaukopf: Genau, Schatz – es ist Kunst. Und die handelt von der Wirklichkeit.

Als im vergangenen Jahr bekannt wurde, dass der Bundesnachrichtendienst über Monate Herlinde Koelbls Tochter Susanne, »Spiegel«-Reporterin, bespitzelt, nämlich ihren E-Mail-Verkehr mit einem afghanischen Minister überwacht hatte, fand ich das natürlich, wie jeder, unerhört. Allerdings dachte ich auch, dieser Gesetzesverstoß ist zwar nicht akzeptabel, aber doch nachvollziehbar, also, sozusagen ganz gut gedacht vom BND: Wenn irgendjemand weiß, was los ist – dann die Koelbls.

Scientology

»Kann ich Ihnen helfen?«, fragt es aus dem unecht wirkenden Gesicht am Empfang. Tja, helfen, das hättet ihr gern, denkt man und sagt vorsichtshalber ganz schnell: »Äh, nein. Ganz und gar nicht.«

War es ein Mitarbeiter oder eine Mitarbeiterin, mit dem/der man da sprach? Man hat es kurz darauf schon vergessen, kann sich auch nicht an Einzelheiten des maskenartigen Empfangsgesichts erinnern, bei der Erstellung eines Phantombilds könnte man kaum behilflich sein. Mehrere Personen waren es auf jeden Fall, die sich sofort um einen kümmerten. Die Berliner Scientology-Zentrale hat Journalisten eingeladen, in einer halben Stunde werden sie da sein, man wird sie ein paar Stockwerke höher mit Propaganda-Videos foltern. Jetzt kommt Reinhard Egy, der Sprecher der Sekte, an den wird man sich erinnern können: Der gibt einem seine Visitenkarte und er spricht mit schwäbischem Dialekt. Ein Mensch, ein echter Mensch, guten Tag! Aber auch der ist natürlich ordentlich gehirngewaschen, es klingt nur alles einen Tick harmloser, wenn es schwäbisch ausgesprochen wird. Vielleicht ist das noch gefährlicher.

Herr Egy erzählt, dass er früher Probleme hatte, frei vor vielen Menschen zu sprechen. Er habe dann diverse »Positiv-Denken-Bücher« studiert und sei irgendwann bei den Schriften des Scientology-Gründers Ronald Hubbard gelandet – »Dianetik, wenn desch hilft, desch wär's«, habe er damals gedacht. Und natürlich *hat* es geholfen, will er mit dieser kleinen persönlichen Heilsgeschichte sagen: Bevor er Scientologe wurde, hatte er Probleme, vor Menschen zu sprechen, und nach seinem Eintritt in die Sekte ist das, was ihm einst Probleme bereitete, seine Stärke geworden, nämlich sein Beruf – Sprecher. Er redet irgendwas von »Persönlichkeitsteschts« und packt einen plötzlich am Arm: »Jeder hat a Problem«, weiß Herr Egy. Damit er einem jetzt nicht noch näher kommt,

weist man ihn lieber schnell auf ein fehlendes Komma in einem groß an der Wand stehenden Hubbard-Schwurbel-Satz hin.

Unerschütterlicher Verfechter der freiheitlichen Grundordnung, der man ist, hatte man vor dem Scientology-Besuch lieber noch mal rasch beim Verfassungsschutz angerufen; als »gesellschaftlich gefährliche Psychosekte« wird die Organisation dort eingestuft, die beobachtet werde, weil sie verfassungsfeindliche Tendenzen aufweise. Darüber hinaus, sagte die freundliche Dame vom Verfassungsschutz, verfolge die Sekte »kommerzielle Ausbeutung ihrer Mitglieder«. Die Masche ist simpel, »billig« kann man sie kaum nennen: Da ja, wie Herr Egy so richtig sagte, jeder a Problem hat, gibt die Sekte vor, bei der Erkennung und Lösung jedes Problems behilflich zu sein, und das kostet dann logischerweise Geld, und zwar ziemlich viel Geld. Scientology selbst spricht aber natürlich lieber von Glück und Erlösung.

Die Journalisten sind jetzt da, und Sabine Weber, die Präsidentin von Scientology Berlin, führt ihnen ein paar Werbefilme ihres Menschheitsbeglückungsvereins vor. Gegen Verlogenheit und Kitsch dieser Filme wirkt eine Pilcher-Verfilmung geradezu Tagesschau-nüchtern. Aber die Journalisten sind ja nicht blöd und zählen all die hinlänglich bekannten Argumente gegen die Sekte auf, die Gerichtsbeschlüsse und die Opfer-Beispiele. Und was macht Präsidentin Weber? Die sagt allen Ernstes: »Meine Antwort auf Kritik ist Aufklärung.« Sie zählt die Länder auf, die das mit Scientology nicht so eng sehen wie Deutschland. Und sie zeigt schnell noch ein paar weitere Filmchen. Die in diesen Filmen auftretenden Menschen haben genau wie Präsidentin Weber einen Gesichtsausdruck, der nichts zeigt außer vollständiger Verstandesbefreiung – instrumentalisiert oder dreist, je nachdem, welchen Platz sie in der Sektenhierarchie innehaben.

Es geht gerade um »den Weg zum Glück«, als einer der Journalisten, mit einem Fotoapparat winkend, unterbricht: »Ich hätt auch was zum Thema Glücklichsein – wer hat denn hier seine Kamera liegen lassen?« Der Besitzer nimmt sie dankbar an sich und beeilt sich dann, auf schnellstem Wege das Gebäude zu verlassen.

Jonathan Meese malt einen Warhol

Wie ehrt man ein Genie? Also: Das Genie hat Geburtstag, ist allerdings schon tot – wem schickt man da die Torte? In diesem Fall: Wie können wir Andy Warhols 80. Geburtstag in der Zeitung feiern? Machen wir es doch am besten ganz umweglos, direkt und auf die sogenannte Zwölf, schließlich geht es um Andy Warhol, bei dem doch auf den ersten Blick auch immer alles so brutal direkt war und der stets in allem behauptet hat, dass es überhaupt nur diesen ersten Blick gibt. Und nichts dahinter. Stellen wir uns also zur Feier des Tages mal ganz blöd, was heißt hier blöd, nein, nehmen wir Warhol beim Wort und bei der Kunst: Seien wir doch mal hübsch oberflächlich.

Was fällt jedem als Erstes zu Warhol ein? Sein prophetischer Ausspruch, in Zukunft könne jeder Mensch für 15 Minuten ein Star sein – und natürlich die Campbell's-Suppendosen. Schön, aber welches in Berlin lebende Genie würde über Nacht für unsere Leser eine Warhol-Tribut-Suppendose aufs Papier bringen? Es arbeiten ja nicht gerade wenige Künstler in Berlin, welcher von denen ist brillant, schnell, völlig anders als Warhol und doch von dessen Kunst-Idee sichtbar beeinflusst? Nun, das kann nur Jonathan Meese sein. Jetzt aber los, es ist Montagmittag, am Mittwoch muss pünktlich zu Warhols 80. Geburtstag die Suppendose in der Zeitung sein, also brauchen wir die Zeichnung am Dienstag.

Anruf bei Meeses Galerist Bruno Brunnet: Kann Meese uns bitte sofort eine Suppendose malen? Brunnet, ein Mann für schnelle Entscheidungen und kurze, effiziente Telefonate, sagt, Meese sei gerade noch im Harz, käme aber am Abend zurück nach Berlin. Eine Suppendose zum Warhol-Geburtstag? Brunnet lacht, das ist bei ihm immer ein gutes Zeichen. Drei Stunden später, Rückruf Brunnet: »Er macht's.« Bis morgen Mittag? Kein Problem.

JONATHAN MEESE MALT EINEN WARHOL **133**

Das Schöne und gleichzeitig Blöde am Zeitungmachen ist: Man will immer noch mehr, mehr Informationen, mehr Antworten, mehr Fotos, mehr Zeit – mehr, von allem bitte mehr. Für die Geschichte, für die Zeitung, für den Leser. Dadurch kommt man täglich in die etwas unangenehme Lage, Menschen auf die Nerven zu gehen. Wenn Meese uns schon eine Suppendose malt, dürfen wir dann bitte auch beim Malen dabei sein? Zugucken, Fragen stellen, Fotos machen? Das ist die Aufgabe des Journalisten, und Aufgabe des Galeristen ist es, seinen Künstler zu beschützen. Wir dürfen also beim Malen nicht dabei sein. Versteht man sofort, ist natürlich trotzdem schade.

Dienstagvormittag, Treffpunkt Galerie Contemporary Fine Arts. Brunnet wedelt mit zwei Blättern, verkündet: »Jonathan hat geliefert!« Natürlich hat Meese gleich zwei Suppendosen gemalt, einen Tag mehr, zack, wären es wahrscheinlich 20 geworden, mindestens. Immer gleich in Serien denken und arbeiten, mehr ist besser als wenig – diese Auffassung vertrat Warhol, er revolutionierte damit den Kunstmarkt, und nachgeborene Künstler wie Jonathan Meese greifen dieses Prinzip freudestrahlend auf: viel Kunst = gute Kunst. Kunst kann es überhaupt nie genug geben. Es sind, obzwar Suppendosen, klassische Meeses geworden, roter und schwarzer Edding, die vertrauten Symbole und Schlagwörter, die er immer wieder, immer anders verwendet und kombiniert. Brunnet hat nicht viel Zeit, anders gesagt: Er weiß sofort, wie es jetzt weitergeht. »Die hier ist besser«, sagt er, nimmt eine der beiden Suppendosen-Zeichnungen und freut sich jetzt schon auf die Doppelseite in der Zeitung. Auf Zeitungspapier, x-tausendfach vervielfältigt, das ist natürlich sehr Warhol – und auch sehr Meese. »Komm, wir schenken das euern Lesern, verlost doch das Original. Wir lassen das noch schön rahmen, und dann muss eine Quizfrage beantwortet werden – wie wär's denn damit: Wie hieß das Studio, in dem Warhol gearbeitet hat und arbeiten hat lassen?«

Da steht man nun vor Brunnet, doppelt baff, erstens, weil er, der täglich Meese-Bilder für viele Tausend Euro verkauft, dieses nun großzügig verschenkt, und zweitens, weil er die ganze Verfahrensweise, inklusive Quizfrage, einfach so, ohne groß zu überlegen (wieder: sehr Warhol, sehr Meese), rausgerattert hat. Und was macht der Journalist? Sagt der Tausend Dank – und trollt sich? Nein, der will natürlich wie immer noch mehr, diese Nervensäge. Jetzt soll Meese bitte noch was zu Warhol sagen. Brunnet ruft also in Meeses Atelier an, reicht dann den Hörer rüber. Meese am Telefon ist wie Meese auf der Leinwand, wie Meese bei einer seiner Performances: Er haut Wörter raus, freut sich, und man muss sofort lachen und mitwörtern, es geht hin und her, ist aber kein Gespräch im eigentlichen Sinne. Er gibt scheinbar alles, und entzieht sich genau dadurch komplett. Auch hier wieder: sehr Warhol. Einen öden Künstler könnte man jetzt öde fragen: Wie war es im Harz – und was bedeutet Ihnen Andy Warhol? Aber Meese ruft einfach ein paar Wörter, lacht, ruft noch ein paar Wörter. Zweifellos ist dies kein Telefonat, dies ist eine Performance. Zum Abschied sagt er, dass er gleich noch ein Fax schicke, da stehe dann alles drin. Alles über Warhol. Haha, natürlich, alles.

Ein paar Minuten später kommen viele Seiten aus dem Fax geschnurrt, in seiner berühmten Kinderkrakelschrift hat Meese mal kurz etwa 150 Warhol-Definitionen aufs Papier geknallt, die natürlich selbst schon wieder Kunst sind, man möchte diese Fax-Blätter sofort einrahmen und an die Wand hängen. Ein guter Künstler spricht eben nur durch seine Kunst und lässt den Betrachter mit der Deutung allein.
Andy Warhol also ist, laut Meeses Fax:

- TOTALPROPAGANDA der DIKTATUR der Kunst
- Totales Spielgeld
- CHEFSACHE (also NOMADADDY)
- DR. NO'S BRUDER Löwenherz
- Totalneutralität
- das 1. Revolutionsbaby de Large, wie Alex
- die Nr. 1 des Erzmetabolismus, also DR. STOFFTIER

– 1. STAATSKUNST
– die 1. süßeste Suppenpuppe »HOTHOTHOT«
– die 1. Raketenabschussbasis der DIKTATUR der Kunst
– Industrie der Natur, also Mutter Meese

Und immer so weiter. Man muss sich da durcharbeiten, selbst entscheiden, womit man was anfangen kann. Und dann findet man in jedem Meese-Werk diese eine Beiläufigkeit, die alles erstrahlen lässt, und das ist in diesem langen Fax dieser eine Meese-Satz über Warhol, den wohl auch Warhol genauso gesagt hätte, wenn er ihm eingefallen wäre, dieser eine Satz, der Titel jeder Doktorarbeit über Warhol sein könnte:

– Andy Warhol ist kein Problem.

Ein paar Stunden später meldet seine Assistentin, Meese habe sich inzwischen hingelegt und aus dem Bett lasse er noch dies und das ausrichten, und so nimmt die Sache kein Ende – aber mehrere Andys.

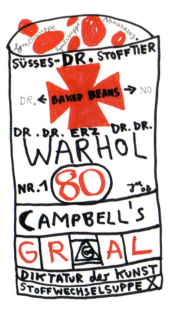

© Contemporary Fine Arts Berlin

Die SPD am Schwielowsee

Um Punkt zwölf Uhr mittags lassen sich Wowereit, Platzeck und Buller-
jahn ein Mittagsbierchen servieren. Sie sitzen auf der Terrasse des »Res-
sort Schwielowsee«, haben den See im Blick, drei Plüsch-Teddybären
(Willkommensgeschenk des Hauses) vor sich auf dem Tisch, und nun
diese drei Gläser Bier. Die Herren haben gute Laune: »Wir machen hier
Aufbau Ost«, scherzt Wowereit. So ein Mittagsbierchen im Dienst ist
ein starkes Signal an den eigenen Körper und an die Umgebung, es kann
zweierlei bedeuten: Feierlaune – oder Fatalismus.

Die Sitzung der SPD-Führung hätte eigentlich vor einer Stunde beginnen sollen, aber es kommt alles ganz anders als geplant an diesem
Tag. Am Abend zuvor war die überraschende Nachricht durchgedrun-
gen, dass Frank-Walter Steinmeier als Kanzlerkandidat nun feststehe, die
offizielle Verkündigung wird heute erwartet. Schon diese Meldung hatte
zu erhöhtem Interesse an der SPD-Klausurtagung geführt, seit dem
frühen Morgen ist das Hotel am See bevölkert von Kamerateams und
Journalisten; bereits um kurz nach acht prüften die Reporter der Nachrichtensender Make-up und Frisur im Spiegelbild ihrer Kleinbusseiten-
fenster, sie waren bereit für die große Nachricht, von der ganz großen
wussten sie noch nichts. Einzeln nacheinander – man hatte das Gefühl:
streng hierarchisch sortiert, je mächtiger, desto später – waren dann die
Sozialdemokraten in Limousinen angereist, alles noch ganz normal; die
paar Ausnahmefahrzeuge wurden von den etwa 200 langsam ungedul-
diger werdenden Journalisten nachrichtenhungrig notiert: Ypsilanti im
Taxi, Struck auf dem Motorrad, Benneter in einem niedlichen Kleinwagen und ein paar Weristdasnochmals in einem Reisebus. Auf der Straße
lärmte eine Ver.di-Abordnung mit brasilianischem Getrommel und Ge-
rassel, um die SPD an den Mindestlohn von 7,50 Euro zu erinnern.

Noch fehlten Steinbrück, Nahles, Steinmeier – und Kurt Beck. Der Beginn der Sitzung, so wurde nun in Manier der Stillen Post verbreitet, verschiebe sich um zwei Stunden. Im Foyer des Hotels saß der »Bericht aus Berlin«-Moderator Joachim Wagner und wusste nicht so recht, wen er am Abend gemeinsam mit Ulrich Deppendorf befragen würde, ratlos zog er die Schultern hoch: Angefragt hätten sie Beck und Steinmeier, aber jetzt wisse man nicht genau, wer von beiden weiterhin zum Interview bereit ist. Oder gar beide, zusammen? Man wisse es nicht. Überhaupt herrscht jetzt ein Klima, in dem Gerüchte prächtig gedeihen. Also, wird geflüstert, Steinmeier und Beck hätten ja eigentlich gemeinsam ankommen sollen, sie seien dann aber kurz vorher abgebogen, irgendwohin. Vor zwei Wochen schon hätten die beiden sich übrigens auf Steinmeiers Kandidatur verständigt. Nein, ganz anders, heißt es ein paar Meter weiter, vor drei Tagen habe es ein Geheimtreffen zwischen Beck, Müntefering und Steinmeier gegeben, und Beck sei dabei von seinen beiden Parteifreunden (ein Wort, das an diesem Tag allseits besonders ironisch ausgesprochen wird) gezwungen worden, Steinmeier die Kanzlerkandidatur zu überlassen, und zwar sofort.

Um kurz vor eins dann große Aufregung: Steinmeier, Steinbrück, Heil (richtig, der hatte ja auch noch gefehlt) und Nahles kommen, Struck kommt sogar ein zweites Mal, diesmal im Auto, wie und warum das nun sein kann – wer weiß? Niemand weiß irgendwas. Und die Parteivorstandsmitglieder sagen auch nichts, sie lassen die Journalisten kommentarlos stehen, grüßen nur kurz. Tachchen. Die Aufregung steigert sich aber noch, denn ein paar Journalisten schwören nun, sie hätten in einem der Autos Kurt Beck gesehen, allerdings sei dessen Limousine an der Einfahrt zum Tagungshäuschen vorbeigefahren. »Der wusste von nichts, Steinmeier hat das an ihm vorbei lanciert«, mutmaßt ein Journalist.

Im »Fontane-Zimmer« hat die Klausurtagung mittlerweile begonnen. Theodor Fontanes Beschreibung des Schwielowsees aus dem Jahr 1869 taugt, wenn man die Porträts über Kurt Beck richtig verstanden hat, auch als Charakterisierung des momentan offiziell noch amtierenden SPD-

Vorsitzenden: »Wie alle gutmütigen Naturen kann er heftig werden, plötzlich, beinahe unmotiviert, und dann ist er unberechenbar.« Um kurz vor halb zwei verdichtet sich das Gerücht, Beck sei zurückgetreten. »Kurt macht den Oskar«, ruft jemand, andere melden, er sei kurz hier gewesen, wohl durch einen anderen Eingang gekommen, aber nun schon wieder fort, Beck ist weg, ist nicht mehr hier, ist nicht mehr SPD-Vorsitzender. Die Herren vom »Bericht aus Berlin« werden nervös: »Unser Interviewpartner ist uns abhandengekommen!«

Wolken über dem Schwielowsee, kleines Wellengekräusel, in aufgekratzter Ausnahmesituationsstimmung wird nun mit Blick nach oben gesagt, jetzt müsse man wohl mit einem Gewitter rechnen, das würde doch passen. Idyllische Bilder, ja die legendäre »Geschlossenheit« hatte die SPD hier vorführen wollen, und zusehends gerät der Tag zu ihrem nächsten großen Durcheinander. Wenige Minuten später der nächste Kracher: »Münte macht's!« Ein paar Journalisten halten SMS-Kontakt mit Klausur-Teilnehmern im Fontane-Zimmer, in dieser Hinsicht ist auf die SPD Verlass.

Um zwanzig nach drei trägt eine Hotel-Angestellte einen Karton »Merci«-Schokolade in das Tagungshäuschen. Danke – wem? Für was?

Als Erste tritt um kurz nach vier Angelica Schwall-Düren vor die wartenden Journalisten, eine Dame, die nicht jedem hier bekannt ist. Angelica wer? Eine der stellvertretenden Fraktionsvorsitzenden, aha. So vielen Mikrophonen und Kameras stand sie gewiss noch nie gegenüber, aber sie macht das ganz gut und bestätigt nun: Beck zurückgetreten, Steinmeier Kanzlerkandidat und so lange Vorsitzender, bis dann Franz Müntefering gewählt ist. Nein, ein Putsch sei das nicht gewesen, sagt sie natürlich auch noch.

Um zwanzig nach vier treten Steinmeier und Heil gemessenen Schrittes hinter zwei Rednerpulte: »So, sind wir soweit?«, beginnt Steinmeier und spricht dann von einem »schweren Tag für uns alle«. Respekt und Dank für Beck, na selbstverständlich. Und während sich in Berlin Pofalla warmschießt, geht auch Steinmeier der Widerspruch gut über die

Lippen, dass man keineswegs jetzt ein Jahr lang Wahlkampf betreiben werde, aber das deutlich bessere Programm habe als der derzeitige Koalitionspartner. Hubertus Heil findet das auch alles sehr schade, aber trotzdem gut – und dass Steinmeier »alle Voraussetzungen« für das Amt des Kanzlers habe, das wisse schließlich »jeder in Deutschland«. Steinmeier verabschiedet sich mit den Worten »Demnächst mehr«.

Auf die Frage, ob jetzt auch Schröder zurückkomme, sagt der gewohnt brummige Peter Struck: »Nun lasst mich mal in Ruhe Motorrad fahren.« Hubertus Heil sagt es etwas anders: »Die SPD braucht jetzt eine neue Kultur der Gemeinsamkeit.«

Um 17 Uhr werden zwei Kartons aus dem Tagungshäuschen getragen und in einem Chrysler mit Hamburger Kennzeichen verstaut, grüne Mappen mit der Aufschrift »Sitzungsunterlagen« liegen darin und Broschüren mit dem Titel »Unsere Bilanz in Stichworten«. Hatte nicht eigentlich heute wieder mal irgendein »Papier« vorgestellt werden sollen? »Eigentlich« ist eins der wichtigsten Wörter an diesem wirren Tag.

Auf dem Rasen am See führen nun Wagner und Deppendorf ihr *Sommer-Interview* für den »Bericht aus Berlin«, sie haben doch noch jemanden gefunden: Peer Steinbrück. Man müsse nach vorne gucken, zitiert der Finanzminister den zurückgetretenen Parteivorsitzenden, und er spricht auch von Enttäuschungen, die Kurt Beck empfunden und erlebt habe. Hinter Steinbrück schaukeln ein paar Boote auf dem See, die Wellen werden zum Abend stärker, wie alle gutmütigen Naturen kann er heftig werden, der See, der Beck – es wird langsam dunkel.

Hatte nicht Müntefering, als er zum ersten Mal Parteivorsitzender geworden war, einer der zahlreichen der letzten Jahre, gesagt, dieses Amt sei »das schönste neben Papst«? Diesmal soll es klappen. Im Garten des Hotels steht eine große Skulptur des Künstlers Hans Otto Lehnert, sie ist aus nichtrostendem Stahl gefertigt und heißt »Traum von der Wiederkehr«. Auf die Frage, ob Müntefering dann auch ganz bestimmt gewählt werde und da endlich mal die gesamte Partei »mitzieht«, sagt Steinbrück, das sei ganz sicher, die SPD sei schließlich nicht verrückt.

Die Sonntagsfrage

Bei einem weiteren Versuch, dieses Land zu begreifen, steht man so herum beim »Sommerfest der Linkspartei« und fragt sich, wie um Himmels Willen dieser öde Haufen mit seinen zwei begabten Rhetorikern die gesamte Republik in Panik versetzen kann. Oskar Lafontaine streitet mal wieder mit einem Journalisten über Angela Merkels Auslandsaufenthalte während ihres Studiums (»Moskau!« – »Prag!« – »Moskau!!«), und Gregor Gysi nimmt Komplimente entgegen. Gregor, sagt die leicht angetrunkene Dame neben ihm am Stehtisch, du bist der einzige Politiker, der den Konjunktiv korrekt verwendet.

Ach ja, denkt man da, der Konjunktiv – den braucht man in der Politik. Der beliebteste Konjunktiv der Berliner Republik, dem so viel Bedeutung beigemessen wird, als handele es sich um einen Indikativ, ist die Sonntagsfrage: Welche Partei würden Sie wählen, wenn am Sonntag Bundestagswahl wäre?

Zweieinhalb Kilometer, natürlich westlich, vom Sommerlinksfest entfernt beschäftigen sich ebenfalls Menschen mit Politik und Konjunktiv: Im Meinungsforschungsinstitut Forsa werden gerade die letzten telefonischen Umfragen für heute durchgeführt, und Teil der täglich von 17 bis 21 Uhr erhobenen Meinungen sind die Sonntagsantworten.

Man steigt mit Forsa-Geschäftsführer Manfred Güllner in den Fahrstuhl, und es ist plötzlich wie in einem Science-Fiction-Film: Der unergründlich lächelnde Wissenschaftler (hier: Professor Güllner) führt den Gast in eine sonderbare Zwischenwelt, die der Forschung vorbehalten ist. Die Fahrstuhltüren öffnen sich, und man steht – wo? In der Zukunft? Im Weltall? Im Schulungszentrum für die nächste Menschenart? Jedenfalls hat man so etwas noch nie gesehen. An der Decke des großen hohen Raums hängen lange Neonröhren, humorloses Licht, gute Arbeitsatmosphäre. Die Luft ist erfüllt von polyphonem Gemurmel. An 130 Arbeits-plätzen, in Vierer- und Fünferreihen, sitzen Männer und Frauen aller Altersklassen; alle denkbaren Stimmfarben, Temperamente, Bildungs-schattierungen, Modestile, Frisuren und Gerüche scheinen hier vertre-ten zu sein. »Das sind unsere Interviewer«, sagt der Professor. Sie sitzen vor merkwürdig antiquierten Computern, tragen Kopfhörer mit Mikro-phonbügel, sprechen und tippen im Wechsel. An den Wänden stehen Ventilatoren, die Oberfenster sind gekippt; auf den Tischen, zwischen Monitoren und Tastaturen: Wasserflaschen und Hustenbonbons.

Forschungsgegenstand ist die Gegenwart: Hallo Deutschland, wie geht's? Forschungsabsicht sind Rückschlüsse (oder sagt man besser: Vor-schlüsse?) auf die Zukunft: Was ist zu tun, zu beachten, zu ändern – und was wäre, wenn? Die so erhobenen Daten sind unverzichtbare Werkzeuge für Anbieter aller Art, für Süßwarenhersteller, Krankenkassen, Energie-versorger, Fernsehsender, Zeitschriftenverlage und natürlich auch für po-litische Parteien. Kennt man uns, mag man uns, wo liegt das Problem? Die Anzurufenden werden von einem Zentralcomputer so ausgewählt, dass alle Regionen des Landes im Verhältnis ihrer Einwohnerzahl vertre-ten sind in diesem täglichen Deutschland-Chor. Es werden ausschließ-lich Festnetznummern angewählt: Zwischen 17 und 21 Uhr ist er meis-tens zuhause, »der Deutsche«, den es natürlich nicht gibt, und dessen Befinden genau deshalb hier täglich empirisch ergründet wird. Reprä-sentativ zusammengesetzt wirkt schon die Gruppe der Interviewer; ja, bestätigt Güllner, man achte auf eine gute Durchmischung.

Und was tun die Deutschen so zu dieser Zeit, in der sie gefragt wer-den, ob man sie mal was fragen dürfe? Nun, etwa ein Drittel der von windigen »Unbekannter Teilnehmer«-Callcentern genervten Deutschen verweigert die Auskunft. Vielen jedoch macht es auch Spaß, mal umfas-send ihre aktuellen Meinungen kundtun zu dürfen. Die meisten kom-men gerade nach Hause, bereiten das Abendbrot, bringen die Kinder zu Bett, manche sitzen in der Badewanne, andere haben hörbar schon das erste Feierabendbier intus, hin und wieder ist der Forsa-Interviewer auch

Zeuge eines frühabendlichen Familienkrachs. »Soll ich später noch mal anrufen?«

Politiker sollten auferlegt bekommen, hier mal ein Stündchen zuzuhören: Die Sonntagsfrage ist nur eine von vielen, tatsächlich, »die Menschen« haben auch noch andere Sorgen. Den täglich anders zusammengesetzten Fragenkatalog zu beantworten, dauert eine gute Viertelstunde. Durch die sehr unterschiedlichen Auftraggeber ergibt sich da jeden Tag ein Themensalat, der das verwirrende Multitasking ganz gut abbildet, das der Alltag einem normalen Endverbraucherhirn abverlangt. Es geht zum Beispiel um die Paralympics, Benzinpreise, Sudoku, Literatur, Turnschuhe, Telefontarife, Weihnachtsgebäck, Medikamente – und, ja, auch um CDU/CSU, SPD, FDP, Grüne und Die Linke. Politische Einstellung als eine von vielen Konsumgewohnheiten.

Auf den anachronistischen Computerbildschirmen von Forsa liest sich die Sonntagsfrage so: »Wen wuerden Sie waehlen, wenn am Sonntag Bundestagwahl waere?«

Forsa ist das einzige deutsche Institut, das diese Frage täglich, von Montag bis Freitag, stellt. Normalerweise wird mittwochs ein Wochenmittelwert von den beiden Auftraggebern »Stern« und RTL veröffentlicht, nur nach den SPD-Unruhen am Schwielowsee wurde ausschließlich der Montag-danach-Wert genommen, um ganz aktuell die Auswirkungen der Umbesetzung an der SPD-Spitze zu zeigen: Schwups, hatte die SPD vier Prozentpunkte hinzugewonnen. Doch konnte die SPD sich offiziell nicht lauthals über diesen Zugewinn freuen, hatte sie doch die Forsa-Werte in der jüngeren Vergangenheit stets als »unseriös« abgetan, weil sie dort immer so besonders schlecht weggekommen war. Güllner ist seit 1964 SPD-Mitglied, und er kennt die Vorwürfe natürlich, er kann sogar die Seite in Lafontaines Buch »Das Herz schlägt links« aus dem Gedächtnis nennen (»Seite 83«), auf der steht: »… Forsa stellte sich in den Dienst dieser Kampagne und veröffentlichte wöchentlich hohe Sympathiewerte für Gerhard Schröder und schlechte für mich.« Schröders bester Mann, ja ja, schon gut. Zu Schröders goldenen Zeiten warf die Union Güllner vor, die Beliebtheitswerte seines Kumpels Gerhard zu frisieren, seit aber die SPD bei Forsa immer so besonders kläglich dasteht und Güllner dies auch noch gern pointiert interpretiert (»Beck muss weg«), schweigt die Union und mosert die SPD. Kurt Beck sprach von Kaffeesatzleserei, von »Herrn Güllner mit seiner Glaskugel«, Andrea Ypsilanti warnte, Forsa-Ergebnisse seien »bekanntlich mit Vorsicht zu genießen«, Klaus Staeck bezeichnete Güllner als »Zahlenjongleur« und zieh ihn der »Meinungsmache statt Meinungsforschung«. Ludwig Stiegler gab gar eine Kostprobe sozialdemokratischen Humors: »Wir lassen uns Kurt Beck nicht forsauen.« Jetzt, nach Beck, steigen die SPD-Werte wieder, auch bei Forsa, und die Zahlen der verschiedenen Institute liegen gegenwärtig nicht mehr signifikant auseinander. Müntefering wird Vorsitzender, Steinmeier ist Kanzlerkandidat – sind das Voraussetzungen für bessere SPD-Zahlen? Güllner, der Empiriker: »Wie 63 % der Deutschen sehe ich das so, ja.«

Er mache Politik mit seinen Zahlen, sagt die SPD. Bedeutet der aktuelle SPD-Zugewinn in den Forsa-Zahlen, dass Güllner seine Freude über Becks Abgang oder gar über Schröders indirektes Comeback hat einfließen lassen? Güllner, der Zahlenmensch, zeigt emotionslos auf seine telefonierenden Mitarbeiter: Blödsinn. Man dürfe nicht Stimmen und Stimmungen verwechseln, wie jedes Meinungsforschungsinstitut könne auch Forsa nicht die Realität messen, bloß Indikatoren. Die Hälfte der Befragten wisse schließlich noch gar nicht, ob, und wenn ja: wen sie wählen wolle. Womit man bei einem Lieblingsthema Güllners ist, nämlich der Differenz zwischen Wahlberechtigten und tatsächlichen Wählern. Am Ende stehen da immer 100 %, ja, aber das ist eben nur die Summe der abgegebenen gültigen Stimmen. Besonders amüsiert ist Güllner über Andrea Ypsilantis feste Überzeugung, sie habe »einen klaren Wählerauftrag« – bei Zuspruch von nichtmal einem Viertel aller Wahlberechtigten.

Und wieder hinein in die Meinungen – jedes Sauerstoffmolekül in diesem Raum scheint ein Wort zu transportieren, das Ohr des Besuchers versucht, sich ranzuzoomen, in eins der Telefonate einzufädeln:

DIE SONNTAGSFRAGE **145**

Wie zufrieden sind Sie mit der Arbeit der Bundesregierung? Gar nicht, okay.

Wie zufrieden sind Sie mit der Arbeit der Bundeskanzlerin? Sehr, aha. Ein paar Schritte weiter, da geht es gerade um Fußball. Auch interessant. Oder: Lesen Sie Horoskope? Sind Sie gegen Grippe geimpft? Wie oft pro Woche essen Sie Tiefkühlgerichte? Satzfetzentrunken in dieser Symphonie der Alltagsfragen stehend, bekommt das Wort Sonntagsfrage plötzlich einen neuen Klang, rückt in die Bedeutungsnähe von »Sonntagsfahrer«.

Im Science-Fiction-Film würde der Professor einen nun beruhigen oder beunruhigen, je nachdem, aber man würde jetzt mit ihm sprechen. Wo ist denn überhaupt der Professor, ist der noch da, Hilfe! Ja, da steht er. Herr Professor Güllner, eigentlich wollten wir doch über die Politik sprechen, über die SPD im Speziellen, ob der Aufschwung jetzt bei Steinmeier ankommt, gewissermaßen. War Kurt Beck wirklich das Problem? Je mehr Beck agierte, sagt Güllner, desto mehr sanken die Werte der Partei. Hier, wo Volkes Stimmen sprechen und Volkes Stimmung erfasst wird, bietet es sich an, über den SPD-Slogan »Nah bei den Menschen« zu reden. Güllner blickt etwas spöttisch, als er nun an Becks lang durchgehaltene Verteidigungsargumentation erinnert, die er den stetig sinkenden SPD-Zahlen entgegenhielt: »Wenn ich in Rheinland-Pfalz unterwegs bin, bekomme ich viel Zuspruch von den Leuten.« Die Leute? Güllner lacht, hebt die Hände, guckt ins Neonlicht – die Leute! Empirische Sozialforschung geht anders, er hat es doch studiert und im ersten Semester schon von René König gelernt: Wenn einer dreimal in die Schweiz gefahren ist und dort im Café war, und diese drei Male ist er von einem rothaarigen Kellner bedient worden – dann darf er daraus nicht schließen, alle Schweizer Kellner hätten rote Haare. So in etwa aber sei Beck vorgegangen. Auch indem er von »der Basis« sprach, wenn er bloß den Hamburger Parteitag meinte, also 400 Funktionäre statt 20 Millionen potentieller Wähler. Das wie all ihre härtesten Nervensägen (Schreiner!) treue Mitglied Güllner hat seiner Partei schon 1970 anhand einer Mitgliederstudie in Dortmund beizubringen versucht, dass man zu unterscheiden hat zwischen Funktionären, Mitgliedern und Wählern. Das aber verstehe die SPD noch heute nicht – und belästige die Öffentlichkeit permanent mit vereinsinternen Angelegenheiten. Man stelle sich bitte mal einen Karnickelzüchterverein vor, der dauernd Probleme mit dem Vorstand und der Satzung veröffentlichte. Das interessiere doch außerhalb des Vereins – wenn man so will: »im Land«, »bei den Menschen« – niemanden.

Auf dem Heimweg schwirrt einem der Kopf, so viel Deutschland hat man da gehört beim Professor. Würde man wählen? Und wenn: wen? Man muss jetzt vom Konjunktiv wieder in den Indikativ wechseln. Und spricht Gregor Gysi oder wer immer mal wieder von »den Menschen«, wird man künftig kontern: Nicht alle Kellner in der Schweiz haben rote Haare.

Fashion Week

Als ich heute Morgen vor meinem Kleiderschrank stand, bekam ich einen Lachanfall. Jetzt, zwei Stunden später, sitze ich am Schreibtisch, habe eine weiße Cordhose an, ein schwarz-weiß gestreiftes Hemd und – zum ersten Mal in meinem Leben – Hosenträger. Schwarze Hosenträger. In der S-Bahn hat niemand was dagegen gesagt, aber ich fühle mich verkleidet, bin es auch, und Schuld ist die Berliner Modewoche, beziehungsweise: Schuld is the Berlin Fashion Week. Und das kam so:

Am Mittwoch bekam ich eine SMS: »Herzlichen Glückwunsch zu Bronze, Mr. Stylo. Läuft grad über Agentur.« Ich rief die Absenderin sofort an, um mir diese Rätsel-Botschaft entschlüsseln zu lassen, und erfuhr, dass ich von einer Modeexperten-Jury, zu der immerhin Karl Lagerfeld und Eva Padberg gehörten, zum drittbestangezogenen Mann des Jahres gewählt wurde. Bronze beim »Best Dress-Award« der Zeitschrift »Vanity Fair«! Nun gibt es sicherlich bedeutendere Auszeichnungen, ein Anruf aus Stockholm etwa hätte mich gewiss mehr gefreut: Hello, this is Viktualia Rullgardina Krusmynta Efraimsdotter, uns vom Nobelpreiskomitee gefallen Ihre Texte immer so sehr – hätten Sie Zeit und Platz auf dem Konto, wir haben hier was für Sie.

Aber als mit Preisen bislang nicht gerade Überhäufter freut man sich auch über kleinere Ehrungen. Abends besuchte ich das R.E.M.-Konzert in der Waldbühne. Weil es kalt war und regnete, zog ich mich eher an wie ein Viert- oder Fünftplatzierter. Ohnehin gelten R.E.M.-Konzerte nicht gerade als Treffpunkt Modebewusster. Doch Sänger Michael Stipe brachte dann zwischen zwei Liedern das Thema zur Sprache, das momentan bestimmte geistige Regionen Berlins beherrscht: Kleidung. Stipe sagte, er habe sich wetterbedingt Turnschuhe angezogen, und das erschiene ihm für einen Gentleman seines Alters nun doch unpassend.

Er ließ sich feinere schwarze Schuhe bringen, wechselte sogar die Socken, alles mitten auf der Bühne. Kreischende 40-Jährige in der ersten Reihe schienen unbedingt Stipes ausgezogene Stinkesocken geschenkt haben zu wollen, aber Stipe weiß, was sich gehört, und warf lieber eine Mundharmonika ins Publikum. Am T-Shirt-Stand überlegte ich nach dem Konzert lange, welches R.E.M.-Leibchen dem drittbestangezogenen Mann des Jahres wohl stehen würde. Sobald man anfängt, über Kleidung nachzudenken, hat man schon verloren – das ist wie mit Schlafwandlern, die über ein Seil balancieren und nur herunterfallen, wenn jemand sie aus Versehen weckt.

Am Donnerstag ging ich dann zu einer Modenschau der Firma Hugo Boss. Modewoche in Berlin, das musst du dir als Stadt-Reporter angucken, sagte ich morgens dem drittbestangezogenen Mann des Jahres, als ich ihn im Badezimmerspiegel sah. Weil ich gute Laune hatte, zog ich mir einen weißen Anzug an. Die Wahrheit ist, dass ich mich für Mode nicht interessiere. Ich finde, auf Laufstegen sieht eigentlich alles toll aus, weil eben Models in der Regel ja nicht hässlich sind. Und ich selbst ziehe meistens das an, was im Schrank gerade oben liegt oder vorne hängt. Aber man kann natürlich wahnsinnig viel über Mode sprechen, lernte ich anschließend. Die Sonne schien, und die Mode-Profis standen herum, aßen elegante Sachen von kleinen Tellern, sprachen über die gerade gesehene Kollektion fürs nächste Frühjahr und ließen die Gläser klingen. Ich möchte nicht behaupten, dass man besoffen sein muss, um dieses Mode-Gerede zu ertragen, aber die Mode-Leute trinken ganz gern schon mittags was. Ich verabschiedete mich bald und sagte, Leute, es mag verrückt klingen, aber ich gehe jetzt arbeiten. Mitleidiges Nicken war die Ernte dieser meiner Worte.

Am Kiosk kaufte ich dann die neue Ausgabe der »Vanity Fair«, um mal zu gucken, wer auf die Plätze zwei und eins gewählt worden war. Bestgekleideter Mann des Jahres: Schauspieler Clemens Schick, ein sehr netter, immer gut aussehender Typ, gegen den zu verlieren keine Schande ist, sondern der Normalfall. Zwischen Schick und mir auf Platz zwei:

Wolfgang Joop. Und wenn ich zu dessen Kleidung als Mode-Amateur mal was sagen darf: Schöner geht es ja wohl nicht. Seit einiger Zeit ist er immer besonders bunt und auf den ersten Blick durchgedreht gekleidet. Schaut man genauer hin, wird klar: perfekt. Das Leben möchte ich führen, dass mir so was steht, denke ich immer, wenn ich Joop sehe. Von mir ist in der Zeitschrift ein Foto abgebildet, das bei einer Preisverleihung im Mai 2007 gemacht wurde; dort ging es um Texte, und ich wurde ebenfalls Dritter – allerdings von, äh, dreien. Also Letzter. Mein Chefredakteur Walter Mayer hat mir allerdings in seiner unendlichen Weisheit erklärt, Dritter ist besser als Zweiter. Wenn man mit ein bisschen gutem Willen darüber nachdenkt, leuchtet es einem ein. Eine weitere große Mayer-Weisheit: Modewoche ist wie Berlinale. Ja, genau! Ein paar Tage lang ist die Stadt ganz aufgeregt, weil ein paar »internationale Stars« mehr als sonst hier sind, und überall wird im Namen des Kinos oder eben der Mode gesprochen, gegessen, gesoffen, getanzt und fotografiert.

Freitagmittag ging ich dann zur Preisverleihung. Für den Dritten gab es weder Trophäe noch Urkunde, aber einen elf Stunden bei 69 °C gegarten Kalbskamm. Neben mir saß Eva Padberg und sagte den schönen Satz: »Ich komme aus Thüringen, da isst man dauernd Fleisch.« Jenny Elvers-Elbertzhagen verzichtete auf den Kalbskamm, weil sie, wie sie sagte, abends noch in irgendein besonderes Kleid passen wollte. Eine ältere Dame, deren Frisur, Schmuck und Kleidung ihr den Gesamteindruck eines, Verzeihung, explodierten Antiquitätengeschäfts verliehen, erklärte mir, dass Angela Merkels Jacken zu kurz seien und ihr Schmuck zu kunstgewerblich. Außer mir begannen alle Anwesenden wieder zur Mittagszeit mit dem Abendprogramm, Prosit allerseits. Ich musste zurück an den Schreibtisch und bekam am Ausgang eine Geschenktüte, in der ich nebst einer Tafel Schokolade (»entwickelt von Tim Raue, Koch des Jahres 2007«), einem Billigschlips und einem Piccolo die schwarzen Hosenträger fand.

Vor der Michalsky-Modenschau am Abend hatte ich noch gedacht, ich habe die Modewoche jetzt kapiert. Wenn man zu einer Modenschau geht, zieht man sich selbst an nach Maßgabe dessen, was man gerade so als »modern« empfindet, auch wenn das so ist, als ob man seine Wohnung reinigt, bevor die Putzfrau kommt. Wenn man eine Berliner Schauspielerin ist, macht man sich mittels Kleidung ein bisschen hässlicher als man sein könnte, damit alle denken, man sei hübscher als man ist. Oder doch zumindest: interessant! Ansonsten: Küsschen rechts, Küsschen links, hast du schon gehört, hast du nicht gesehen, hast du die Nummer von Soundso, bist du morgen auch im Daundda, guck mal, da drüben ist – wie sieht *der* denn heute aus?

Doch dann lief ein Männermodel mit »Atomkraft? Nein Danke«-T-Shirt über den Laufsteg. Als dieses Shirt entworfen wurde, war der Slogan bloß ein alter Spruch, ein ironisches Zitat. Aber neuerdings ist das ja wieder eine hochpolitische Aussage, und ich hoffe, ich tue Michalsky nicht unrecht, wenn ich behaupte, dass dies weder seine Absicht war noch sein Spezialgebiet ist.

Wenigstens die Musik war unmissverständlich, DJ Hell hatte sie zuverlässig grandios zusammengestellt, und als ich ihn hinterher fragte, von wem denn dieses eine Lied da zum Schluss gewesen war, kam er schnell zur Sache: Warum er denn bitte nur viertbestangezogener Mann des Jahres geworden sei in dieser »Vanity Fair«-Liste, und ob ich eine Idee hätte, wie wir uns da im nächsten Jahr noch weiter nach oben kämpfen könnten. Ich zeigte zur Tanzfläche, wo Clemens Schick stand, die Nummer eins. Der sah wieder mal hervorragend aus, an diesem Abend mit Hosenträgern überm Hemd – vielleicht ginge es so? DJ Hell war skeptisch.

Und heute Morgen holte ich dann die Hosenträger aus der Tüte und hängte mich da so gut es ging rein, wie ein Esel ins Geschirr; mein Hosenbund sitzt gegenwärtig ungefähr auf Brusthöhe. Bei Clemens Schick sah das irgendwie besser aus.

Finale auf der Fanmeile

Der Schritt durch die Absperrung ist wie der Grenzübertritt in ein fernes, unbekanntes Land. Man ist nervös, gespannt, auf alles gefasst. Hinter dieser Grenze wird eine andere Sprache gesprochen, die Menschen verhalten sich anders als man es kennt; Ernährung, Kleidung, Sitten, Gesetze – alles anders. Ganz anders.

Dabei befinden wir uns zweifellos in Deutschland, oder vielmehr in Deutsch-laaaand!/Deutsch-laand!/Deutsch-laaaand!/Deutsch-laand! Die Fanmeile ist ein Deutschlandkonzentrat, ein Deutschland im Quadrat. So sehr wird hier Deutschland gerufen, geflaggt, ja beschworen, dass man vielleicht wirklich in einem anderen Land ist. Auf jeden Fall kann man sagen, dass die angeblich mehr als fünfhunderttausend Menschen hier zu allem bereit sind. Es wird geschrien, getanzt, gesungen, getrötet, gepfiffen, gebratwurstet und natürlich gebiert. Ganz viel gebiert. Mein Fahrrad habe ich direkt neben dem Reichstag an einen Zaun gekettet, hinter dem ein paar Polizisten streng guckend rauchen, da ist es halbwegs sicher. Ob seine Überlebenschancen bei einem deutschen Sieg oder bei einer Niederlage größer sind, wird sich zeigen.

Bevor das Spiel beginnt, geht es vor allem darum, ins Fernsehen oder wenigstens in die Zeitung zu kommen. Um von den Kameramännern und Fotografen wahrgenommen zu werden, ist es von Vorteil, möglichst am ganzen Körper schwarzrotgold bemalt, geschmückt oder tätowiert zu sein. Auch originelle Kopfbedeckungen und emotionale Verausgabung erhöhen die Chancen. Außerdem müssen alle Freunde und Bekannten, die nicht hier sind, mit Anrufen und Handybildern live darüber informiert werden, wie es hier ist. Supergenial ist es hier, sagen die Mädchen in ihre Telefone; die Jungs sagen: obergeil. Wer sich besonders auffällig verhält, wird sogar interviewt. Interviewt zu werden, macht anscheinend besonders glücklich. Es ist so laut drumherum, dass die Interviewten die Fragen kaum verstehen, aber das macht nichts, die richtige Antwort ist immer: Deutschland! Oder auch: Fiiinaaale, o-ho / Fiiinaaale, o-ho-ho-ho!

Auf der Bühne vor dem Brandenburger Tor verausgaben sich verschiedene Musikformationen. Man kriegt es nicht so richtig mit, nur den Bass, der lässt den Körper vibrieren, den sowieso schon vibrierenden Körper. Finale, oho! Zwischendurch sagt ein Moderator schmeichelhafte Dinge, um die Menschen bei Laune zu halten. Ihr seid geil, sagt er zum Beispiel, und wer hört das nicht gern. Auch versucht er, diverse chorische Schreiereien mit uns einzuüben, aber nur eine klappt hier wirklich im Massenchor: Bao-ba-ba-ba-ba-bao-bao, das Mitsingen zum Riff des Hits »Seven Nation Army« von den White Stripes, was wir natürlich aus dem Fernsehen kennen, da singen die das ja auch immer, in den Stadien. Vor allem kann man sich den Text so gut merken, es gibt nämlich gar keinen. Aber das Schöne am Betrunkensein ist doch, dass man eigentlich jedes Lied mitsingen kann. Und die mit Text, na ja, da singt man halt, was einem gerade so einfällt, Hauptsache laut. Geht alles, irgendwie. So, wie den Männern hier auch jede Art senkrechte Fläche als Urinal geeignet scheint: Absperrgitter, Imbissbuden, Bäume, Müllcontainer – oder ein Polizeiauto. Und wie auch alles gegessen wird, was auf dem Grill lag, egal wie es aussieht.

Die Hymnen: Die spanische wird niedergepfiffen, aha. Sogenannte unfaire Fans also. Der Mensch in der Masse, er neigt nun mal dazu, sich danebenzubenehmen. Die deutsche Hymne wird mitgesungen, im ungewollten Kanon, aber sehr überzeugt. Von sich, von »uns«. Unter dem riesigen Bildschirm stehen jetzt viele Fotografen und Kameraleute auf der Bühne, das animiert zusätzlich zu aufgedrehtem Jubeln. Stimmung also entsteht hier zunächst durch Darstellung von Stimmung. Daran kann man aber ja anknüpfen: Auf geht's, Deutschland, schieß ein Tor, schieß ein Tor, schieß ein To-ho-hor!

So seh'n Sieger aus, schalalalala!

Und das immer schöne: Hu-Hu-Hubschraubereinsatz!

Anpfiff, es geht also los, es wird also geschrien. Nach einer frühen Lehmann-Glanztat ist zum ersten Mal kollektive Angst zu spüren. Was, wenn wir doch nicht so gut sind – oder die Spanier einfach besser? Überheblichkeit weicht kleinlautem Fluchen. Jubelanlässe sind jetzt vor allem geglückte Lehmann-Paraden. Als die deutsche Mannschaft zusehends rumgurkt, sind einige rassistische Rufe zu hören, das ist nun weniger angenehm. Eine gut gelaunte, fröhliche Menschenmasse kann etwas Schönes sein – wenn aber die Laune der Masse kippt, wird sie bedrohlich, die Masse. Den Gegner respektvoll zu behandeln, solange man der Sieger ist, das ist einfach. Verlierenkönnen braucht Charakter.

32. Minute: Nullzweins. »Vollkommen verdient«, wie es schmerzvergrößernd heißt – auf der Meile wird es jetzt sehr ruhig. In der Massenmitte, direkt vor der Bühne, eine fröhlich gewedelte spanische Fahne. Das ist mutig. Der Kapitän am Boden, Deutschland am Boden, sagt der Kommentator, macht aber Mut: Ballack werde getackert. Gefüllte Bierbecher fliegen, und wer bislang noch nicht nach Bier roch, tut es eben ab jetzt. Der nächste Applaus, als Angela Merkel zu sehen ist, wie sie sich über eine Schiedsrichterentscheidung zuungunsten Deutschlands zu erregen scheint – das sieht man gern, als Fanmeile. Vor deutschen Ecken und Freistößen lassen die Menschen die Hände Oooooooooo-ho zur Welle wackeln, aber ansonsten sinkt die Stimmung rapide. Vor allem die zahlreichen Mädchen begreifen das nicht: Ihre Fußballbegeisterung fußt auf deutschen Siegen. Verlieren – hä? Wie macht man denn das? Was tut, was ruft, wie guckt man dann? Die Jungs wissen, wie das geht: Sie haben jetzt jede Menge taktische Tipps für die deutsche Mannschaft, Kurzanalysen, Einwechslungsvorschläge. Oder sie beschimpfen den Gegner.

Die Halbzeitpause verläuft traurig, es wird sich Mut gemacht, mit Bier – oder Sätzen, die mit »noch« anfangen: Noch ist es nicht zu spät. Noch ist nichts verloren. Noch 45 Minuten, noch alles drin. Eine kleine Halbzeit-Prügelei zwischen Mann und Frau hinter einem Würstchenstand wird von einem Polizisten beendet. Die Frau sagt zu dem Polizisten, das sei schon okay, der Prügelheini sei ihr Bruder. Der Polizist erklärt den beiden, dass das trotzdem nicht okay ist, sich zu hauen, egal wie verwandt man ist.

Wiederanpfiff. Die Spanier sind weiterhin »einfach besser«, der Kommentator trampelt auf der deutschen Seele herum: Brillant, Fußball aus dem Lehrbuch – und immer ist dabei nur die Rede von den Spaniern. Es ist jetzt ganz still auf der Meile. Hier und da schreit mal einer, alle anderen: geschockt. Der in der Mobmitte, der mit der Spanienfahne, ist auf jemandes Schultern gestiegen, schwenkt mit der linken Hand seine Spanienfahne, mit der rechten eine deutsche. Endlich mal wieder so ein Völkerverbinder, die fehlen hier ein bisschen, aber immerhin wird er nicht daran gehindert.

88. Minute: Deutschland, klatschklatschklatsch, Deutschland!

Nee. Das war's, Abpfiff. Ruhe.

Manche Mädchen probieren zu weinen.

Relativ geordneter Rückzug. Die schwarzrotgoldene Komplettausrüstung, die Euphorie, das nationale Selbstbewusstsein – all das sah eins nicht vor: eine Niederlage. Die Fahnen werden eingerollt, die Schminke kann man abwaschen. Aber weh tut es natürlich, sehr weh.

Mit Hans Magnus Enzensberger unterwegs im Wahlkampf

Donnerstag, 25. September 2008, Marienplatz

Zwischen S-Bahn-Ausgang und Kaufhaus-Eingang der erste Kämpfer: Ein Mann läuft in einem Plakat-Sandwich umher, »Jesus!« steht groß auf den Plakaten, darunter eine wirre Weltanklage, samt Lösungsvorschlag. Hans Magnus Enzensberger holt seine Brille hervor, studiert die religiöse Sofortmaßnahmenverordnung des trotzalledem orientierungslos wirkenden Mannes. Wer sich für Jesus entscheide, könne damit sich selbst und die ganze Welt retten, steht dort in etwa, aber bevor man alles gelesen hat, ist der mit Jesus-Plakaten ummantelte Mann schon vom Fußgängerzonen-Gedränge verschluckt, vielleicht gibt es mit Jesus auch mehr Netto vom Brutto, wer weiß? Fünf Brote und zwei Fische – und alle werden satt?

Auf der SPD-Bühne vor dem Münchner Rathaus versucht derweil ein Mann mit Losverkäuferstimme, blondgefärbten Strähnen im Haar und einer vielfarbigen Lesebrille auf der Nasenspitze, die von allen Seiten nicht herbei-, sondern vorbeispazierenden Münchner zum Stehenbleiben zu animieren; es ist der Stadionsprecher des TSV 1860 München, der natürlich sehr gut zur bayerischen SPD passt – sympathisch und Zweite Liga. Doch hat der Stadionsprecher auch ein bisschen Erste Liga zu bieten: Franz Müntefering wird kommen! Christian Ude! Und, nun ja, Franz Maget. Aber im Nieselregen kommen jetzt erstmal die Bezirkstagskandidaten nacheinander auf die Bühne. Hinter ihnen, in großen Buchstaben, weithin lesbar, der Wahlkampfslogan der bayerischen SPD: »Bayern, aber gerechter«.

Mit der Gerechtigkeit, sagt Enzensberger, sei das so eine Sache; alle seien ja dafür, und wenn keiner dagegen sei, erübrige es sich doch irgendwie. Und was genau die vielbeschworene »soziale Gerechtigkeit« überhaupt sein solle, sei auch völlig unklar. Für Gerechtigkeit zu sein, sei in etwa so labbrig, wie für den Frieden zu sein – denn niemand trete ja im Wahlkampf für Ungerechtigkeit oder Krieg ein.

Von der Bühne weht jetzt das Wort »Bildungsgerechtigkeit« herüber, auch so ein Ungetüm; »dass alle Kinder einen erfolgreichen Bildungsverlauf nehmen können«, möchte eine der Kandidatinnen sicherstellen. Es müsse Gerechtigkeit »hergestellt« werden, und zwar in allen Bereichen. Wie man sich das bitte vorzustellen habe, fragt Enzensberger belustigt. Eine Gerechtigkeitsfabrik? Das seien so wahlkampftypische semantische Rätsel, wie auch der statt »Arbeiter« heutzutage gebräuchliche Begriff »Arbeitnehmer« – nehme der Arbeitgeber nicht auch Arbeit, nämlich die der ihrerseits Arbeitnehmer genannten? Oder: die vielbemühte »Verantwortung«. Er trage sie, der Politiker, werde gesagt, aber das bedeute doch im Ernstfall höchstens Rücktritt. Wirkliche Verantwortung im Sinne einer Haftung sei ja vollkommen unmöglich. Falls einer riesige Schäden verursacht habe, könne er die ja gar nicht wiedergutmachen, das werde auch nicht verlangt. Verantwortung also, na gut, man wisse, was gemeint sei – und dass es eben nicht allzu wörtlich zu nehmen ist.

An einem überdachten Stand kann man sich mit Werbematerialien der SPD ausstatten, Lippenpflegestifte liegen dort zur Mitnahme, humorige Bierdeckel, Buttons und die üblichen Broschürenstapel, das Heftchen »Kurz und knapp – unsere Ziele« hat auch immerhin 24 Seiten, wer wird all das je lesen? Enzensberger hebt die Schultern, er habe schon viele Menschen gefragt, ob sie jemals ein Wahlprogramm gelesen hätten, und niemand habe dies je bejahen können.

Fähnchen gibt es bei der SPD natürlich auch, viele Fähnchen, wie bei jeder Partei. Wahlkampf ohne Fähnchen, das sei undenkbar, sagt Enzensberger, Fähnchen und natürlich eine Tribüne für die Verkündigung, einer Kanzel nicht unähnlich, überhaupt seien das alles Schwundstufen heiliger Rituale, Demokratie bedürfe nun mal gewisser Ritualisierungen. Er wolle die Analogie zur Kirche nicht überstrapazieren, aber auch der

Urnengang sei doch eine Zeremonie. Ganz geheim! Die Wahlkabine als politischer Beichtstuhl, dazu die Miene, die die Menschen im Wahllokal machten, dieser heilige Ernst – wie im Gerichtssaal oder im Gottesdienst, da werde ja auch nicht gelacht. Religion in starker Verdünnung sei das. Und die Nichtwähler seien die Atheisten der Demokratie, wenn man so wolle.

Die »Franz wählen«-Lebkuchenherzen, die seit Müntefferings Bierkeller-Comeback vor drei Wochen fairerweise um den Nachnamen des eigentlichen Kandidaten hätten ergänzt werden müssen, nimmt natürlich ein jeder gern mit. »Haben Sie denn genug davon?«, erkundigt sich Enzensberger höflich bei einer der jungen Damen am Stand, lässt das Herz dann doch liegen, fragt die Dame aber noch, was denn das Wort »Erfolgszentrale« auf ihrem Namensschild bedeute. Die Wahlkampfzentrale der SPD heiße jetzt saisonal so, wird ihm erklärt, und da es auf der Bühne weiterhin faszinationsfrei zugeht (»Schluss mit der Turbo-Schule – deshalb einfach mal zwei Kreuze bei der SPD machen!«) und kein Müntefering, kein Ude, nichtmal Maget in Sicht ist, schlägt Enzensberger einen Marsch zur »Erfolgszentrale« vor.

Der Weg dorthin ist gesäumt von Wahlplakaten:

Dr. Annette Bulfon, FDP, wirbt so: »Apothekerin, 42 Jahre, 3 Kinder«. Enzensberger gratuliert dem Plakat, »tüchtig, die Dame, vereint Familie und Beruf, das ist doch was«.

Zwei Miniaturplakate für »Die Violetten«, mit Heftzwecken um einen Laternenmast getackert, »für spirituelle Politik«, so so. Die haben, vermutet Enzensberger, wohl kein Geld für ordentliche Holzständer.

Jürgen Lochbichler von der Freien Wählervereinigung animiert per Plakat: »Geben Sie Ihrem Protest ein Gesicht!«, er schlägt seins vor, ein gutes Protestgesicht, dazu noch einen Reim, das freut natürlich Enzensberger: »Diesmal die Freien / Nicht die Parteien«.

Die Welt der Politik, sagt Enzensberger, sei für einen Dichter eine nicht unergiebige Abraumhalde. Die Poesie, sage er immer, sei ja ein Allesfresser. Plakate, Flugblätter, Programme und Reden nach Beispielen für originelle Sprachdeformationen zu durchforsten sei ihm lieber, als selbst sagen zu müssen, wo es langgehe, er wisse es schließlich auch nicht. Glücklicherweise werde das heutzutage vom Dichter auch kaum mehr verlangt, was den Freiheitsgrad der Literatur doch sehr erhöhe. Politik vielmehr wie einen Baumarkt beispielsweise betrachten: eine sich selbst genügende, abgeschlossene Welt mit eigener Sprache; das sei doch wunderbar. Ein sprachliches Spaltprodukt der Politik, ein ganz kleines, das ihn ob seines ungeheuren Resonanzraumes begeistere, sei ein Schild mit der Aufschrift »Naherholungsgebiet«.

Auch nach mehrmaligem Klingeln öffnet sich die Tür zur »Erfolgszentrale« der SPD nicht. Otto Schily hat im selben Haus sein Bürgerbüro, auch dort klingelt man heute vergeblich. An der Hauswand wieder Plakate: »Wir schaffen Chancen – CSU«, unter dem Slogan ein paar Zahlen. 1,5 Milliarden für Forschung? Das sei doch heutzutage gar nicht viel, sagt Enzensberger. »Soll die Mittelschicht weiter ausbluten?«, fragt ein FDP-Plakat. Das sei mal wieder eine dieser wahlkampftypischen Übertreibungen, Enzensberger schüttelt den Kopf: Ausbluten? Ein rituell geschlachtetes Schaf blute aus, aber doch nicht die Mittelschicht wegen irgendwelcher Steuern! Er bleibt stehen, blickt sich um auf der schönen Einkaufsstraße dieser wohlhabenden Stadt: So ein Wahlkampf mit seinen teilweise absurden Dramatisierungen zeige, dass es einen hohen Angstbedarf gebe. Wenn man all diese Gesellschaftsbeschreibungen der Oppositionsparteien ernst nähme, müsste man doch glauben, dass das ganze System kurz vor dem Zusammenbruch stehe, und davon könne nun wirklich keine Rede sein. Natürlich gebe es allerhand Versäumnisse und Mängel, ihn erstaune aber weitaus mehr, wie viel doch unbestreitbar funktioniere. Denn die sogenannte dümmste Bank, die KfW, sei doch in Wahrheit kein Einzelfall; solchen Mangel an Intelligenz, Aufmerksamkeit und Zuverlässigkeit gebe es doch überall – und trotzdem einen hohen Grad an Stabilität. Probleme von so hoher Komplexität wie etwa die langfristige Gesundheitsvorsorge seien von der Politik nicht lösbar, zwar sei das dazugehörige Illusionstheater systemerhaltend, doch habe er nicht die Geduld, dem in Gänze beizuwohnen. Wenn es in den Nachrichten einmal mehr um die Gesundheitsreform gehe, schalte er sofort den Ton aus, er erlaube sich, da nicht mehr zuzuhören. Es gebe keine eindeutige Lösung, und wer das Gegenteil behaupte, unterschätze das Problem. Wie seine Großmutter immer gesagt habe: »Wie man's macht, ist's nix.« Eine Lösung könne immer nur die Reform der Reform der Reform bedeuten, dies aber dürften Politiker nun mal nicht zugeben, denn dann käme der Nächste, der behauptet, er hätte jetzt die Lösung, und dann werde der gewählt. Das seien ganz normale systemische Beschränkungen.

Was einen Menschen dazu bewege, all das auf sich zu nehmen und den Beruf des Politikers zu ergreifen, bleibe für ihn rätselhaft. Macht? Bedeute doch vor allem Kompromisse, also das Gegenteil von Macht. Dieses ständige Balancieren! Er könne nur herumraten, vielleicht sei es für manche reizvoll, bestimmte Dinge zu wissen, die andere nie oder erst später erfahren? Ich bin in dem und dem Ausschuss, und der BND muss *mir* Auskunft erteilen? Und die größte Verlustangst gilt der öffentlichen Aufmerksamkeit, dem Dienstwagen, der steuerfreien Kostenpauschale? Andererseits: Wie könne jemand Schauspieler sein? Der brauche ständig Publikum und Applaus – und so habe eben jeder Mensch seinen Defekt. Die Politiker seien ja nicht blöder als Vertreter anderer Berufsgruppen; weil aber eine ihrer Hauptaufgaben darin bestehe, permanent und ohne jede Scham für sich zu werben, zögen sie unweigerlich so viel Spott auf sich.

Zurück an der SPD-Bühne: Münchens Oberbürgermeister Christian Ude spricht jetzt, der Regen ist stärker geworden, aber es sind viele Menschen stehengeblieben, Ude ist ein guter Redner. Transrapid, Finanzkrise, Landesbank – Probleme über Probleme. Heute so ernst? Wo denn die Witze blieben, wundert sich Enzensberger, der Ude sei doch sonst immer so lustig? Ude wird in seiner Ansprache sehr konkret, es geht um Krankenhäuser, die Münchner nicken, dieser Mann spricht von ihrer Stadt. Das sei schon besser als dieses Gerechtigkeitsblabla, sagt Enzensberger, der argumentiere wenigstens. Über die Stromrechung müsse man sprechen, nicht bloß schaumig über »die globalisierte Welt«.

Dann wird es zu nass und zu kalt, und welche Register Franz Müntefering noch ziehen wird, ahnt man ja ungefähr, also nach Hause, Abendessen bei Enzensbergers Ehefrau. Die liest momentan ein Buch über Russland im Jahr 1937 – wenn man das lese, und zugleich höre, in Deutschland herrsche heutzutage erschreckende Armut, sagt sie, dann müsse man sich schon an den Kopf fassen. Enzensberger und seine Frau haben zwei Wohnungen, das sei ein empfehlenswertes Modell, schließlich gehe man sich auch mal auf die Nerven. Vielleicht eine Idee für Berlin: zwei Kanzlerämter, eins für Merkel, eins für Steinmeier? Und so klingt der Abend heiter aus.

Freitag, 26. September 2008, Karlsplatz

Gysi und Lafontaine stünden noch im Stau, sagt die Dame am Stand der Linkspartei, die Luftballons und Buntstifte als Werbegeschenke anbietet. Auch einen Brief der beiden im Stau Stehenden an die lieben Bürgerinnen und Bürger kann man mitnehmen, bester Satz darin: »Geld ist genug da.«

»Bayern, aber gerechter«, »Für ein starkes Bayern« – und hier nun: »Bayern für alle«. Man komme ja ganz durcheinander, sagt Enzensberger.

Was wäre, wenn jetzt ein Bürger sich vor ihm aufbaute: »Sie, Herr Enzensberger, Sie waren doch auch mal Kommunist!«? Gar nichts wäre dann. Er sei doch alles Mögliche schon gewesen, sagt er schulterzuckend, zorniger junger Mann, Anarchist, Kuba-Experte, Renegat – und was denn eigentlich nicht. Bloß nie dementieren! Es gebe ja auch seit Jahrzehnten Journalisten, die voneinander abschrieben, er habe einst den Tod der Literatur verkündet. Pfffff. Völlig egal.

Keinerlei Angst vor der Linkspartei? Überhaupt nicht. Es gebe nun mal auch noch andere Traditionen als das Oktoberfest und so eben auch kommunistische Parteien in demokratischen Staaten, meistens gingen die irgendwann an sich selbst zugrunde. Und wenn sie mal acht oder neun Prozent bekämen, warum denn nicht, solange sie nicht gewalttätig würden? Sollen die doch allen alles versprechen, es gebe ja auch immer noch Hohlwelttheoretiker, die behaupten, wir lebten auf der Innenseite der Weltkugel – er verstehe nicht, wie man sich darüber aufregen könne.

»Endspurt! Nur noch 9 Tage!« Auch bei der »Tombola für München« läuft der Countdown, aber noch kann man einen Opel Corsa gewinnen.

Am Marienplatz, wo tags zuvor die SPD sich verausgabte, steht heute eine CSU-Bühne, es spricht gerade Erwin Huber: »Uns in Bayern braucht nicht bange zu sein.« Nach ein paar Minuten konstatiert Enzensberger, völlig frei zu sprechen, wie Huber es da täte, sei nicht für jeden Redner die beste Idee – so ganz ohne Pointen komme man dann doch nicht aus, ein wirklich begnadeter Redner sei Huber nicht, da nütze es auch wenig, ab und zu herumzufuchteln, wenn sich dabei nur die Arme bewegten, völlig unabhängig vom Gesagten, und der Rest des Körpers überhaupt nicht mitmache. Interessant jedoch sei hier, wie bei den meisten Politikerreden, die besondere Intonation des Wortes »Menschen«. Hier die Politiker – dort die Menschen. Seltsam, oder?

Bayern, leiert Huber nun, sei »spitze«, spitze in diesem und jenem – und das sei ein Verdienst der CSU, die anderen könnten es doch schlichtweg nicht.

Ja nun, sagt Enzensberger, immer nur »die anderen sind schlecht, wir sind gut«, das sei doch auf die Dauer etwas langweilig. Was für ein amüsanter Redner hingegen Gysi sei, der sei ja richtig tückisch, stelle Fallen, schlage Haken: Mal ein paar Sätze lang den Eindruck erwecken, man gebe dem Gegner Recht – um dann mit großem Aber zu kontern. Das sei doch herrlich. Und auch Lafontaine sei natürlich ein guter Redner, ja, auch Demagogie müsse man beherrschen.

Aber die beiden stehen ja noch im Stau.

Von »Erdrutsch« und »Zeitenwende« ist dieser Tage viel zu lesen: 50 plus oder 50 minus x? Es könne durchaus sein, sagt Enzensberger, dass es den Leuten Freude bereite, bei der Wahl die vorausgegangenen

Umfragen zu widerlegen. Falls jedoch die Alleinregierung der CSU tatsächlich mal für eine Legislaturperiode unterbrochen werde, bedeute das gewiss nicht das Ende Bayerns. Demokratische Normalisierung, warum nicht? Machterhalt über einen langen Zeitraum führe zwangsläufig zu Erosionserscheinungen. Anders als in der Monarchie gebe es in der Demokratie nun mal keine Erbfolge, und die unblutige Nachfolgeregelung sei doch etwas sehr Schönes.

Bevor Beckstein die CSU-Bühne betritt, wird nun auf einer großen Leinwand ein Filmchen gezeigt, das den Ministerpräsidenten als ebenbürtigen Gesprächspartner der ganz Großen ausweist: mit Sarkozy, dem Papst und ähnlichen Kalibern. Das erinnere ihn an Fotowände in Restaurants, sagt Enzensberger, diese stolz gerahmten Beweisbilder, ja, auch Robbie Williams, Caroline von Monaco, Frank Ribéry und Wolfgang Joop haben hier schon Meeresfrüchte nach Art des Hauses gegessen.

Mit einem so aufmerksamen, meinungsfreudigen und amüsanten Analytiker wie Enzensberger von einem Partei-Brimborium zum nächsten zu spazieren, heißt natürlich, nach Peinlichkeiten zu fahnden, Werbematerialien unter ästhetischen und sprachpolizeilichen Gesichtspunkten zu beurteilen, Reden und Plakate vor allem auf ihren Gehalt unfreiwilliger Komik hin zu untersuchen. Bald schon spricht man praktisch nur noch in Gags: Schauen Sie mal! / Haben Sie das gehört? / An was erinnert Sie das? / Die Geste ist immer gut / Das war sehr überzeugend gelogen! – und so weiter. Das ist natürlich billig – und macht ebenso natürlich großen Spaß. Aber es ist jetzt Zeit, mal einen Kaffee außerhalb der Lautsprecherreichweiten und Bühnensichtweiten zu trinken, mal zu versuchen, die Sache ernst zu nehmen. Eine Zigarette zu rauchen und dabei, gerade weil es sich so anbietet, auch das blöde Kabarett-Thema »Bayerische Rückwärtsrolle beim Rauchverbot« nicht anzusprechen. Was erwartet Hans Magnus Enzensberger, jetzt mal ganz im Ernst, von der Politik? Sie müsse, sagt er, alles daransetzen, dass das System nicht abstürzt. Das klinge vielleicht defensiv, sei aber ein großes Projekt. Im Sinne einer Utopie: gleich null, da es vor allem um Vermeidung gehe. Die trotzdem so zu nennende Utopie, dass es nicht schlimmer werde, das sei allerdings nicht wenig – diese historisch sehr unwahrscheinliche Lage in Europa aufrechtzuerhalten: Frieden über einen solch langen Zeitraum, dazu stete Verbesserung der ökonomischen Situation. Das höre sich erstmal langweilig an, sei aber ein sehr ehrgeiziges Ziel; es solle ja hier nicht zugehen wie in Burkina Faso beispielsweise, oder? Der Erregungspegel sei niedrig, mitreißend seien die innenpolitischen Themen in der Regel nicht, aber diese gewisse Langeweile, die man gegenüber der Politik empfinde, sei doch in Wahrheit ein großes Geschenk, ein unerhörter Luxus. Er, Jahrgang 1929, habe andere Zeiten erlebt und wünsche sich die wahrlich nicht zurück. Die großen Kämpfe um halbe Prozentpunkte rauf oder runter mit dem Pflegeversicherungsbeitrag, also, wenn die Probleme eines Landes so beschaffen seien, gehe es diesem Land doch zweifellos hervorragend.

Sind Wahlen also bloße Simulation?

Überhaupt nicht, schließlich gebe es seitens der Wähler auch so etwas wie Bestrafungswünsche, und für deren Realisierung sei die Stimmabgabe ein geeignetes Instrument; man könne Wahlen als permanente Zähmung der politischen Klasse begreifen. In Deutschland müsse man sich als Politiker immerhin beherrschen, könne sich nicht aufführen wie etwa diese Zwillinge in Polen. Öffentliche Kontrolle, dafür seien Wahlen schon geeignet, zur Erhöhung der Hemmschwelle gewissermaßen. Die Tochter von Franz Josef Strauß zum Beispiel, Monika Hohlmeier, die habe es versaut, die habe sich eben nicht beherrscht. Etwas später bekommt Enzensberger einen Handzettel überreicht: »Monika Hohlmeier, Ihre Zweitstimmenkandidatin«. Ach, staunt er nun doch mal, die dürfe also wieder mitmachen?

Inzwischen ist Angela Merkel auf der CDU-Bühne eingetroffen, sie ist sehr heiser, der Marienplatz jetzt sehr voll. Das kenne man doch von Musik-Festivals, sagt Enzensberger, die beste Band spiele immer zum Schluss. Gerade singt die beste Band der Union ihren Hit »Strom kommt aus der Steckdose – ganz so einfach ist es nicht«. Dann klassische Merkel-Rochaden:

Erneuerbare Energien? Ja. Aber nicht nur. Erstmal.

Viel Lob für Bayern, natürlich. Und in so ein Lob passt ja nebenbei viel rein: Christian Wulff, sagt die Kanzlerin, habe jetzt eine Exzellenz-Universität in Göttingen, das sei schön – aber die meisten davon gebe es immer noch in Bayern.

Im Grunde, sagt Enzensberger, handele es sich um eine erweiterte Bürgermeisterwahl. Was könne denn der Bayerische Landtag tun, wenn die Weltkonjunktur zusammenbricht? Der Bürger Enzensberger fragt nun einen der zahlreichen Polizisten, ob der Überstunden abrechnen dürfe, wenn das hier länger als geplant dauert? Darf er. Na also, sagt Enzensberger.

Für Sonntagabend, zur ersten Hochrechnung, haben seine Frau und er ein paar Gäste eingeladen, eine Wahlparty, das sei immer sehr vergnüglich. Er könne auch eine gewisse Schadenfreude nicht leugnen, wenn ein Verlierer sich stammelnd winde und logischerweise nicht sagen dürfe, was er gerade wirklich denkt, nämlich dass er tief enttäuscht ist von den Wählern. Wenn es sehr knapp werde bei dieser oder jener Partei, sei es natürlich interessanter, da käme wenigstens ein Minimum an Spannung auf. Aber wie auch immer es ausgehe, Tränen würden nicht vergossen an solchen Abenden, das sei im Hause Enzensberger nicht üblich.

Das Rauchverbot

Reinkommen, ein Bierchen bestellen, sich ächzend in die Ecke setzen und dann zuallererst mal eine richtig gute Geschichte erzählen – ja, Frank Zander versteht es, eine Kneipe zu betreten, in diesem Fall das »Wirtshaus Wuppke« in Charlottenburg. Hier wird seit letzter Woche wieder auf halbwegs gesicherter rechtlicher Grundlage geraucht, überhaupt undenkbar, dass hier irgendwann mal nicht geraucht wurde.

Das »Wirtshaus Wuppke« ist eine dieser vom Bundesverfassungsgericht gemeinten Eckkneipen, kleiner als 75 Quadratmeter, ein wunderbarer Beispielbereich also, und Wuppke, das klingt zudem so kneipig urberlinerisch, Bolle, Molle, Konnopke, knorke – Wuppke; besonders toll an dieser Eckkneipe: Sie liegt sogar wirklich fast an einer Straßenecke, nur ein Haus weiter kreuzen sich Schlüter- und Kantstraße. Ein Flipperautomat blinkt, ein paar Trinkprofis sitzen schon am Tresen, obwohl draußen noch die Sonne scheint, und jetzt sollte man wirklich Frank Zander zuhören, also, das mit der Blessur seines linken Mittelfingers, das kam so: Als er vor Kurzem endlich mal wieder das Grab seines 2003 verstorbenen tibetanischen Tempelhundes Jeanny auf dem Tierfriedhof Falkenberg besuchte, wollte er dort die Hecke stutzen und ist dann mit dem linken Mittelfinger irgendwie in die Heckenschere gekommen. Blöd für die Fingerkuppe, doppelt blöd für die Fingerkuppe eines Gitarristen. Aber Zander hat seine Gitarre heute trotzdem dabei, er hat trainiert, sie auch ohne den krankgemeldeten Mittelfinger zu spielen, das gehe halbwegs, sagt er, nur manche Dur-Akkorde klängen jetzt leider nach Moll.

Bravo – super Kneipengeschichte. Und wie das mit erfolgreichen Kneipengeschichten so ist, geht auch diese natürlich noch weiter, die Umsitzenden zünden sich eine weitere Zigarette an, Frank Zander nimmt einen Schluck Bier und setzt also noch einen drauf: Eine Journalistin habe ihn gefragt, ob das mit der Fingerverletzung nicht vielleicht bloß ein PR-Gag sei – na, und der habe er dann schöne Fotos vom Finger ohne Verband geschickt. Iiiiii, Ouuuhh und Hoho rufen da alle, die Stimmung ist also hervorragend im »Wirtshaus Wuppke«. Ein Bier, bitte! Feuer, die Dame? Trink, trink, rauch, rauch.

Jetzt packt Zander seine Gitarre aus, schrummelt sich ein bisschen ein, ob aus den Dur-Akkorden wirklich Moll-Akkorde werden, ist nicht so genau rauszuhören, es wird schon so sein, es ist ja auch vollkommen egal – in die Kneipe kommt man, um sich einig zu sein, und die da draußen, die haben sie doch nicht mehr alle. Mit diesem Rauchverbot zum Beispiel! Herrliches Kneipenthema. Am besten, man bespricht es mit Zigarette im Mundwinkel. Frank Zander selbst raucht nicht, wie so vieles erledigt auch dies seine Frau für ihn. Frau Zander raucht so viel, man könnte sagen: für zwei. Und ihr Mann hat eine neue Platte aufgenommen, da ist eine neue Version seines Lieds »Rauchen macht frei« drauf. Zander legt noch mal kurz die Gitarre zur Seite und erklärt, warum er als Nichtraucher gegen ein allzu strenges Rauchverbot ist: Er sei in Neukölln aufgewachsen und demzufolge ein Kneipenkind. Die Berliner Eckkneipe sei ein heiliger Ort – und ohne Dunst keine richtige Kneipe. Dass man in Restaurants nicht mehr rauchen dürfe, schön und gut, aber die Eckkneipe solle man doch bitte so, wie sie immer war, unter Denkmalschutz stellen.

Allgemeines Kopfnicken, so ist es, endlich sagt es mal einer. Von Frank Zander, der ein Lied über den Eisbären Knut geschrieben und mit Ost-kurven-Gespür Rod Stewarts »Sailing« zur Hertha-Hymne »Nur nach Hause« umgetextet hat, durfte man, aus West-Berliner Eckkneipensicht, ein das Rauchen in der Kneipe befürwortendes Lied geradezu erwarten. Dann mal los: »Rauchen macht frei, rauchen macht high«, singt Zander jetzt, greift dazu mit den unverletzten Fingern auf die Gitarrenseiten, und im »Wirtshaus Wuppke« wird geschunkelt. Ein Lied, das man noch nicht kennt, mitzusingen, ist schwierig, aber in einer Kneipe geht das: bisschen summen, Endreime raten und irgendwie jedenfalls dabeisein. Und Zander, der Kneipenprofi, leitet nun über zu dem Lied, das jeder kennt, dieses Lied gegen das schlechte Gewissen, ein Hit in jeder Kneipe: Nur nach Hause, nur nach Hause, nur nach Hause geh'n wir nich'!

Zander packt die Gitarre ein, kriegt ein neues Bier hingestellt, und jetzt kann man mit ihm nochmal richtig kneipig über dieses blöde Rauchverbot sprechen, mit heiligem Ernst Stammtisch-Wahrheiten ins Bier murmeln, was natürlich rauchend einfach am meisten Spaß macht: Nehmt uns alles, aber lasst uns gefälligst unsere Eckkneipe! Eine verrauchte Kneipe ist schön, so wie ein Sonnenuntergang schön ist, oder wie 'ne schöne Frau schön ist. Schön ist schön! In der Kneipe kommen alle zusammen, alle Arten von Menschen – davon die Raucher auszuschließen, das widerspricht dem Prinzip Kneipe! Was kommt denn dann als Nächstes – Trinker raus? Kann doch wohl nicht angehen!

Diese Hexenjagd auf Raucher, sagt Zander, sei mehr als ärgerlich. Es gebe wirklich größere Probleme auf der Welt, diese Arschlöcher von der Börse zum Beispiel, die Spekulanten, die machten doch die Welt kaputt. Oder das ganze Kerosin in der Luft, durch die Billigflieger, durch den Schönefeld-Ausbau – dagegen sage keiner was. Zander ist jetzt in kneipigster Pauschalargumentationslaune, Kneipe, das kann er wirklich gut, man kommt aus dem Kopfnicken gar nicht mehr raus: »Mann, ey, wie viele sterben an Blödsinn, an Hirnschwund! Da können mir auch Mediziner erzählen, was sie wollen, wir bringen uns schon selbst früh genug im großen Stil um. Und wenn Mutter Natur aufsteht, dann ist das alles scheißegal, ob nun 75 Quadratmeter oder keine zubereiteten Speisen, Stulle nur ohne Butter oder Knacker nur kalt, oder wie oder was.« Zander wird, auch das gehört zum richtigen Kneipengespräch, kurz düster: »Ich gebe unserer Erde noch 15 Jahre, wenn das alles so weitergeht.«

Oha. Noch ein Bier, bitte!

Draußen Sonne, aber hier sammeln sich jetzt alle um Zander. Hier geht's ab, sagt er frohgemut und schwärmt: »Man trinkt, man quatscht, philosophiert, es gibt tolle Leute, Liebesanbahnungen in der Ecke, Streit, Versöhnung, es wird geknutscht, sich ausgeheult, geschimpft, geprostet – und natürlich geraucht.«

An solchen Orten seien ihm immer die besten Ideen gekommen, sein Hit »Hier kommt Kurt« zum Beispiel: in der Kneipe gedichtet. Auf eine »Kassenbericht Frühschicht«-Formularrückseite malt Zander nun einen Kurt für den Wuppke-Wirt. Kurt ist Raucher, sagt Zander, Kurt ist lässig, unrasiert, mit Kippe im Mundwinkel – und der ist mit euch. »Kurt ist mit Euch«, schreibt Zander also unter die Kurt-Zeichnung, die links vom Tresen an die Wand gehängt wird, denn Zander selbst hat ja nicht jeden Abend Zeit.

Der Wirt sagt: »Die bewirtete Fläche ist unter 75 Quadratmeter groß. Es gibt hier Buletten, Eintopf, Knacker – *zubereitet?* Dit is mir scheißegal. Wir haben auch ’ne jesundheitliche Verantwortung. Wer trinkt, braucht ’ne Grundlage.«

Man möchte sich an ihn schmiegen, an diesen gemütlichen Wirt, der jetzt noch ein paar Verschwörungstheorien parat hat, wie es zu so neuen Gesetzen kommt. Automatisch wird Zander ein nächstes, frisch gezapftes Berliner Kindl hingestellt. Nach dem schönsten Kneipen-Satz gefragt, nennt Zander diesen: »Ey Alter, morgen hör ick uff.«

Der Berliner Weihnachtsbaum

Wenn Polizisten lachen, ist Vorsicht geboten. In den meisten Fällen folgt auf dieses Lachen nämlich eine schlagartig tiefernst vorgetragene Rechtsbelehrung: Also, *so* geht das nicht. Denn: Da könnte ja jeder kommen. Die beiden Polizisten, die an diesem Dienstagmorgen vor einer Kleingartenkolonie in Neukölln die dort tags zuvor abgesägte und nun auf einem Schwertransporter liegende Fichte begutachten, die lachen also erstmal. Zuerst lachen sie über die Fichte, die als Christbaum für den Weihnachtsmarkt vor der Gedächtniskirche ausgewählt wurde und heute dorthin transportiert werden soll. Als richtiger Berliner hat man sich angewöhnt, jedes Jahr über diesen größten Berliner Weihnachtsbaum zu lachen: mal war er zu struppig, mal morsch, mal blieb er beim Transport unter einer Brücke hängen. Was also ist in diesem Jahr lustig am Gedächtniskirchen-Weihnachtsbaum? Nun ja, das Nadelwerk ist im unteren Baumdrittel recht bräunlich. Und Überlänge kann man ihm auch nicht attestieren.

Lokalpatriotismus in allen Ehren, aber, spricht der Polizist, vielleicht hätte man doch besser einen Baum aus Bayern oder Thüringen importiert? Egal, man ist ja nicht von der Geschmacks-, sondern von der richtigen Polizei, also mal eine Frage an den im Gehölz auf dem Anhänger turnenden, mit Seilen hantierenden Mitarbeiter des Transportunternehmens Lex, ob denn – wie es nun mal vorgeschrieben sei – jemand innerhalb der letzten Stunde die geplante Strecke abgefahren sei, um zu gucken, ob dem Baumtransport nichts im Weg stehe? Nee, irgendwie leider nicht. Der Polizist lacht noch einmal kurz fast höhnisch auf, um dann sehr ernst den Kopf zu schütteln. Tja dann – Vorschrift sei Vorschrift. Leise fluchen die Lex-Angestellten, einer von ihnen fährt also die Route ab, die anderen packen Brote und Zigaretten aus: polizeilich verordnete Pause.

Ein paar ältere Damen und Herren aus der Kleingartensiedlung stehen mit hinterm Rücken gefalteten Händen um den Tieflader herum, die Herren unterhalten sich fachmännisch über technische Details des Fahrzeugs und Schwierigkeiten beim Transport größerer Gegenstände, die Damen überlegen, wie sie diesen Baum schmücken würden. Die Polizisten kontrollieren derweil pflichtversessen weiter, sind denn überhaupt die Reifenprofile des Tiefladers in Ordnung? Ist die ganze Ladung nicht eventuell ein paar Zentimeter breiter als angemeldet? Leider kein weiterer Fehler, die Lage entspannt sich etwas, und als dann der vorausgeschickte Spähwagen meldet, dass die Strecke hindernisfrei ist, wird es versöhnlich: Polizisten und Transporteure geben einander Feuer, machen Witzchen, »Lex« heißt auf Deutsch schließlich Gesetz, also, man versteht sich jetzt gut, zieht gemeinsam über andere her, das wärmt immer: Man könne ja bei der Berliner Stadtreinigung anrufen, dass die gleich mit dem Baum zu befahrende Strecke nach dem Transport vorerst gereinigt sei, fegen doch die herunterhängenden Zweige gratis die Straßen, hehe, und übrigens, ob man den schon kenne: BSR = Bei Schnee ratlos? Hoho, nee, den kannte man noch nicht. Einigkeit auch darüber, dass der Baum keine Schönheit ist, also dann, packen wir's.

Zur Verteidigung des Baumes sei gesagt, dass Weihnachtsbäume nie ungeschmückt (und erst recht nicht liegend und zum Transport verschnürt) beurteilt werden dürfen. Für sie gilt dasselbe wie für Damen, die man aus Versehen etwas zu früh zu einem abendlichen Vorhaben abholt und die einem dann missvergnügt, mit Lockenwicklern im Haar, Quarkmaske im Gesicht und Epiliergerät in der Hand die Tür öffnen: Ihre verzaubernde Wirkung entfalten sie erst in vollem Ornat, bitte bis zum Ende aller Dekorationsbemühungen die kritischen Augen schließen.

Wie ein hochrangiger Politiker oder Staatsbesucher wird der Baum auf seinem Transporter nun eingerahmt von Polizeifahrzeugen, die ihr Blaulicht einschalten und an keiner roten Ampel halten müssen. Jetzt sieht die Fichte schon respektabler aus, wie sie so gut bewacht und mit

Vorfahrt durch Berlin chauffiert wird. Ein paar Zweige knicken unterwegs ab, was müssen die Ampeln auch so tief hängen.

Vor der Gedächtniskirche wird der Baum von einem Kran aufgerichtet und in das Weihnachtsbaumloch vor der Kirchentür gestielt, die Glocken läuten ihm ein Willkommen. Die Berliner mit ihrer reflexhaften und ja auch gesunden Skepsis gegenüber jedem Hochamt machen zwar ihre üblichen Gags (»Bringt dit Ding lieber gleich zu die Elefanten, dit spart Kosten!«), klatschen aber dann doch, als der Baum steht. Nee, der sieht schon janz jut aus; ein bisschen zerzaust, ein wenig geduckt, vom Leben gezeichnet – passt doch insofern hervorragend zur Gedächtniskirche. Und zu uns selbst. Makellose Perfektion, bei Menschen wie bei Pflanzen, heißt, sie sind aus Plastik. Hallo Baum, wir mögen dich.

Falcos zehnter Todestag

Wien, im Januar 2008: Es geht um Denkmalpflege. Das Kulturerbe muss gerettet, der Verfall durch permanente Restaurierung verhindert und die Erinnerung wachgehalten werden, sagt Maria-Luise Heindel und gibt einer Mitarbeiterin noch schnell ein paar Anweisungen, um dann zur Mittagspause zu schreiten. Maria-Luise Heindel ist Generalsekretärin des Vereins »Unser Stephansdom«, früher war sie mal so etwas wie die Sekretärin des österreichischen Nationalheiligtums Falco. Man kann also sagen, dass Frau Heindel Spezialistin ist für Wiener Härtefälle.

Nachdem Österreichs bis heute wichtigster Popmusiker am 6. Februar 1998 bei einem Autounfall in der Dominikanischen Republik gestorben war, hat sie die Beerdigung auf dem Zentralfriedhof organisiert. Helmut Thoma, der wie alle Österreicher, die etwas auf sich halten, natürlich dabei war, habe ihr danach sehr schön gratuliert, so möchte er auch begraben werden eines Tages. Die Hells Angels aus dem Video zu Falcos Welterfolg »Rock me Amadeus« saßen gerade im Gefängnis, erinnert sich Heindel, sie bekamen aber zum Sargtragen Freigang, ein Anruf beim Bürgermeister war das – und dann kein Problem. Herrlich, so stellt man sich Wien doch vor! Heindel arbeitete damals im Büro von Hans Mahr, der vorher Wahlkampfmanager des österreichischen Kanzlers Bruno Kreisky war und später RTL-Chefredakteur wurde, und als Mahr sie eines Tages Mitte der 80er Jahre fragte, was sie davon halte, wenn »wir jetzt den Falco machen«, wusste sie, dass die Sache bereits entschieden war. Bei seinem Antrittsbesuch gab Falco ihr Geld für einen Büro-Kühlschrank. Mahr war sparsam oder auch geizig, Falco aber war spendabel, und außerdem trank er ganz gern mal was Kühles.

Nun jährt sich sein Todestag zum zehnten Mal, und Erinnerung, Tod und Verklärung sind ja so etwas wie die *Kernkompetenzen* der Stadt Wien;

es ist deshalb während dieser zehn Jahre nie ganz still um Falco geworden, was natürlich an Werk und Person des Verstorbenen liegt, aber eben auch am Wesen der Stadt und ihrer Bewohner im Speziellen – die pflegen ein Denkmal, indem sie sich selbst herausputzen. Es gibt nicht viele Wiener, die sich gar nicht zu Falco geäußert haben seit seinem Tod, in Büchern, im Fernsehen und überall, wo man sie ließ. Sie alle kannten ihn natürlich wahnsinnig gut und haben jeweils ihre ganz eigene Theorie zu seinem frühen Ende (Unfall? Selbstmord? Mord?). Zwei Dinge beachtet der Wiener Erinnerungsfanatiker dabei grundsätzlich: Er spricht erstens vom »Hansi«, denn Falco hieß bürgerlich Hans Hölzel, und der Erinnerungsfanatiker möchte so – ganz beiläufig – darauf hinweisen, dass er kein Falco-Fan war, sondern ein Freund, ein Hansi-Freund, ein enger, ein guter, ein besserer zumindest als die meisten anderen infrage kommenden Zeitzeugen, die der Wiener Erinnerungsfanatiker zweitens mit immenser Boshaftigkeit und intrigantem Geflüster zu desavouieren liebt: Mit dem haben S' g'sprochen? Des wissen S' aber scho', dass der … – dann folgt irgendetwas Ungeheuerliches, zumindest Semi-Justitiables, und man wundert sich, dass der zuvor genannte Informant nicht längst im Gefängnis sitzt.

Maria-Luise Heindel steht nun direkt am Stephansdom und freut sich, Touristen gehen hinein, werfen Spendengeld in eine Miniaturausgabe des Doms: »Sehen Sie, er lebt. Im Grundbuch ist als Eigentümer der Stephansdom eingetragen, er gehört sich also selbst. Und die Bürger haben Sorge zu tragen für den Erhalt.« Auch Falcos Werk lebt, immer wieder kommen Platten heraus, es gibt ein Musical, demnächst sogar einen Kinofilm, es gibt eine Falco-Briefmarke, eine Falco-Edelrose, eine Falco-Boeing, und in der Nähe des Hauses, in dem er seine Jugend verbracht hat, wurde ihm zu Ehren vor vier Jahren die »Falcostiege« eingeweiht. »Muss ich denn sterben, um zu leben?«, barmte Falco in seinem Vermächtnis-Lied »Out of the dark«, das, postum veröffentlicht, der Hit geworden ist, den ihm zuletzt niemand mehr zugetraut hatte, er selbst sich wohl am allerwenigsten, allzu irrlichternd waren seine letzten

Comeback-Versuche gewesen. Obschon er den Text einige Jahre vor seinem tödlichen Unfall geschrieben hatte, bot diese Zeile natürlich Raum für jede Art Nachtragsmystik, Todesvorahnungsthese und Selbstmordtheorie. »In Wien musst erst sterben, dass sie dich hochleben lassen. Aber dann lebst lang«, zitiert Heindel den Schauspieler Helmut Qualtinger. Auch Frau Heindel hat ein Falco-Buch herausgegeben.

Sie trägt ein grünes Halstuch, ein Geschenk von Falco. Er hat ihr auch eine Stereoanlage geschenkt, die sie immer noch benutzt. Vor jedem Geburtstag fragte er Mahr, was er denn der Maria-Luise schenken solle; Mahr fragte dann die Maria-Luise, was der Falco ihr schenken solle – und so hat sich Maria-Luise Heindel immer sehr über Falcos Geschenke freuen können.

Beim Mittagessen nun ein Memorial-Stammtisch: Hans Mahr, Maria-Luise Heindel und Markus Spiegel, der Falco den ersten Plattenvertrag gab, sie brachten gemeinsam den »Kommissar« heraus – und dann ging es los. Man darf Spiegel also getrost als Entdecker Falcos bezeichnen, bloß in Wien sollte man damit vorsichtig sein, denn sofort wird einem jemand auf die Schulter tippen und erklären, warum keineswegs der Spiegel, sondern er, der Schultertipper, der wahre Falco-Entdecker gewesen sei. Hans Mahr hat in seiner Eigenschaft als Profi-Strippenzieher dieses Mittagessen arrangiert, eigentlich hatte auch noch Billy Filanowski kommen sollen, den viele Wiener – ausnahmsweise übereinstimmend – als eventuell wirklich besten Freund Falcos bezeichnen, aber der ist leider gerade in Saigon. Filanowski ist häufig im Ausland, früher nahm er Falco manchmal mit, zum Ausruhen von Wien. Auch Rudi Dolezal hat absagen müssen, der ist gerade in Miami. Gemeinsam mit Hannes Rossacher betreibt er die Film-Produktionsfirma DoRo, die beiden haben fast alle Musikvideos für Falco hergestellt, nach dessen Tod haben sie praktisch wöchentlich ihr umfangreiches Archiv ausgewrungen – und so gewinnbringend an Falco erinnert, lästern die Wiener. Vor allem Dolezal hat sich nicht sehr beliebt gemacht bei den zahlreichen Falco-Erbe-Bewachern, als er sich in Post-mortem-Interviews Falcos

»Blutsbruder« nannte. Gut, dass er in Miami ist, flüstern einem die Wiener, denn das sei eine historische Chance, dass in Wien endlich einmal über Falco gesprochen werden könne, ohne dass der Dolezal sich gleich wieder vordrängelt.

Spiegel schwitzt – er schwitzt immer, sagen die Wiener. Er ist sehr lustig und bestellt sich erstmal Austern, Mahr nimmt ihm eine weg. Die jüngeren Österreicher kennen Markus Spiegel als Jurymitglied bei »Starmania«, der österreichischen Superstarsuche. Dort wäre Falco ganz gewiss nicht aufgetreten, ist sich Spiegel sicher, auch wenn er unbedingt berühmt hatte werden wollen. »Die haben ja kein Werk!«, er schüttelt den Kopf, »Die kommen einfach, singen – und denken, das reicht«. Nie habe ihm da einer ein eigenes Lied vorgespielt. Falcos erstes eigenes Lied hieß »Ganz Wien«, es geht darin um Drogen, es ist ein harter, ein ungehöriger Text, das war eine neue Art des Textens, Falco legte den Grundstein für deutschsprachigen HipHop, er nahm sich aus dem Englischen, Deutschen und Österreichischen, was ihm gerade passte, vermischte alles – und das war neu, sensationell und bald darauf weltbekannt.

Mahrs Handy düdelt den »Donau Walzer«. Bei Falco ging der ein Stück schneller, essentieller und dann recht zügig in ein gesampeltes Telefontuten über, Schlagzeug – und »Vienna Calling« bretterte los. Bei Mahr brettert gar nichts los, da schwingt der Walzer, bis Mahr drangeht. Er guckt sowieso gern in seine Kommunikationsgeräte. Dow Jones 300 runter, meldet Mahr jetzt.

Viele Wiener reden etwas abschätzig über Mahr. Das kann auch heißen: Er war Falco ziemlich nah. Mahr hat Falco Werbeverträge besorgt, das war damals noch unüblich, dass ein Popstar Geld kriegt für das Tragen oder Benutzen bestimmter Produkte; Adidas und Weight Watchers. Mahr lächelt, das waren Zeiten! Die erste Tournee, die sie für Falco organisiert haben: Maria-Luise Heindel erzählt, wie sie irgendwelche »Vari-Lights« besorgen musste, ohne so ganz genau zu wissen, was das eigentlich ist. Die Pointe solcher Strauchelgeschichten ist ja immer, dass am Ende doch alles gut geklappt hat. Die Tournee war ein großer Erfolg, natürlich. Jahre zuvor das erste große Falco-Konzert (Spiegel lutscht an einer Auster und freut sich auf den Witz, den er jetzt erzählen darf), ausgerechnet eine Benefiz-Veranstaltung mit dem Titel »Selbsthilfe gegen Sucht«. Dieser legendäre Abend fand nicht nur in den Wiener Sophiensälen statt (wo Falco auch sein vorletztes Konzert spielte – traurig, traurig – auf der Weihnachtsfeier der Lauda Air), nein, es wird noch wienerischer, sogar in den *mittlerweile abgebrannten* Sophiensälen.

Falco habe zu ihm, Spiegel, immer gesagt, nur ein toter Künstler sei ein guter Künstler. Mahr hat das noch bessere Zitat parat, ihm nämlich habe Falco gesagt: »Sie werden mich erst lieb haben, wenn ich ganz tot bin.« Die Wiener sprechen lieber über den Tod als über das Leben, das ist bekannt. Also: die Dominikanische Republik, der Unfall, das Ende. Ein schlechter Autofahrer sei Falco gewesen, urlangsam sei er immer gefahren, wenn er nüchtern war. War er bei seiner letzten Autofahrt in Puerto Plata nicht, laut toxikologischem Befund schwammen Alkohol, Marihuana und Kokain im Falco-Blut. Es habe ihn zum Schluss niemand mehr im Griff gehabt, sagt Mahr, »da unten, in seinem depperten Exil, in dieser Karibik für Oarme – DomRep, also wirklich«. Mit Bordellbesitzern und anderen Zwielichtsgestalten habe er sich dort umgeben, ein verlängerter Selbstmord sei es gewesen. Heindel widerspricht heftig: »Dann lädt man sich doch keine Leute mehr ein und bucht sogar Flüge für sie!« Jetzt wird Mahr etwas ungeduldig: »*Verlängert* hab' i' g'sagt!«

Heindel zündet sich eine Zigarette an, in Österreich darf man noch überall rauchen. »Er war ein Suchender«, sagt sie zum wiederholten Mal und schaut bedeutungsvoll aus dem Fenster, zum Stephansdom. »Des hamma schon g'sagt«, nörgelt Mahr und wedelt vorwurfsvoll Heindels Zigarettenrauch aus seinem Atembereich, dieses Gerauche überall in Wien stört ihn sehr, Wien sei halt Balkan, sagt Mahr. »Geh nach Köln und gib a Rua!«, empfiehlt Spiegel. Mahr liebt es, so angewienert zu werden, alle paar Wochen kommt er hierher, dann fühlt er sich wieder wie ein Mensch hernach, sagt er.

FALCOS ZEHNTER TODESTAG **181**

Falcos Grabstätte – Tor 2, Gruppe 40, Grab 64 – ist mit Abstand die auffälligste, geschmackloseste und natürlich eine der meistbesuchten auf dem Zentralfriedhof. Frische Blumen liegen dort, Kerzen brennen, dazwischen flattern im Wind ein paar Fanbriefe, jede Woche neue. Auf einer großen Glasplatte ist Falco mit schwarzem Umhang abgebildet, so wie auf dem Cover seiner Platte »Nachtflug«. Im Titellied sang er: »Er bucht den Nachtflug einmal täglich / Zur Sicherheit den Heimweg auch / Lichtjahre Luxus – vergeblich / Es bleibt beim harten Puls im Bauch.« Hans Mahr faltet die Hände und schließt die Augen.

Als Hans Hölzels Mitsubishi Pajero frontal mit einem Bus kollidierte, am 6. Februar 1998, war er sofort tot, der Hölzel, der Falco. Polytrauma, multiples Organversagen, nichts zu retten. Eine bittere Obduktionspointe am Rande: Herzriss. Das Herz, sang doch Falco einst, geht so lang zum Messer, bis es sticht. Mahr hat bei der Beerdigung gemeinsam mit Rudi Dolezal zu den Klängen von Falcos Dylan-Interpretation »It's all over now, baby blue« den Barhocker, auf dem sitzend Falco dieses Lied in Konzerten immer gesungen hatte, dem Sarg hinterdrein ins Grab geworfen. »Was vorbei is, is vorbei – Baby Blue«, sang Falco vom Band, man konnte es weithin auf dem Zentralfriedhof hören.

»Ohne Wien ging's nicht – und mit Wien schon gar nicht«, sagt Mahr, verneigt sich und geht von dannen, zurück nach Köln, wo nicht so viel geraucht wird wie in Wien. In Wien rauchen sogar Friseure während der Arbeit: Michael Patrick Simoner zum Beispiel. Tagsüber schneidet er rauchend Haare, und an ungefähr 200 Abenden im Jahr tritt er als Falco auf. Maria Hölzel habe ihn »quasi adoptiert«, sagt er; nachdem sie seinen ersten Auftritt als Falco-Wiedergänger gesehen hatte, habe sie ihn gar »sozusagen autorisiert«, die Lieder ihres Sohnes zu singen, und damit er das noch wirkungsvoller tun kann, hat sie ihm die gesamte Bühnengarderobe des Toten zur Verfügung gestellt. Der ganze Salon hängt voll mit Falco-Bildern, denkt man auf den ersten Blick, doch sind das durchweg Bilder des Friseurs – in Falco-Kostümen. Die Wiener Falco-Spezialisten sagen, Simoner sei »a bissl oarg, a bissl mühsam«, er halte sich ja mittlerweile tatsächlich für den Falco auf Erden. Simoner schießt zurück, Schere und Zigarette in der Hand, er ist jetzt sehr aufgeregt: »Nehmen S' zum Beispiel den Falco-Film, so was ist doch das Hinterletzte, Leichenfledderei!« Alles darin sei gelogen, das fange ja schon bei den Kostümen an, Fälschungen seien das, die Originale habe schließlich er. Ist nicht der Film ein, nun ja, Film? Papperlapapp! Eigentlich sei er die erste Wahl für den Hauptdarsteller gewesen, sagt Simoner, das solle man nicht unbedingt schreiben, aber so sei es gewesen, nur habe er es dann nicht gemacht, weil »der Mutter«, also Maria Hölzel, das Drehbuch nicht gefallen habe. Zum Beispiel schmeiße Falco im Film eine Frau auf einen Glastisch, und, Verzeihung, so sei das ja gar nicht gewesen. Falco selbst sei einmal besoffen auf einen Glastisch gefallen, Simoner weiß sogar noch, woher er da gerade kam, der Falco. Simoner war praktisch dabei. Man könnte fast sagen, dass Simoner selbst auf den Glastisch gefallen ist. Ein Hund kommt herein, der tatsächlich Falco heißt. Simoner streichelt ihn.

Im »Café Ritter« sitzt Thomas Roth, der Regisseur des besagten Films »Verdammt, wir leben noch«, Kinostart ist pünktlich zum zehnten Todestag. Roth trägt Jogginghose, Vollbart, Brille – und schmunzelt. Der Friseur? Ach, der Friseur! Zu keinem Zeitpunkt habe man daran gedacht, den zu besetzen. Den Film darf man noch nicht sehen, das macht das Gespräch nicht leichter; Roth labert, es sei »gelungen, dem Mythos von Sex, Drugs und Rock 'n' Roll sehr nah zu kommen«, und jetzt ahnt man, dass die Geheimnistuerei nicht grundlos ist, das klingt ja fürchterlich. Hans Mahr hatte den Film schon gesehen und sehr geschimpft, es werde darin nur Falcos ausschweifende, exzessive Seite gezeigt, nicht aber, dass und warum er ein so großer Künstler war. Wenn einer so viele Millionen Platten verkauft hat, müsse wohl irgendwas dran sein, mault Mahr. Soso, der Mahrhansi wolle ihn schon gesehen haben, den Film? Könne er gar nicht – behauptet Roth. »Schmarrn«, sagt Mahr, »sie wollten ihn ja ins Ausland verkaufen, da ham s' mir den natürlich gschickt«.

Langsam bekommt man eine Ahnung davon, was Wiener meinen,

wenn sie sagen, in Wien sei es nicht auszuhalten. Man erkundigt sich in harmloser Rechercheabsicht ein wenig – und schwups, steht man mitten drin im Kreuzfeuer paranoider Grabenkämpfer, watet in einem Dickicht aus Gerüchten, Verleumdungen und Widersprüchen; nicht sehr appetitlich, aber natürlich hochamüsant. Roth lehnt sich zurück: »Des woaß i eh, da san die Messer schon gschliffn! Wenn die Mythos-Beschützer die san, die nach Falcos Tod als große Freunde ins Licht getreten san – vor denen hob i kaane Angst.«

Natürlich geht es auch ganz handfest um Geld: Abenteuerliche Geschichten ranken sich um die Vollstreckung des Testaments, plötzlich tauchten dubiose Bierdeckel-Schuldscheine auf, verschiedene zweifelhafte Personen sollen sich bereichert haben, es gab allerlei Prozesse; die als Alleinerbin eingesetzte Mutter hat nach mehreren Schlaganfällen inzwischen einen Vormund, es ist alles sehr kompliziert. Ob Falco die Freunde hatte, die er verdiente, vermag man nicht zu beurteilen, fest steht aber, dass es eine sich Freunde nennende, nicht kleine Zahl Menschen gibt, die an ihm verdient. Einem berühmten Spruch Falcos nach hat die 80er Jahre nicht miterlebt, wer sich noch an sie erinnern kann – und genauso haben viele, die sich heute besonders gut an Falco erinnern zu können behaupten, ihn eventuell gar nicht gekannt. Oder sie haben ihre Erinnerungen an ihn mittlerweile zu oft formuliert, als dass sie noch wahr sein könnten. Statt an die Person Falco erinnern sich die Wiener Erinnerungsfanatiker nurmehr an die nachrufenden Erzählungen; das Ende im Sinn, wird auch der Weg dorthin derart schlüssig verdichtet und zugespitzt, dass man allenfalls eine Wachsfigur nach diesen Angaben modellieren kann: Falco war Genie und Depp, Charmeur und Arschloch, reich und verschuldet, manisch und depressiv, Angeber und Angsthase, nüchtern ein Engel und berauscht aber der Teufel – er selbst hat das natürlich in »Rock me Amadeus« viel schöner gedichtet, als er über Mozart (und sich) sang, »Er hatte Schulden, denn er trank / Doch ihn liebten alle Frauen« und »Er war Superstar, er war populär / Er war so exaltiert, because er hatte Flair«.

Unweit der U-Bahn-Station Kettenbrückengasse, an der »Falcostiege«, wartet nun einer, der Falco wirklich gekannt hat, dafür gibt es Zeugen und davon gibt es Fotos: Conny de Beauclair, eine Wiener Türsteher-Legende aus dem Club »U4«, *dem* Nachtleben-Ort zu der Zeit, als aus Hans Hölzel »Falco« wurde, der den Club im Liedtext »Ganz Wien« verewigt hat – »Im U4 geigen die Goldfisch'«. Heute geigen sie dort nicht mehr so sehr, es finden eher Studentenpartys statt, aber zu Falcos Geburts- und Todestag immerhin regelmäßig Gedenknächte. In diesem Jahr wird dort auch der Doppelgängerfriseur auftreten, er wird »das Original-Hemd aus Falcos ›Titanic‹-Video« tragen, schwarz mit weißen Punkten.

Unter dem Straßenschild »Falcostiege« fehlt neuerdings die Tafel mit der Inschrift

»Falco« Hans Hölzel (1957–1998)
Popsänger, eroberte 1986 mit
»Rock me Amadeus« die internationalen Charts.

Jemand hat sie abmontiert, es gibt also noch richtige, mutige Fans, insofern lebt das Werk. Gut so, oder? Geht so, sagt Conny de Beauclair und erzählt von Leuten, die kartonweise Memorabilia aus Falcos Landsitz in Gars am Kamp herausgetragen haben, nach seinem Tod. Die so Beschuldigten erzählen ebenfalls von solchen Raubzügen, allerdings bezichtigen sie wiederum andere namentlich. Wer weiß schon, was hier die Wahrheit ist? In Wien weiß es leider jeder, pro Falco-Zeuge gibt es eine Wahrheit, mindestens.

Conny de Beauclair hat Maria Hölzel erst bei der Beerdigung ihres Sohnes kennengelernt, sie mochten einander aber auf Anhieb, noch heute besucht er sie regelmäßig. Zwar sei sie geizig, sagt er, aber sie habe ihm eine goldene Lampe geschenkt, Falcos Schreibtischlampe. Als Folge der Schlaganfälle könne sie nurmehr »Datisda« sagen, »Datisda« entgegne sie auf jede Frage, und es gebe nur wenige, die verstehen, was sie damit jeweils sagen wolle. In diesem Fall hätte »Datisda« ganz eindeutig gemeint, er solle bitte diese Lampe an sich nehmen.

Im nächsten Friseursalon spätestens wird man endgültig kirre: Erich Joham, der Udo Walz Wiens (also genau diese wienerische Extraportion geistreicher, nerviger und verkommener), der hinter vorgehaltener Hand höchst stolz die Liste seiner prominenten Kunden aufzählt, so verschwörerisch, als breche er gerade ein Arztgeheimnis oder so etwas, der also bietet an, »ein Video aus dem Jenseits« zu zeigen. Bitte, was? »Doch, doch, wart nur!«, kreischt Joham und legt eine Videokassette ein. Auf dem Bildschirm sieht man jetzt, wie er Falco die Haare schneidet. Die Aufnahme stammt aus dem Winter 1996, Falco spricht anlässlich seines bevorstehenden 40. von den Feierlichkeiten zu seinem 30. Geburtstag, aber das macht ja nichts, man muss es nur anders sehen, eben als Video aus dem Jenseits, dann wirkt es gleich besser. Und also spricht der im Februar vor zehn Jahren gestorbene Falco nun aus dem Friseurfernseher: »Februar vor zehn Jahren, kannst dich erinnern?« Friseur Joham triumphiert, und Falcos Gerede ist sehr schwer zu verstehen, da Joham immer, wenn es gerade interessant wird, dazwischenkreischt: »Host des gheert? Willst des nochamoal hörn?« Dann spult er zurück, Falco setzt im kleinen Fernsehgerät zu sprechen an – und Joham schreit: »Da! Host des gheert? I spul's gern nochamoal zrück.« Nach und nach beginnt man zu verstehen, wie Falco auf die Idee kommen konnte, von Wien in die Dominikanische Republik überzusiedeln. Im Rausgehen hört man ihn im Jenseits-Video wunderbar gelangweilt zu Joham sagen: »Noch was zur Lage der Nation? Nicht von mir, ich fahr in die DomRep.«

Am Abend wird es dann richtig deprimierend, Johams Kollege Simoner tritt beim »Wiener Finanzball« im Palais Auersberg als Falco auf. Der echte Falco drehte hier einst das »Junge Römer«-Video, heute gibt es nach der »Tombola mit vielen Preisen« und dem »Scherenschnittkünstler Janko Schukaroff« die »Mitternachtseinlage ›A Tribute to Falco‹ mit Michael P. Simoner«. Der singt natürlich auch den »Kommissar«, und die Zeile »Drah di ned um« bekommt eine neue Bedeutung, wenn man sie – nach dem Video aus dem Jenseits etwas metaphysisch gelaunt – als Grußbotschaft Richtung Zentralfriedhof interpretiert.

Um die Wallfahrt zu komplettieren, schließlich noch ein Besuch in Falcos letzter Wohnung, Schottenfeldgasse 7. Es brennt Licht, und aus der Gegensprechanlage blecht eine junge, freundliche Frauenstimme. Die Schauspielerin Hilde Dalik öffnet die Tür. Als sie die Wohnung vor drei Jahren angemietet hat, ahnte sie nicht, wer da einst gewohnt hatte, aber als der Makler es ihr dann erzählte, nahm sie das als »voll gutes Zeichen«, denn Falcos Musik hat sie immer gern gehört.

In einer Falco-Dokumentation der unvermeidlichen DoRos hat sie ihre Wohnung dann wiedererkannt, »da hingen die Nitsch-Bilder«, sagt sie – und zeigt auf die weiße Wand im Wohnzimmer. Und weil Falco nunmal Falco war, stand davor ein schwarzes Ledersofa. Jetzt steht da gerade ein Wäscheständer. Irgendwelche greifbaren Reliquien? Aber ja! An der Innenseite der Tür zum begehbaren Kleiderschrank klebt tatsächlich noch eine David-Bowie-Fototapete, schwarz-weiß, Amerikaflagge im Hintergrund, und weil zwischen dem großen Bowie-Bewunderer Falco und Hilde Dalik nur noch Maria Hölzel hier wohnte, darf man annehmen, dass Falco tatsächlich Bowie, diesen Schwarz-Weiß-Bowie, vor Augen hatte, wenn er sich anzog. Somit ist man endlich wieder bei der Musik, wurde auch Zeit nach all den Friseuren.

In einem Kellerstudio beginnt der Musiker und Produzent Thomas Rabitsch seine Nachtschicht. Rabitsch hatte mit Falco seit Jugendtagen in verschiedenen Bands gespielt, in berüchtigten Wiener Chaotentruppen zunächst und später dann als »Falco & Band« in Japan und wo nicht überall. Bis zum Schluss haben sie immer wieder gemeinsam Musik gemacht, und Rabitsch macht sogar noch nach dessen Tod mit Falco Musik: Mit dem DJ Peter Kruder mischt er ein Lied aus dem Nachlass neu ab, es heißt »Die Königin von Eschnapur«, Falco und Rabitsch hatten es 1995 zusammen geschrieben. Rabitsch testet jetzt, ob Bollywood-Streicher im Hintergrund eventuell passen, und dann singt Falco, dass die Kellerwände wackeln:

»Lebend begraben / Werden sie uns nie« und »Was von uns überbleibt / ist alles original«.

FALCOS ZEHNTER TODESTAG **187**

Nein, niemand, kein Regisseur, kein Friseur, kein superguter Wiener Freund kann das Werk dieses Genies beschädigen, wenn es auch noch so viele Wiener ausdauernd versuchen.

Peter Kruder hat extra für diese Studionacht einen Falco-Bildschirmhintergrund auf seinem Laptop installiert: Falco grinsend, am Piano sitzend. Solange der Falco grinse, sei alles in Ordnung, was sie hier tun, sagt Kruder. »Siehst, noch gfallt's ihm.« Dann wird der Monitor dunkel, Energiesparmodus. Kruder tippt auf eine Taste, die Arbeit geht weiter – Falco ist wieder da. Und grinst.

Wintertagebuch

I.

Das also ist der Winter. »Klirrend« sei die Kälte, wird nun stets gesagt, und man muss nur vor die Tür treten, um die Berechtigung dieses Standard-Adjektivs nachzuvollziehen. Lautmalerisch erzählt es von gefrorenem Wasser und einer Luft, die sich hart anfühlt. Klirrend, ja, das kommt hin.

Das ganze Jahr über hört man von »sozialer Kälte«, als Stadtmensch ist man dann ganz überrascht, wenn tatsächlich mal im Wetter-Zusammenhang von Kälte die Rede ist. Der letzte richtige Winter, richtig im Sinne von sehr kalt, viel Schnee, extrem hoher Heizrechnung? Vor drei Jahren. Aber das Wort Winter lotst die Erinnerung gleich deutlich weiter in die Vergangenheit, nämlich automatisch in die Kindheit. Und sofort entsteht im Kopf ein Panorama, zusammengesetzt aus wirklichen Erfahrungen plus aus Büchern und Filmen geborgten Erinnerungen. Erinnert man sich nun an das eigene Leben oder an das der Kinder aus Bullerbü, wenn man von »weißer Weihnacht« spricht? Hat man das jemals wirklich selbst erlebt? Das kann nur ein Anruf beim Deutschen Wetterdienst klären. Schöner, romantischer ist es, einzutauchen in die Erinnerungen: frühmorgens geweckt vom Geräusch der Schneeschaufeln auf dem Gehweg draußen, prchp-prchp-prchp. Mit dem Schlitten zur Schule. Schneeballschlachten – wie einem dann, nach einem Treffer am Hinterkopf, die schmelzende Soße den Nacken runterrinnt. Mit Moonboots auf der überschwemmten, dann zugefrorenen Wiese eingebrochen; das unangenehme Gefühl nasser Wolle auf der Haut (Strumpfhosen!). Die Kinder von Ärzten kamen im Januar aus den Skiferien, mit Sonnenbrand auf der Nase. Hä? Wir hatten nur unterm Eis des Feuerwehrteichs Fische – lebend! – gesehen und darob die Welt nicht mehr verstanden.

Die *Idee* Winter ist äußerst hübsch, nur hat sie wenig zu tun mit heutiger Winter-Realität. Ist es nicht meistens eher bloß matschig? Im Grunde ein zwanzigwöchiger November? Man wird zweieinhalbmal krank, lässt Schal, Mütze oder Handschuhe versehentlich irgendwo liegen, kommt dann aber auch ohne klar, und einszweidrei, steht man schon wieder in der Schlange vor einem Freibad. Heute, erwachsen und in der Großstadt lebend, die Jahreszeiten und ihr Wechsel kaum ein Spektakel; kein Baum vor dem Fenster, an dem man den Jahresverlauf ablesen könnte – was ist da der Winter, wie bemerken wir ihn? Winterreifen? Ich habe keinen Führerschein, und Winterreifen sehen für mich genauso aus wie Sommerreifen. Schneeketten sieht man in der Stadt selten. Was man sieht: den eigenen Atem – das aber hat auf mich keine besonders faszinierende Wirkung, da ich Raucher bin und als solcher meinen Atem auch im Sommer sehe. Man greift etwas tiefer in den Schrank, bemerkt einmal mehr, was Motten doch für einen guten Geschmack haben, je teurer und schöner der Pullover, desto mehr Fraßlöcher. Man lässt die Luft aus den Heizkörpern (wo hatte man diesen kleinen Vierkantschlüssel im letzten Winter noch mal verstaut, mit dem Ziel, ihn im Jahr drauf nicht lang suchen zu müssen?). So weit die Winter-Routine. Aber sonst?

In den letzten Tagen allerdings wurde der Winter plötzlich mehr als nur eine Erinnerung, mehr als das übliche »Schneechaos in Oberbayern«, das in den Nachrichten vermeldet wird – Winter in Berlin. Wirklicher Winter. Einer, der es aufnehmen kann mit den Kindheitserinnerungen. Blauer Himmel, klare Luft, in der Sonne strahlende Schneepracht – wer liebt das nicht? Ich kenne nur einen Menschen, der diese Bedingungen deprimierend findet: mein Freund Helmut. »Furchtbar ist das«, flucht er und schliddert auf Sommerschuhen durch die Gegend. Dieses Gestrahle und Geglitzer sabotiere seine Melancholie, solche »Pracht« (dieses Wort betont er besonders angeekelt) sei eine derart monströse Stimmungsvorgabe, man könne gar nicht mithalten. Außerdem sehe man nun jeden Staubfussel auf Parkett und Mobiliar, nicht auszuhalten sei das. Als ich ihn fragte, welche Art Winterjacke er mir empfehle, da ich doch – anders als er – gerne draußen bin bei diesem, ja!, *schönen* Wetter, riet er zu einem Pelzmantel und lächelte vieldeutig.

Tatsächlich Winter also, sogar in der Stadt, man muss nirgends hinfahren, um ihn zu erleben, der Winter kam zu uns. Schon für kurze Wege, von der Haustür bis zur S-Bahn etwa, muss die Kleidung nun *wintergerecht* sein, noch die seltsamsten Textilien sind rechtfertigbar mit dem Hinweis »Hält aber warm«.

Doch Ruhe mal kurz! Da ist dieses Geräusch, nicht in der Erinnerung, sondern echt, jetzt, live: prchp-prchp-prchp.

II.

Vom schalen Gewitzel Mario Barths verwöhnte Menschen mag es erstaunen, aber es ist wahr: Manchmal müssen auch Männer sich Schuhe kaufen. Und auch ein Mann muss dafür zuweilen mehrere Stunden, wenn nicht Tage aufwenden – im Winter zum Beispiel. Jede Art Turn- oder Halbschuh ist bei den gegenwärtig herrschenden Außentemperaturen und Gehwegbeschaffenheiten bereits nach kurzem Fußmarsch Sandalen oder Filzpantoffeln kaum noch überlegen. Man rutscht, man friert, die Nässe kriecht durch die Sohle – und man landet alsbald im Bett, entweder zuhause (fiebrige Erkältung) oder gleich im Krankenhaus (Oberschenkelhalsbruch).

Dann doch lieber: Winterstiefel.

Als naiver Berliner könnte man denken, der beste Stadtteil für einen Schuhkauf sei der Bezirk Mitte, schließlich beherbergt dort jedes zweite Haus ein Schuhgeschäft. Großes Angebot, kurze Wege, alles – genau – *fußläufig;* für Noch-Halbschuhläufer mag das gut klingen. Leider jedoch wäre die Mehrzahl der Verkäufer in diesen Mitte-Schuhläden wohl lieber DJ oder runtergeranztes Fotomodel; alle sehr damit beschäftigt, der Mode vorweg- oder knapp hinterherzueilen – von Schuhen jedenfalls verstehen sie kaum etwas.

»Guten Tag, ich suche gefütterte Stiefel, die aber nicht aussehen wie aus dem Schrank von Reinhold Messner. Warm sollen sie sein, Trittfestigkeit sollen sie mir geben, dennoch einen Rest von Eleganz verströmen.«

»Aha. Wir haben nur, was Sie hier sehen.«

»Mhm, mhm. Die hier, was ist denn mit denen – halten die warm?«

»Glaub schon. Also – keine Ahnung, kommt jetzt drauf an, was Sie unter warm verstehen.«

Und so weiter. Stiefel gibt es viele, in verrücktester Machart, in sämtlichen Farben, nur leider, wie so häufig, nicht das Naheliegende, Einfache: schwarze Lederstiefel, gefüttert, gern ohne Strass-Applikationen oder idiotische Gummibuchstabenbeklebung (»Arctic Power« oder »Winter Feeling«), dafür mit einer Sohle, die weniger zum Eiskunstlaufen denn zu würdevollem Spazieren geeignet ist. Ich habe beruflich wie privat viel durch die Stadt zu marschieren, dafür muss das Schuhwerk einerseits taugen, andererseits darf man ihm das nicht allzu sehr ansehen, da Ziel dieser meiner Stadtmärsche häufig sogenannte offizielle Anlässe sind, die drinnen stattfinden, und zwar in manchmal recht schniekem Drinnen, wo es sich jedenfalls kaum ziemt, im Polarexpeditionskostüm zu erscheinen.

»Ich kann noch mal im Lager gucken, aber …«

»Nein, nein, telefonieren Sie doch ruhig weiter mit Ihrer Freundin und fummeln dabei lässig am iPod rum, ich gehe ja schon.« Weiterhin in Halbschuhen. Über die Schulter ein letzter Gruß an das Schuhverkäufer-Model: »Steht Ihnen übrigens hervorragend, die asymmetrische Frisur!«

Das Verkaufspersonal in den Mitte-Schuhläden ist so sehr damit beschäftigt, beratungsbedürftigen Kunden zu demonstrieren, dass sie unterfordert sind mit der Tätigkeit des Schuheverkaufens, es gelingt ihnen beinahe, darüber hinwegzutäuschen, dass sie damit in Wahrheit *über*fordert sind. Von Laterne zu Stromkasten und anderen Haltegriffen mühsam hangelnd, gelangt man dann, endlich, zu einem sogenannten

Fachgeschäft. Der Verkäufer (ein älterer Herr, wortkarg, aber äußerst sachkundig) greift zielsicher ins Regal, zeigt mir ein Paar schwarze Lederstiefel, mit Lammfell gefüttert, Kreppsohlen. Sehr schön, sehr warm, sehr rutschvorbeugend – und sehr teuer. Ist eine Investition, gibt der Verkäufer zu, allerdings würden diese Stiefel viele, viele Jahre halten. Also gut, kurbeln wir die Binnenkonjunktur an, »ich behalte sie gleich an«. Noch ziemlich schockiert vom Kaufpreis, gehe ich auf vereisten Wegen nach Hause. Trittsicher. Mit trockenen, warmen Füßen. Und so, wie die Hose über den Stiefelschaft fällt, könnte man jederzeit denken: Ist der verrückt – in Halbschuhen, bei *dem* Wetter? Trotzdem weiterhin schockiert vom Kaufpreis der Schuhe. Dann hilft mir eine Rechenaufgabe: Ich überschlage, wie immens viel Geld ich meinem Arbeitgeber, meiner Krankenkasse und mir selbst durch diesen Schuhkauf langfristig spare, schließlich bewahren mich diese Stiefel höchstwahrscheinlich vor winterbedingten Knochenbrüchen und Erkältungen. Und das auf viele Jahre! Ich spare so viel damit, übertreibe ich mein Gerechne, als ich zuhause angekommen bin (mittlerweile übereuphorisiert durch die so unmittelbare Verbesserung meiner Lebensumstände), dass ich, wenn diese Schuhe ungefähr drei Jahrzehnte halten, nie wieder arbeiten muss. Allenfalls mal aus Spaß – in einem Schuhgeschäft zum Beispiel.

III.

Ein leichtes Kratzen im Hals – ja, genau so werde ich der Hals-Nasen-Ohren-Ärztin den Grund meines Praxisbesuchs beschreiben. »Halsweh« klingt zu kindlich, »Halsschmerzen« etwas wehleidig – wie hübsch dagegen: »ein leichtes Kratzen im Hals«. So könnte der Titel eines in Paris spielenden Films lauten – Scarlett Johansson und Hugh Grant in *Ein leichtes Kratzen im Hals*. Würde ich sofort reingehen. Jetzt aber erstmal ins saisonbedingt gutgefüllte Wartezimmer. Zeitschriften aus dem vorletzten Oktober liegen da. Obwohl man das meiste, was damals für berichtenswert gehalten wurde, inzwischen natürlich vergessen hat, und all die Geschichten einem dadurch ganz und gar neu vorkämen: lieber nicht drin blättern! Ist schließlich alles kontaminiert mit Erregern, sitzen hier doch ausnahmslos erkrankte Menschen, also Viren-Wirte.

Hatschiiii – schon hat man sich angesteckt und mutet dem ohnedies strapazierten Immunsystem die Bearbeitung eines weiteren Infekts zu. Tröpfchenübertragung. Mit Scarlett Johansson würde man zwar gern Tröpfchen vieler Art austauschen, aber die ist grad nicht hier.

Krankheiten, zu deren Behandlung man einen HNO-Arzt aufsucht, sind bis auf ganz wenige Ausnahmen nicht stigmatisiert, sie sind also nicht peinlich, allerdings hochansteckend. Wie in einem guten Krimi: Jeder ist verdächtig. »Ist der Platz neben Ihnen noch frei?« – »Äh, nee, ich warte noch auf jemanden.« Im Wartezimmer eines Unfallchirurgen lässt sich bei jedem Mitwartenden schnell erraten, warum er dort ist – bei HNO-Patienten ist das nicht ganz so leicht, obschon die betroffene Körperregion klar umgrenzt ist. Am unterhaltsamsten ist dieses wartezeitvertreibende Spielchen im Wartezimmer eines Psychiaters.

Jetzt aber: Der Nächste, bitte!

»Also, ich habe diesen Film mit Scarlett … Quatsch, ein leichtes Kratzen im Hals.«

Aaaaaaaaaaa.

Die Ärztin leuchtet meinen Rachenhinterraum aus und schaut sich dort mal genau um. Ziemlich schwere Entzündung, sagt sie. Ob ich Schluckbeschwerden habe? Hm, schon, aber das klingt ja eher nach ödem Schweigedrama mit Nina Hoss in Sachsen-Anhalt als nach flirrender Komödie mit Scarlett Johansson in Paris. *Schwere* Entzündung also, dieses *leichte* Kratzen. Jetzt im Winter, in einem solchen Winter zumal, steckt man sich natürlich pausenlos mit irgendwas an, folglich guckt die Ärztin mit allerlei Geräten auch noch in N und O, also Nase und Ohren. Das linke Ohr ist ebenfalls entzündet.

Greift hier der Gesundheitsfonds? Keine Ahnung, ich habe bislang nicht verstanden, was das genau ist, dieser Fonds, jedenfalls tanzt der Ärztinnenstift nun ausgiebig über den Rezeptblock, Spray und Tropfen verschreibt sie mir. Prima, dann kann ich in der Apotheke gleich die neue Ausgabe von »Medizini« mitnehmen.

»Schauen Sie Ende nächster Woche nochmal rein«, verabschiedet die Ärztin mich. »Ebenfalls«, sage ich, und da lachen wir beide, obwohl herzliches Lachen in solcher Mitmenschnähe natürlich nicht unriskant ist, zur Winterszeit, wenn die Viren frivol von Mensch zu Mensch hüpfen.

IV.

Toller Winter? Jörg Kachelmann lacht ins Telefon und wiederholt dann spöttisch diese wenig wissenschaftliche Bewertung der momentanen Wetterlage: Toller Winter, ja? Was das denn bitte sein solle?

Am Abend zuvor hatte man in den ARD-»Tagesthemen« das Wort *Bilderbuchwinter* gehört, als die Moderatorin überleitete zum (ein ziemlicher Schmunzler dieser Tage) »von den Finanzexperten der Commerzbank« präsentierten Wetterbericht, und da wird man doch noch fragen dürfen? »Die Eiseskälte hat uns weiterhin fest im Griff«, war zu erfahren, und jetzt möchte man es natürlich genauer wissen, am liebsten direkt vom sympathischsten Wettervorhersager Deutschlands, dem Schweizer Jörg Kachelmann: Wie lang bleibt der Schnee noch liegen, fällt gar neuer, wird es am Wochenende sonnig, aber nicht *zu* warm, so dass man vergnügt und mit roter Nase durch den winterglitzernden Tiergarten lustwandeln kann?

Denn was einen, so man kein Landwirt ist, am Wetter interessiert, ist doch dessen direkte Auswirkung auf das eigene kleine Leben. Und die Beurteilung des Wetters ist demzufolge eine emotional argumentierende, also: ein toller Winter, oder, Kachelmann? Aber er, der Wetterprofi, bleibt sachlich. Er könne sich schon denken, sagt Kachelmann, dass Berliner derzeit mit lokalpatriotisch erwärmtem Herzen auf die Wetterkarte schauen, triumphierend wohl gar auf die aktuellen Schneehöhen, Moment, er sucht sie mal geschwind heraus, Schönefeld 7 Zentimeter, Dahlem 10, Potsdam 11 – und dagegen Garmisch-Partenkirchen:

bloß einer. Na also, ein mickriger Zentimeter! Da kann man doch hier in Berlin bitte von einem tollen Winter sprechen? Man könne sprechen, wie und was man wolle, sagt Kachelmann, allerdings sei, was derzeit von »Jahrhundertwinter« und so weiter geredet werde, natürlich Blödsinn, ungewöhnlich sei allenfalls, dass gegenwärtig genau in den Regionen, die im Winter typischerweise als Erste und am verlässlichsten verschneit (und besonders kalt) sind, weniger »toller Winter« herrscht als in denen, die sonst zumeist ohne auskommen müssen.

Ein Wunder? Nö. Die Deutschen, sagt Kachelmann, glaubten zwar gern an Wunder, auch an prognostische Fähigkeiten von Fröschen oder den Einfluss des Mondes auf das Wetter. Sei aber alles Quatsch. Dem Wetter sei der Mond, mit Verlaub, scheißegal. Also: Das Zeug (Kachelmann nennt *unseren* schönen Schnee »Zeug«!) sei von Norden gekommen, in der Mitte niedergegangen, und für den Süden sei dann eben nicht mehr so viel übrig geblieben.

Zwecklos, Kachelmann in Wetterdingen zu anderen als streng nüchternen Betrachtungen verführen zu wollen. Was wir Winterbegeisterte, vom Schnee und dessen romantischen Versprechungen geblendet, als »kalte Pracht« bezeichnen – wie nennt *er* das? Winter. Man könne sich Folgendes merken: wolkenklare Nacht = kalte Nacht. Und eine solche führe zum Knirschfaktor des Schnees. Knirschfaktor, auch dieses Wort intoniert Kachelmann natürlich ironisch. Er weiß, die Menschen lieben es, wenn der Schnee unter ihren Schuhen knirscht, aber das bedeute bloß, dass der Schnee auf einen unter null Grad kalten Boden gefallen ist: viel Platz zwischen den Kristallen = Knirsch.

Mal so herum: Welche Art Wintermantel empfiehlt er, welches Modell trägt er selbst? Immer denselben, sagt Kachelmann. Er friere oder schwitze kaum je. Augenblick, jetzt müsse er sich mal kurz die Nase putzen. Aha! Also doch, Kachelmann erkältet? Das Wetter nicht ganz richtig eingeschätzt und dann falsch gekleidet durch die Gegend gelaufen? Vielleicht doch nicht so gut, sein Allwettermantel? I wo, seine laufende Nase sei lediglich darauf zurückführen, dass er in gebeugter Haltung telefoniere, weil sein Handy grad am etwas zu kurzen Aufladekabel hänge. Ihm persönlich, sagt Kachelmann, sei das Wetter herzlich egal – Hauptsache, die von ihm verantworteten Vorhersagen seien richtig. Also, ganz sachlich: Wie wird es in Berlin in den nächsten Tagen? Erst trüb, ab Sonntag Sonne, dann die Nächte wieder frischer (weil es zum Sonntag wieder aufklart), tagsüber um oder etwas über null.

Na also, klingt doch – toll!

Jaja, schon gut, sagt Kachelmann.

V.

Also mir fällt heute keine Ausrede ein, sagte der Sonntag. Ich schaute aus dem Fenster und sah, dass er Recht hatte. Blitzblauer Himmel, goldene Sonne, zudem kaum Einträge im Terminkalender – beste Bedingungen, es mit dem Joggen bei Schnee und Eis mal zu versuchen. Und so nahm ich aus dem Schrank, was der Verkäufer im Sportgeschäft mir als »Funktionskleidung mit intelligenter Faser« angedreht hatte. Endlich mal dümmer als die eigene Kleidung sein, ist doch herrlich, brabbelte ich beim Anziehen vor mich hin. Die Frage war bloß, wieviele Textil-Schichten. Gemeinhin wird im Winter zum »Zwiebelschalen-Prinzip« geraten, vor ein paar Tagen aber hatte ich die Empfehlung eines Sportwissenschaftlers gelesen, dieses Prinzip nicht bei winterlichem Joggen anzuwenden: »Lieber fröstelnd loslaufen«. Sind drei Schichten schon Zwiebel? Eventuell, aber mit nur zweien hätte ich das Gefühl gehabt, allzu offensiv mit einer Lungenentzündung zu flirten.

Sind die Wege nicht vereist, fühlt man sich als Jogger dem Normaltempo-Fußgänger weit überlegen. Man ist so schnell, so sportlich, so diszipliniert – Platz da! Im Winter ist es umgekehrt: Die Spaziergänger sehen beneidenswert aus, der Jogger muss viel genauer als sie darauf achten, nicht auszugleiten, er kann sich gar nicht etwaigen Ausschüttungen körpereigener Glücksstoffe hingeben, geschweige denn der Natur, so sehr ist er damit beschäftigt, die schnellen Schritte unfallfrei zu koordinieren.

Hatte der Professor nicht geraten, durch die Nase ein- und durch den Mund auszuatmen? Durch die Nase eingesogen fühlt sich die Luft aber viel kälter an, Herr Professor!

Ist das nicht ein schöner Tag? Keine Ahnung, ich darf nicht hinfallen, ich darf nicht hinfallen, ich darf nicht hinfallen. Der risikobedingte Stress ist so groß, dass der erhoffte Effekt (Entspannung, Ausgleich, Kräftigung) ihn kaum aufwiegen kann; Joggen im Winter ist in etwa so wie Sex mit der Verhütungsmethode »Ich pass schon auf«.

Einige Fußwege sind frisch mit Granulat bestreut, auf anderen haben Spaziergängerkolonnen den Schnee zur Rutschbahn plattgelaufen, also läuft man besser dort, wo die Hunde hinscheißen, am Rand. Ja, drei Schichten sind schon Zwiebel. Die intelligente Faser weiß auch nicht weiter, schwitzend friere ich, das ist wie Fieber, hoffentlich bewirkt es keins.

Die Spaziergänger wirken glücklich, sind gut zueinander: Wenn sie auf dem Boden einen einzelnen Handschuh finden, legen sie ihn freundlich auf einen Stromkasten. Sie latschen durch einen Bildband, er heißt »Berlin im Winter«. Wir Jogger hingegen gucken alle ziemlich angespannt aus unserer Funktionswäsche. Müssen wir also doch ins blöde Fitness-Studio, das jetzt im Januar überfüllt ist mit rührenden Guter-Vorsatz-Anfängern?

Zuhause, unter der Dusche, fragte mich der Sonntag: Ein super Gefühl, wenn man sich aufgerafft hat, oder? Absolut, log ich ihn an, voll super.

Tom Cruise auf dem roten Teppich

Der rote Teppich ist noch gar keiner: Am Nachmittag liegt vor dem Eingang des Theaters am Potsdamer Platz bloß eine Plastikplane dort, wo nachher Tom Cruise zur Europapremiere seines Films »Operation Walküre« schreiten wird. Aber immerhin auch rot, die Plastikplane.

Absperrgitter werden aufgebaut, Gasflaschen in Heizpilze gestellt, schwarzgekleidetes Sicherheitspersonal übt den bösen Blick – und natürlich stehen schon ein paar besonders hartgesottene Autogrammsammler herum und tauschen Heldengeschichten aus: Welche Berühmtheiten sie zuletzt wo abgepasst haben; wer freundlich war, wer ein arrogantes Arschloch, und wer demnächst in Berlin zu erwarten ist. Heute also Tom Cruise. Nachher, wenn er hier sein und in jede Kamera und jedes Handy lächeln wird und alle »Tom! Tom!« rufen, wird es so wirken, als seien alle hier die größten Cruise-Fans, immer schon gewesen, jeden Film x-mal gesehen. Doch diese Profi-Autogrammsammler, die schon da sind, bevor überhaupt der rote Teppich verlegt ist, sind in erster Linie Fan davon, Fan zu sein. Die Autogrammalben, die sie einander zeigen, weisen ihre Besitzer als Universal-Fans aus, von Florian Silbereisen und Bushido, von Helmut Kohl und Günther Jauch. Alle getroffen. Mickey Rourke soll im Februar kommen, ist zu erfahren. Da trifft man sich dann wieder, spätestens.

Gegenüber, im ersten Stock des Hyatt-Hotels, wird jemand gefilmt, von hier unten sieht man nur seinen Hinterkopf. »Könnte Brad Pitt sein«, taxiert einer der Fan-Profis. Aber den haben sie schon am Vortag abgepasst.

Da der Vorplatz des Kinos nicht besonders groß ist, aber etwa fünf Millionen Kamerateams und Autogrammsammler erwartet werden, bekommt die zu kurze Gerade von Bordstein bis Kinoeingang nun abzweigende Sackgassen, auch auf denen wird roter Teppich ausgerollt, umsäumt von Absperrgittern. Die Frage ist jetzt wirklich, wo man sich am besten hinstellt – wo wird Tom Cruise ganz bestimmt entlangkommen, wo wird er am längsten stehenbleiben? Die Sicherheitsleute sorgen mit gezielten Falschinformationen für eine gleichmäßige Fan-Verteilung, schon bald ist an jedem Gitter das Gedrängel groß. Auf monströsen Bildschirmen läuft in Endlosschleifen der Film-Trailer, leider ohne Ton. Mit Ton wäre es bestimmt toll, der Ton ist doch bei Hollywood-Filmen immer das, was die Bilder entscheidend verstärkt. Rummms! Zisch! Klong! Dolby Surround!

Es wird dunkel, der rote Teppich leuchtet jetzt schön im Scheinwerferlicht – und man erzählt sich, dass Tom Cruise nun *wirklich* gleich hier sein wird, angeblich wird er zwei Stunden lang Autogramme schreiben, Interviews geben und sich fotografieren lassen. Es ist sehr kalt, aber wenn man jetzt diesen Platz aufgibt, um sich in einem Café aufzuwärmen, war das ganze Zufrühhiersein umsonst. Also frieren und warten. Und sich freuen, dass auch die Wichtigtuer von der Filmfirma, die an jedem Sicherheitsmann vorbeidürfen, Probleme haben: Die zwei schwarzen Limousinen, die sie am Taxistand abgestellt haben, müssen da weg, erklärt ihnen eine Polizistin. Die Wichtigtuer zeigen auf die Tankdeckelbeschriftung, »Operation Walküre – Das Stauffenberg-Attentat – Mit Mercedes Benz zur Premiere« steht da. »Ja, grüßen Sie den Herrn Cruise schön von mir, wenn er die Umsetzkosten bezahlt, ist ja alles gut. Falls Sie die Autos nicht umparken, lassen wir das machen, kein Problem«, sagt die Polizistin.

Wir werden den Film nicht sehen heute, wir sehen bloß immer wieder den Trailer, Tom ohne Ton – aber gleich kommt der echte Cruise ja zu uns ans Gitter. Es geht jetzt auch um Sportlichkeit: Mit jeder Minute mehr, die man hier der nächsten Erkältung entgegenfriert, steigert sich die Vorfreude auf Tom Cruise. Mit Tom Cruise wird dann die Wärme kommen, die Erlösung, die Antwort auf alle Fragen. Über den Film hat man schon während der Dreharbeiten so viel gelesen und gehört, dass man das Gefühl hat, dieser Film, der doch heute erst Europapremiere hat, sei schon hundertmal im Fernsehen gelaufen. Dieser Film wurde, noch bevor er abgedreht war, wahlweise als bahnbrechendes Meisterwerk oder als gefährlicher Mist apostrophiert. Merkwürdig, dass er jetzt wirklich in die Kinos kommt; man kann ihn sich ansehen, wie einen ganz normalen Kinofilm, und sich eine eigene Meinung bilden. Oder geht das gar nicht mehr? Für diesen Film, der – positiv wie negativ – mehr als ein Film, und dessen Hauptdarsteller, Produzent und Finanzier Cruise ja auch eine Überperson zu sein scheint, ist jedenfalls der Potsdamer Platz als Premierenort hervorragend geeignet: An diesem künstlichsten aller Berliner Orte, wo jeder Quadratmeter Architektur so sehr Metropole sein soll (und der genau deshalb ein Fremdkörper, eine Stadt in der Stadt bleibt), hat man nie das Gefühl, wirklich gerade in Berlin zu sein. Wenn überhaupt irgendwo, dann ist es hier vorstellbar, Tom Cruise gegenüberzustehen. Falls es den wirklich gibt.

»Tom! Tom!« – da ist er. Wir stehen offenbar am falschen Gitter. Sein Lächeln, Händeschütteln und Signieren wird auf den großen Bildschirmen gezeigt, was einerseits praktisch ist, von hier hinten würde man ihn sonst gar nicht sehen, so viele Menschen wuseln um ihn herum, und Cruise selbst ist ja, was man so gelesen und gesehen hat (auf Fotos, besonders, wenn seine Frau Schuhe mit hohen Absätzen trägt), auch nicht gerade ein Zweimetermann. Andererseits sieht man ihn wieder nur auf dem Bildschirm, wie immer halt, bloß friert man diesmal – was immerhin ein Hinweis darauf ist, dass das alles hier gerade echt ist. Cruise kommt nur zentimeterweise vorwärts, und davon haben alle etwas: Die meisten der Wartenden bekommen eine Unterschrift und ein gemeinsames Foto, und davon wiederum entstehen Bilder, die Werbung für Cruise (und, natürlich, diesen Film) machen – er nimmt sich Zeit für die Menschen, hat für jeden ein Lächeln, erzählen diese Bilder.

Hinter Cruise latscht, stolziert oder eilt (je nach Image-Wunsch) die zur Premiere geladene deutsche Prominenz. Weniger begabte Schauspielerinnen erscheinen praktisch in Unterwäsche, alles wie immer. Das

Warten auf Tom Cruise vertreiben wir am Gitter Wartenden uns damit, selbst Teppichgänger, deren Namen und Beruf wir nicht kennen, um ein Autogramm zu bitten. Man wird so dankbar: »Hey, da ist Sven Martinek!« Wow. Dann geht Cruise kurz hinein, der Vorstellung der Mitwirkenden und schließlich dem Filmstart beizuwohnen – und kommt dann zurück ans Gitter, bis jeder, dem es nicht zu kalt geworden ist, ein Autogramm und ein Foto hat. Cruise trägt keinen Mantel, keine Mütze, keine Handschuhe, keinen Schal. Ferngesteuert, maschinell, hyperprofessionell – solche Attribute haften ihm an, und man sollte nicht zu viel geben auf Filmkritiker, die sich als Hobby-Psychologen betätigen. Aber man fragt sich doch, als man dann vorzeitig das winterkalte Feld räumt: Warum friert Tom Cruise eigentlich nicht?

Mit Til Schweiger im Kino

Vielleicht Halteverbot, aber auf jeden Fall ein guter Parkplatz – Til Schweiger steigt aus seinem ziemlich großen Auto, mit dem man bestimmt toll durch Nevada fahren kann, natürlich auch durch Berlin, allein die Parkplatzsuche ist in der Stadt etwas beschwerlich. Unter der Windschutzscheibe liegt kein Anwohnerparkausweis, sondern ein Stofftier, »Keinohrhase« genannt. Dieses Tierchen spielt eine Rolle in Til Schweigers aktuellem Film, der nach diesem Tierchen benannt ist, die Plüschvariante kann man für 10,95 Euro kaufen, einhundertsechzigtausend Menschen haben das bereits getan, nämlicher Kinofilm hatte bislang knapp fünf Millionen Zuschauer.

MIT TIL SCHWEIGER IM KINO

Vor dem »Cubix«-Kino am Alexanderplatz stehen ein paar Berlinale-Besucher-Karikaturen und unterhalten sich über unheimlich *interessante* kleine Filme. Kino 1 ist ausverkauft, dort läuft Schweigers Blockbuster, der Hauptdarstellerautorregisseur schleicht an popcornkaufenden Kinobesuchern vorbei und nimmt unauffällig seinen Platz in der letzten Reihe ein. »Dienstagabend, achte Woche – und das Kino ist voll«, registriert er zufrieden flüsternd. Grad laufen noch Werbung und Trailer, Schweiger sinkt in den Sessel. Zu enervierendem Shakira-Gelärme wird nun die Verfilmung des Márquez-Romans »Die Liebe in den Zeiten der Cholera« annonciert; »ist mein Lieblingsbuch gewesen, früher mal«, murmelt Schweiger.

Ende der Werbung, Licht an, Licht aus. Schweiger – immerhin Urheber, Star und Macher des nun folgenden, nicht mehr sinkbaren Erfolgsfilms – sitzt jetzt sehr verkrampft da; zwar weiß er genau, dass dieser Film *funktioniert,* aber jedes Publikum ist anders.

Es geht los, die Menschen lachen, sie lachen an vielen Stellen des Films. Einige Male sind imposant muskulöse Körperteile Schweigers unverhüllt zu sehen, die Arme, der berühmte Hintern, und da quieken die Mädchen im Saal vorschriftsmäßig, die Jungs schwanken zwischen Neid und Anerkennung – und Til? Schweigt.

Vor knapp zwei Monaten wurde die Premiere des Films hier im »Cubix« gefeiert, und Til Schweiger hat eigentlich seither keinen Grund gehabt, mit dem Feiern aufzuhören, der Erfolg des Films ist exorbitant. Bei der Premiere sei weniger gelacht worden als an diesem Abend, freut er sich.

Abspann, schnell raus, und ein Lob an Til Schweiger, da ist ihm etwas Außerordentliches gelungen.

Kein Strafzettel, Schweiger hat unübersehbar zur Zeit das, was man einen Lauf nennt. Im Auto dann dezidierteres Lob, auch einzwei dezent kritische Anmerkungen – da wird Schweigers Blick blitzkühl, er tritt jetzt ziemlich aufs Gas. Und, ach, was soll's denn auch. Schweiger kann momentan jeder Kritik den Mittelfinger zeigen, via Rückspiegel. Ohnehin sitzt er in dieser Sorte Wagen, die einem das Gefühl vermittelt, man könne, wenn sich ein kleines, hupendes Nichts einem entgegenstellt, zur Not auch glatt drüberwegfahren.

Schweiger schließt seine Kreuzberger Lofttür auf, hinter der es so großzügig, luxuriös und trotzdem lässig ausschaut wie in den Wohnungen seiner Film-Charaktere. Er gießt sich einen Rotwein ein und klappt seinen Küchentisch-Laptop auf; es ist jetzt alles genau so wie in einem Til-Schweiger-Film. Wunderbar. Schweiger »geht in die Zahlen« – guckt also, wie viele geguckt haben: 41 757 Zuschauer waren es allein heute, kein anderer Film hatte mehr. Kurzes Überfliegen der gewohnt säuerlichen Filmkritiken, Schweiger regt sich ein bisschen auf, aber nicht zu sehr. Als Gegenbeweis zeigt er Volkes Stimme, das Gästebuch auf der »Keinohrhasen«-Internetseite: Lob, Begeisterung, Ekstase, vieltausendfach. Bloß einer hat es nicht gefallen, sie heißt Ute und ist sehr zornig. »Blöde Gans!«, ruft Schweiger, und wenn sich unterm Küchentisch ein Gaspedal befände, er würde jetzt kraftvoll drauflatschen.

Schweiger klappt seinen Laptop zu und grinst: Er hat schon einige Szenen für den zweiten Teil geschrieben, seine Co-Autorin ebenfalls – sichere Lacher, sagt Schweiger. Was kümmert ihn Ute.

Betriebsbesichtigungen mit dem Berliner Wirtschaftssenator

Senator Wolf hat neun Minuten – der Tagesplan ist straff, Fabriken sollen besichtigt werden, allerlei Geschäfts-, Verbands- und Werksführer möchten was sagen. Neun Minuten für »Begrüßung und Einführung«. Ein paar Minuten gehen schon mal für heimliches Lachen drauf, denn Harald Wolfs Amtsbezeichnung ist einfach immer wieder zu komisch: »Senator für Wirtschaft, Technologie und Frauen«.

Um viertel nach acht waren gut zwanzig Journalisten vor der Senatsverwaltung in einen Bus gestiegen, um gemeinsam mit Wolf mal »vor Ort« zu gucken, wie es der Ernährungsindustrie in Berlin (in Politikerdeutsch: *am Standort* Berlin) so geht. Es geht ihr prima, führt Wolf nun ein; 11000 Beschäftigte, jährliche Investitionen von über 100 Millionen Euro und ein Jahresumsatz von 11 Milliarden – so »roundabout«. Roundabout ist eines der Lieblingswörter des Senators, er könnte auch »circa« sagen oder »ungefähr«, aber »roundabout« klingt natürlich wirtschaftsweltläufiger. Insgesamt also werde »ein amtliches Volumen bewegt«, lobt Wolf.

Der erste zu besichtigende Betrieb produziert Extrakte und Aromen, wie das geht, erklärt Geschäftsführer Thomas Eller auf Schwäbisch und mit Hilfe einer beeindruckenden »Powerpoint-Präsentation«. Hinter ihm flackern Bilder und Zahlen auf, der Senator guckt aber im Moment lieber auf sein Taschen-Mail-Gerät, roundabout ein »Blackberry«, vielleicht gehen da grad Frauen-Mails ein. Oder Technologie-Mails.

Nun ziehen sich alle Rundgänger einen weißen Kittel an, setzen sich eine weiße Haube auf, und los geht der hygienisch unbedenkliche Marsch durch die Produktionshallen, flankiert von wissenswerten Details der Art, dass der »Erdbeerbedarf« dieser Firma bei 1000 Tonnen pro

Jahr liegt. Wolf blickt durch den Rundführer hindurch, wippt auf den Füßen und muss jetzt sehr achtgeben, nicht einzuschlafen.

Auf zur nächsten Fabrik, der »Nummer eins bei Essig, Rotkohl, Gurken, Gemüse in Essig und Dressing«. Wolf hat im Bus intensiv geblackberryt, ist jetzt aber ganz bei der Sache und erfährt, dass die Fondue-Saison eine Würzsaucen-Absatzspitze markiert und es die Vision dieser Firma ist, dass eines Tages »jeder in Europa, der ein Saucen-Problem hat«, sich vertrauensvoll an sie wendet. Wolf greift zum Blackberry, steckt ihn wieder ein und spielt ein bisschen Klavier auf dem Kantinentisch. Als der Senator hört, dass hier »Trends beim Salatdressing« gesetzt werden, schiebt er die Zeigefinger unter die Brille und massiert sich die Augen.

Fragt man die Unternehmer, ob ein Wirtschaftssenator der Links-Partei ihr wahr gewordener Albtraum sei, schütteln sie den Kopf, nein, besonders viel könne der eh nicht ausrichten, sie sähen das sehr pragmatisch. Dass Wolf sie nicht weiter stört, kann den zahlreichen Schwirrköpfen seiner Partei kaum gefallen. Ach die, sagt Wolf, die gibt es doch in jeder Partei. Dann guckt er wieder auf seinen Blackberry.

Plakate für die Hessen-Wahl

Krise, Krise, auf allen Fernsehkanälen dieses Wort, sogar in den Unterhaltungssendungen. Selbst in Werbespots wird man daran erinnert – gab es das immer schon, oder sind die Warnhinweise in den Reklamefilmchen der Finanzdienstleister neu? »Bei Finanztermingeschäften stehen den Gewinnchancen hohe Verlustrisiken gegenüber.« Und Rauchen gefährdet die Gesundheit, denkt man, steckt sich noch eine an und schaltet weiter: Werbung für Autos – Krise, fällt es einem wieder ein, die kriselnde Automobilindustrie! Ob die Politik sie retten kann, wird sicherlich gerade auf einem anderen Sender verhandelt, bei diesem Spot der Firma Renault aber kommt einem der Gedanke, dass vielleicht die Autowerbung die hessische SPD retten könnte: Man sieht zwei Männer, die über die verschlungenen Wege einer normalen Biographie sprechen. »Du wolltest niemals Kinder haben« – Schnitt, man sieht den so Charakterisierten geduldig einem mit Gemüsebrei herumsauenden Baby das Löffelchen halten. »Und du konntest dir nicht vorstellen, einen Renault zu fahren« – Schnitt, genau: Nun fährt er einen Renault.

Gute Werbung, diese Firma weiß also um ihr Imageproblem, thematisiert es sogar unerschrocken – und überwindet es somit. Auf einem anderen Kanal windet sich derweil Thorsten Schäfer-Gümbel: »Isch bin kaane Marrrionedde.«

Die Krise der SPD, speziell die ihres hessischen Landesverbandes, kann man ja ebenfalls kaum wegschalten oder überblättern, das ganze Jahr lang schon, überall und in immer neuen Zuspitzungen; es fällt schwer, dies konstant aufmerksam zu verfolgen, vielmehr hat man das Gefühl, davon verfolgt zu werden. »Es geht um Inhalte!« Ach tatsächlich, ja?

Hinaus in die kalte Nacht, und hinein in ein warmleuchtendes Wirtshaus, am Tresen stehen, ein bisschen hin- und herreden, bitte mal nicht über die Krise. Da merkt man, ein gutes Tresenthema ist die Fragestellung, wie SPD und CDU anlässlich der bevorstehenden Neuwahl in Hessen werben könnten. Für die CDU fallen jedem sofort ein paar Sprüche ein, die meisten handeln von der SPD. Wie aber könnte die SPD selbst werben? Puh. Hm. Fällt jetzt gerade keinem was ein, SPD in Hessen, das ist schwierig. Stattdessen eine weitere Plakatidee für die CDU: Man müsste einfach Ypsilanti abbilden, und dann – tja, für die CDU ist es leicht. Das Problem der CDU könnte allenfalls musikalischer Natur sein, der *Ton* muss eben stimmen, und diesbezüglich ist Roland Koch ja nun erwiesenermaßen nicht immer treffsicher. Darauf hinzuweisen, wird die SPD nicht vergessen, nur reicht das nach diesem verheerenden Jahr gewiss nicht aus. Koch hingegen darf all die Selbstverstümmelungen der maladen SPD nicht allzu genüsslich benennen, um nicht ungewollt Mitleid mit den geschundenen Sozialdemokraten zu bewirken.

Da die meisten Tresengespräche von Kommunikationsproblemen handeln, ist dies ein geeigneter Ort, das Gedankenspiel fortzuführen. Könnte die SPD die gelungene Argumentationsführung des Renault-Spots kopieren? Selbstironie – wäre möglich, scheint sogar nötig. Und schon werden die ersten SPD-Slogans auf Servietten gekrickelt. Doch sind sie zu lustig, zu wahr, um wirklich für Partei-Werbung infrage zu kommen. Oder?

Anderntags, Anruf bei der Werbeagentur der hessischen SPD. Die für den letzten Wahlkampf zuständige Agentur wurde diesmal von den Grünen beauftragt, interessanter Seitenaspekt. Die SPD-Kampagne wird nun von einer anderen Agentur erdacht, einer durchaus SPD-erprobten, sie hat Landtagswahl-Kampagnen für Kurt Beck, Klaus Wowereit und Michael Naumann geplant, auch Schröders finalen Bundestagswahlkampf 2005. Dass ausnahmsweise mal ein Anrufer den SPD-Auftrag nicht als »Himmelfahrtskommando«, sondern als interessantes Problem klassifiziert, freut den zuständigen Werber, doch ob er über die geplante Kampagne detailliert Auskunft geben dürfe, müsse er zuvor mit dem Bundesgeschäftsführer Karl-Josef Wasserhövel abstimmen. Man ahnt, was das bedeutet, und ein paar Tage später wird es bestätigt: kein Kommentar.

Alle möglichen Eindrücke sollen nicht erweckt werden; man hört sich geduldig an, was alles man bitte nicht zitieren soll – und wie derzeit nach jedem Gespräch mit Menschen, die näher mit der SPD zu tun haben, muss man sich wirklich sehr konzentrieren, zum Schluss nicht »Gute Besserung« statt »Auf Wiederhören« zu sagen.

Auf der Internetseite der hessischen SPD wird man um Geldspenden für Plakataufstellungen gebeten, jedoch: »Das Plakatmotiv können wir dir jetzt noch nicht verraten, wir wollen es dem politischen Gegner ja nicht noch einfacher machen!«

Es ist wohl ein Versehen, dass in diesen duzenden, etwas tragischen Aufruf eine durchaus realistische Selbstbeschreibung eingewoben ist, »nicht noch einfacher« heißt ja, wir, die SPD, machen es der CDU ohnehin sehr leicht. Das hat zwar fast schon Renault-Qualität, ist aber bloß ein Nebensatz und nicht Teil der offiziellen Kampagne.

Längst sind die Überlegungen zu einer Art Ohrwurm geworden, immer wieder die Frage: Wie sähen die optimalen Plakate für CDU und SPD in Hessen aus? Nach einem solchen Jahr wie dem zurückliegenden nurmehr als Volksverblödung aufzufassende Begriffe wie »Nachtflugverbot« oder »Bildungsgerechtigkeit«, Slogans gar vom Schlage »Für ein gerechteres Hessen« kann man doch wohl ausschließen, oder? Andersherum: Nach Lage der Dinge kann die SPD nun wirklich nicht mehr ernsthaft mit »Politikwechsel« für sich werben, dieses Wort wäre allenfalls in ironischer Lesart von der CDU verwendbar, mit Fragezeichen hinten dran. Allerdings hält man sich mit Hessen-betreffenden Prognosen mittlerweile lieber zurück und reicht das reizvolle Gedankenspiel mal an Profis weiter: Anrufe bei nicht von den Parteien beauftragten, als gut und frisch aufgefallenen Agenturen. Tatsächlich, einige haben sofort Spaß an diesem Experiment. Je ein Plakat für CDU und SPD? Aber gerne doch! Ohne offiziellen Auftrag könne man sich mal so richtig austoben, das sei eine gute Übung, eine dialektische zudem.

Die Gespräche mit den Graphikern und Textern sind wohltuend, in sämtliche Wortblasen werden Nadeln gepiekst, es geht angemessen platt um »das Produkt«, also die jeweilige Partei. Wie ist die Ausgangslage, wie das Image der Kandidaten, wohin deuten Marktforschungen (in diesem Fall: die Wahl-Umfragen), welche Angriffsflächen bietet der Konkurrent? Keine Rede vom Nachtflugverbot. Beziehungsweise nennt der Werber sowas anders: »emotional branding«. Diese Gespräche haben einen aufschlussreichen Paradox-Effekt – man fühlt sich als Wähler ernst genommen, nämlich immerhin nicht veralbert. Eingedampft geht es doch nur um Ja oder Nein, um Schwarz oder Rot, um Koch oder Schäfer-Gümbel.

Die Entwürfe der verschiedenen Agenturen geraten so angriffslustig wie angstfrei, sie sind spielerisch, mal grob, mal lustig. Sie können das sein, weil sie nicht das Kompromiss-Spülbad irgendwelcher Gremien durchlaufen müssen – und weil sie am Ende nur ein Spiel sind. Es ist nur Werbung, und zwar eine, die nicht als Weltanschauung parfümiert ist oder als Maßnahme zur Vaterlandsrettung. Vielleicht steckt in diesem Spiel mehr Wahrheit als in den offiziellen Kampagnen.

Was ist denn eigentlich der Unterschied zwischen Waschmittelwerbung und Parteienwerbung? Nun, sagt ein Werber, das Waschmittel trete nicht in der Tagesschau auf, und das mache die Sache leichter, berechenbarer.

Letzte Meldung aus Hessen: Die ersten »Sonderstellflächen« wurden mit Neuwahlplakaten beklebt; die der SPD fragen, ohne Schäfer-Gümbel zu zeigen, rein typographisch »Wirklich wieder Koch?« – und eine Sonderstellfläche weiter wünscht Roland Koch, mit verbindlichem Blick vor einem Weihnachtsbaum posierend, ein gutes neues Jahr.

Und schon denkt man wieder an die Krise.

Outlet-Center

Vier »Zwilling«-Haushaltsscheren auf einem roten Samtkissen, zum Seidenbandzerschneiden, ein im Wind frierendes, also ansprechend gekleidetes Top-Model und ein gut gelaunter Ministerpräsident, feierlich kostümierte Firmenchefs und Investoren mit komplizierten englischen Wortketten als Berufsangabe – alles könnte so schön sein. Eine Eröffnung in Zeiten der Schließungen, gleich wird das Band durchschnitten, eine mit Eröffnungsangeboten geköderte Menschenmenge freut sich schon hinter einem Metallzaun, zudem gibt es endlich mal ein paar neue Arbeitsplätze, der Ministerpräsident kann also von Hoffnung sprechen und einem tollen Signal für die Region.

Wustermark – so heißt das hier, und so ist das hier auch. Diese Art Gegend wird in politischen Talkshows immer »grüne Wiese« genannt. So grün sind die Wiesen dann aber gar nicht, es sind halt ein paar Betonkästen draufgestellt worden und mit Sonderangebotswaren gefüllt, und rundherum ist alles Parkplatz. Alle Architektur, alle Landschaftsgestaltung hier ist streng zweckdienlich; Hauptsache, man ist schnell da und schnell wieder weg. Und das bisschen grüne Wiese ist eher Natur-Reminiszenz, nämlich hastig verlegter Rollrasen und ein paar Blumentöpfe.

Inmitten dieser Tristesse nun die Super-Tristesse: eine Fußgängerzone ohne Stadt drumherum, das »Designer Outlet Berlin«. Durch das Imitat eines altertümlichen Stadttores gelangt man in eine Dorfattrappe, in deren putzigen Häuslein zweit- und drittklassige Modefirmen wie Strenesse, Replay, Marc O'Polo, Daniel Hechter und wie die alle heißen ihre Ramschfilialen eingerichtet haben. »Outlet« klingt natürlich besser, und dank schnörkeliger Straßenlaternen und der nostalgischen Fassadengestaltung mit Fachwerk und Markisen merkt man ja gar nicht mehr, dass man sich auf einstmals eher der Landwirtschaft zugedachtem Gelände befindet. Außerdem: Dass die hier angebotenen Waren so günstig sind, weil es sich um Restbestände zurückliegender Kollektionen handelt, ist vollkommen wurscht, da es durchweg Marken sind, die keine Saison je prägen. Man kann also gefahrlos eine »sommerliche Damen-Caprihose«, »schwarze Herrenpantoletten« oder einen »Armreif mit integrierter Uhr« kaufen; dem bitte groß aufgedruckten Herstellerlogo zufolge waren sie teuer, das bewirkt auf kostengünstige Weise anerkennende oder neidische Blicke – der vorrangige Zweck eines Markenartikelkaufs ist also erfüllt.

Nach der Banddurchschneidungszeremonie gehen nun das Top-Model und der Ministerpräsident, Franziska Knuppe und Matthias Platzeck, diesen Discountparcours ab, vor jedem Laden steht dienstbar das Verkaufspersonal, Platzeck winkt und wünscht alles Gute, während Knuppe in erster Linie beidhändig ihren Rocksaumsitz gegen den Wind verteidigen muss.

Am dritten Gebäude angekommen, klopft der Ministerpräsident dann aber doch mal mit dem Zeigefingerknöchel prüfend gegen die Hauswand, auch auf ihn scheint diese seltsame Siedlung wie eine Kulisse zu wirken. »Ist echt, wa? Nicht wie in Babelsberg!«, ruft ihm Franziska Knuppe zu, und vielleicht schwingt da etwas Ironie mit. Plötzlich flutet Musik durch die Gassen, an jedem Haus sind kleine Lautsprecher befestigt, und man hat das Gefühl, per Knopfdruck könnte es hier auch schlagartig Nacht werden oder anfangen zu schneien; es ist eine dem »Shopping« geweihte Parallelwelt. »Hat nicht so Dorfcharakter, ist eher ein Städtchen«, sagt Platzeck landesväterlich angetan. Doch wenn die Anfahrtsbeschreibung zu einem sogenannten Einkaufsparadies Formulierungen enthält wie »ab Stadtgrenze noch ca. 10 km«, dann heißt das, wir feiern hier heute auch die fortschreitende Entvölkerung und Verödung der wirklichen Innenstädte. Einkaufen zu gehen bedeutete früher: »Ich fahr mal in die Stadt.« Heute fährt man dazu aufs Land. Hier einzukaufen ist billiger und bequemer als in den Innenstädten, und das ist, kurz gesagt, blöd für – zum Beispiel – Karstadt.

Adidas, Tommy Hilfiger, Calvin Klein – vor dem Geox-Laden muss Franziska Knuppe niesen. Ein Gentleman hatte ihr zwar, als sich die Eröffnungsreden etwas in die Länge zogen und der Wind sehr kalt wurde, sein Busfahrer-Jackett um die Schultern gelegt, das aber gefiel den Fotografen nicht. Diese Eröffnungsreden gedachten natürlich auch des Architekten Moritz Kock, der im kürzlich verunglückten Air-France-Flugzeug ums Leben gekommen war. Die ihm als Mitgestalter gewidmete Schweigeminute nun war ein besonders bizarrer Moment: Hinter dem Metallzaun protestierten die Sonderangebotsjäger, sie wollten jetzt endlich hinein ins Schnäppchendorf, die Fotografen knipsten und blitzten die Witwe, und ein Redner sagte dann: »Moritz' Andenken wird in diesem Designer Outlet bewahrt.« Eine für alle schwierige Situation, ja, aber Begriffe wie »Andenken« und »Designer Outlet« sollte man nicht so eng verknüpfen.

Wie kriegt man hier jetzt die Kurve? Vielleicht mit Hilfe Ulla Klingbeils, die kommt da fröhlich mit einer Tüte des Weges, sie hat Jacken und T-Shirts für ihre Enkelkinder und für sich selbst zwei Hosen gekauft. Sie ist begeistert: »Überall ausreichend Personal, niedrige Preise – wenn das KaDeWe so wäre, würde es auch wieder funktionieren.« Wahrscheinlicher ist, dass das hier das neue KaDeWe ist – es liegt zwar etwas außerhalb, aber für jeden gibt es einen Parkplatz.

Mitternächtliche Elektronikfachmarkt-Eröffnung

Kurz vor 23 Uhr eine Schrecksekunde: keine Feuerwerkskörper dabei, noch nicht Blei gegossen, »Dinner for One« verpasst! Nachmittags hatte es geschneit, eine Grundsatzrede des Bundespräsidenten hallt in unseren Ohren nach, jetzt stehen wir dichtgedrängt und frieren dem Umspringen von Uhr und Kalender auf den neuen Tag entgegen, aber halt – heute ist ja gar nicht Silvester. Es eröffnet bloß eine neue Elektronikfachmarkt-filiale, jedoch immerhin die angeblich weltgrößte: 9000 Quadratmeter!

Wenn man sich hier auf dem Alexanderplatz so umguckt, könnte man auch denken, um null Uhr finde ein großer Bushido-Ähnlichkeitswett-bewerb statt. Wenige Frauen, viele fremde Sprachen. Hier zu stehen ist ein schöner Anlass, sich mal mit der in jedem Menschen unterschiedlich tief schlummernden Xenophobie auseinanderzusetzen – denn im Ge-dränge und Geschubse um den Erstzugriff auf die begrenzten Sonderan-gebote ist die ihr zugrundeliegende Sorge so besonders schlicht greifbar: Nehmen die mir was weg?

Es wird viel telefoniert und fotografiert, man sieht viele MP3-Player-Ohrstöpsel aus Jackenkragen baumeln; nahezu jeder scheint schon ganz gut ausgerüstet mit Elektrogeräten, es geht offenbar nicht um Erstver-sorgung. Marktwirtschaft verkehrtherum: Hier bestimmt heute das An-gebot die Nachfrage.

Warum drängeln wir bloß so? Gibt es etwas umsonst? Fast – »fast ge-schenkt«, sagen die Experten, die sorgsamer als jede Verbraucherzentrale die Preise verglichen und mit Kugelschreiberkringeln ihre Wunschgeräte in den Werbebroschüren markiert haben. Fragt man ein bisschen herum, wie die Wartenden so das Geld verdienen, das in Unterhaltungselektro-nik umzusetzen sie kaum erwarten können, denkt man kurz an Thilo Sarrazin. Aber nur kurz, denn: Plasma-Fernseher mit 127 cm Bilddiago-

nale für 737 Euro! Zwar mag das verhältnismäßig günstig sein, ist aber doch trotzdem eine Menge Geld, oder? Ist nicht Krise? Müssen wir nicht alle sparen? Tun wir doch: Anderswo sind die meisten der angebotenen Geräte viel teurer. Und die Köder-Offerten zur Eröffnung gelten nur, solange der Vorrat reicht, also Obacht, dass keiner vordrängelt! Gut, dass man zwei Ellenbogen hat.

Auf einer Hebebühne steht eine blonde Madame, die uns im Auftrag von »Berlins Hit-Radio 104.6 RTL« offenbar unterhalten soll, dabei gleichzeitig anstacheln (»Viele tolle Angebote!«) und beruhigen (»Toll, dass es bislang so friedlich ist!«). Dass so eine nächtliche, mittels Superangeboten hysterisierte Eröffnung ausarten kann, weiß man, seit vor eineinhalb Jahren dort drüben, nur einen USB-Stick-Wurf entfernt, schon mal nachts eine weltgrößte Elektronikfachmarktfiliale eingeweiht wurde: Bei der Eröffnung des Media Markts im Einkaufszentrum »Alexa« hatte es damals Verletzte gegeben und ordentlich Sachschaden, so toll waren die Angebote, so groß der Andrang, so ungenügend die Sicherheitsvorkehrungen. Das soll – und wird – heute hier bei Saturn nicht passieren: Polizei, privater Wachschutz, Krankenwagen, Absperrgitter – von allem genug da. Die »Alexa«-Eröffnungsschlacht ist ein legendäres Kapitel im Geschichtsbuch des Berliner Einzelhandels, und es sind heute viele Kamerateams gekommen, die sich insgeheim ähnliche Randale wünschen, schließlich ist diese Saturn-Filiale noch mal 1000 Quadratmeter größer.

Drinnen werden noch Fenster geputzt, »lohnt doch gar nicht«, witzeln ein paar Jungs, »nachher müssen sie doch eh das ganze Blut abwischen«. Diese Jungs waren nicht rechtzeitig da, um jetzt ganz vorn zu stehen, aber sie haben einen Geheimplan: Sie stellen sich vor die ebenfalls um null Uhr öffnende »New Yorker«-Filiale, da dann rein und quer durch, so kommt man doch bestimmt auch zu den Rolltreppen, hinein ins Paradies der verbilligten Elektrogeräte!

Noch 40 Minuten, von hinten kommt jetzt richtig Druck in die Menge. Hell erleuchtet strahlt das Kaufhaus auf den Alexanderplatz, verheißungsvoll. Wer zufällig vorbeikommt, bleibt stehen und kann gar nicht anders, als da auch reinzuwollen. Irgendein Gerät kann doch jeder gebrauchen. Die Leute ganz vorne, am Licht, mit den besten Chancen auf noch freie Auswahl, stehen dort seit mehr als drei Stunden. Es ist sehr kalt, aber sie brauchen dringend zwei Laptops, einen Fernseher und eine X-Box. Mindestens.

Dann plötzlich geht alles ganz schnell: Schlag null Uhr, es sieht jetzt wirklich aus wie bei der Maueröffnung. »Alles stürmt nach oben, alles friedlich, so soll es sein«, jubiliert die Radiofrau. Hinein, hinein! Was soll's, wir schieben, schreien – und hüpfen über die Absperrungen. Ansturm auf die Kartonstapel, die Frage ist nicht, wie viele X-Boxen für 99 Euro ein Mensch braucht, sondern wie viele er tragen kann. Mit acht neuen Telefonen unterm Arm ins alte Telefon den Kumpels durchgeben, dass man gerade bei den Telefonen steht und Unterstützung braucht beim Abtransport.

Es sind Jagdszenen, die Kartons sind das erlegte Wild.

»Jetzt führt uns die Krise vor Augen: Wir haben alle über unsere Verhältnisse gelebt«, hatte Bundespräsident Köhler am Nachmittag in seiner »Berliner Rede« gesagt. Doch das war gestern. Es ist null Uhr siebzehn, und wir stehen an der Kasse. Hoffentlich macht die EC-Karte mit.

Auf dem Abwrackhof

Ein letzter Blick ins Handschuhfach, noch einmal wehmütig den Duftbaum am Rückspiegel so antippen, dass er einem pendelnd zuwinkt, wenn man dem (mindestens neun Jahre) alten Auto Lebewohl sagt – schon Minuten später malmt die Schrottpresse das treue Gefährt zu einem handlichen Würfel, und ein Herr im Blaumann überreicht dem Hinterbliebenen 2500 Euro. So in etwa stellt man sich das vor mit der Abwrackprämie, die ja offiziell Umweltprämie heißt, aber dieses Wort steht nur im Formular; »Abwrackprämie«, das inoffizielle Wort, ist einfach zu schön, zu einleuchtend, dabei bleibt er nun, der Volksmund. »Umweltprämie« sagt nur Renate Künast, und zwar so ironisch wie möglich.

So – wer bitte gibt einem jetzt das Geld? Es ist natürlich alles viel komplizierter als man es sich vorgestellt hat. Ein Schrottplatz mag Kindern als paradiesischer Abenteuerspielplatz erscheinen, in den Augen eines Erwachsenen ist es ein Ort größtmöglicher Desillusionierung. Eines mal gleich vorweg: Die Abwrack- oder auch Umweltprämie bekommt man *nicht* bar ausgezahlt. Da steht man nun zwischen all diesen alten Autos, mit jedem davon verbindet mindestens ein Mensch eine lange Phase seines Lebens, in diesen Autos wurde geknutscht, gereist, gestritten – gelebt. Und nun wird ihnen jede noch verwertbare Innerei entnommen, die Lebenssäfte (Öl und Benzin) werden abgepumpt, das Fahrzeug wird skelettiert – und dann zusammengepresst. Um die Menschen zum Abschiednehmen von ihren alten (mit allen Schrammen und Defekten liebgewonnenen) Autos und zum konjunkturbelebenden Erwerb eines Neuwagens zu animieren, sind die in Aussicht gestellten 2500 Euro natürlich ein gutes Argument. Seit diese Prämie, als Teil des zweiten »Konjunkturpakets«, erfunden wurde, klingelt bei Herrn Juschkat von der Autopresse Tempelhof pausenlos das Telefon. Die Anrufer denken, Herr

Juschkat presse hier seit Mitte Januar im Minutentakt Altautos und verteile Geld. Er selbst hat auch nur aus dem Fernsehen von der Prämie erfahren, genauere Informationen hat er sich dann im Internet zusammengesucht und sich von Kamerateams erzählen lassen, die hier täglich ihre Nachrichtenfilmchen zur Umweltprämie drehen. Trotzdem steht die Schrottpresse an manchen Tagen still, denn nicht jeder Neuwagen parkt ja abholbereit im Autohaus; Herr Juschkat glaubt, dass es mit dem Altautopressen erst in sechs bis acht Wochen so richtig losgeht. Seit drei Tagen kann man sich auf der Internetseite des Bundesamts für Wirtschaft und Ausfuhrkontrolle ein Formular herunterladen: »Antrag auf Gewährung einer Umweltprämie«. Das wurde auch Zeit – bis dahin hatte Herr Juschkat allzu ungeduldigen Prämienjägern scherzhaft geraten, sie mögen doch bitte einen Brief an Angela Merkel schreiben, von ihm jedenfalls bekämen sie die Prämie nicht. Nun gibt es das Formular und darauf ein Feld, auf dem Herr Juschkat, als »Betreiber eines anerkannten Demontagebetriebs«, per Unterschrift und Stempel bestätigt, »dass die Restkarosse einer Schredderanlage zugeführt wird«.

Herr Juschkat selbst fährt einen zehn Jahre alten Mercedes. Theoretisch also ein Umweltprämienanwärter, wird Herr Juschkat aber privat nicht am großen Schreddern teilnehmen, der Marktwert seines Autos sei nämlich höher als 2500 Euro. Schnell das Thema wechseln, in der Krise wird Gebrauchtwagenhandel nicht gern gesehen.

Die Autos, die ihm die Berliner in den letzten Tagen zur Verschrottung überlassen haben, seien durchweg mindestens 15 Jahre alt, erzählt Herr Juschkat und zeigt einem die in unterschiedlichen Demontagestadien um die Pressmaschine herum gestapelten Kleinwagen: Autos, die auch ohne Umweltprämie kein gar so langes Leben mehr vor sich gehabt hätten. Eine dicke Limousine Baujahr 1999 jedenfalls, sagt Herr Juschkat und klopft lächelnd auf ein Fiat-Wrack, sei bei ihm in den letzten Tagen nicht zur Verschrottung abgestellt worden. Die Abwrackpioniere, die hier schon ihre Autos verabschiedet haben, um sich prämiensubventioniert ein neues zu kaufen, haben Herrn Juschkat auch eher nicht erzählt, dass sie sich nun ein großes Fabrikat eines deutschen Automobilherstellers anzuschaffen gedächten.

Schweigender Gang mit Herrn Juschkat durch die Stapel todgeweihter Karosserien. Was an und in diesen Autos noch halbwegs brauchbar ist, wird vor dem knirschenden Finale entfernt: Lichtmaschinen, Scheinwerfer, Kotflügel, Stoßfänger, Türen, Motoren. Ohne die Verwertung dieser Eingeweide könnte die Autopresse Tempelhof die Verschrottung nicht kostenlos übernehmen, zumal die Schrottpreise momentan krisenbedingt sehr niedrig sind. Für eine Tonne zusammengepressten Autorest, den Juschkat dann an eine Schredderanlage weitergibt, bekommt er derzeit nur 20 bis 30 Euro. Die Schwerindustrie habe Pause, er sehe das ja auch am Metallveredelungsbetrieb nebenan – Kurzarbeit und momentan von drei Schmelzöfen nur einer in Betrieb. Vor einem Jahr hat der Laden da noch gebrummt, sagt Herr Juschkat. Die Krise habe nur einen Vorteil: Es lohne sich nicht mehr, Gullydeckel zu klauen. Am Montag wird er die Pressmaschine wieder malmen lassen.

Auf dem Bürgersteig vor der Autopresse steht ein älterer Herr, der im Selbstgespräch ziemlich originell über Varianten des Wertstoff-Recyclings nachdenkt: Die KaDeWe-Schmuckdiebe, murmelt der Mann, müssten doch nur Edelsteine und Gold trennen, das Gold einschmelzen – separat lasse sich beides bestimmt leicht verhökern. Man kommt in dieser Umgebung eben schnell auf unromantische Gedanken: In anderen Stadtteilen wird in diesem »Superjubiläumsjahr« sehr umfangreich der bedeutenden runden Jahrestage gedacht (Beginn des Zweiten Weltkriegs, Gründung der Bundesrepublik, Mauerfall) – doch gegenüber der Autopresse Tempelhof erinnert ein Plakat so dumpf wie bodennah an »30 Jahre Media Markt«. Das kann helfen, falls man beim letzten Antippen des Duftbaums kurz sentimental wird.

Guido Westerwelle im Bundestagswahlkampf

Am Abend dann endlich ein kurzer Moment, in dem Guido Westerwelle nicht weiterweiß und plötzlich ganz kleinlaut wird, für ein paar Sekunden, immerhin. Beim Sommerfest des ZDF, auf der Terrasse der Berliner Neuen Nationalgalerie, müssen viele Hände geschüttelt werden, Politik und Gesellschaft prosten dem Sonnenuntergang zu, Westerwelle hastet von Grüppchen zu Grüppchen, er hat nur eine halbe Stunde für dieses Fest einkalkuliert und schlägt die ihm alle paar Meter angebotenen Gläser aus, nicht ohne Stolz: »Ich bin gleich noch zu Gast in einer Fernsehsendung!«.

Guido Westerwelle ist dieser Tage ein gefragter Mann; Wahlergebnisse und Umfragewerte der FDP indizieren stabil die Möglichkeit einer Regierungsbeteiligung ab Herbst, so oder so. Sein Selbstbewusstsein ist also endlich kein Leerverkauf mehr.

Doch nun ruft ihn gebieterisch Peer Steinbrück, der da mit Hubertus Heil und anderen herumdröhnt, ein Glas Wein in der Hand, augenscheinlich weder das erste noch das letzte an diesem Abend – Peer Steinbrück hat heute wohl keinen Fernsehauftritt mehr: »Rüberkommen hier, Westerwelle! Keine Angst, wir reden nicht über Politik – wir sprechen hier über Literatur!« Auch das sei ihm zu anstrengend an einem so schönen lauen Abend, entgegnet Westerwelle, folgt aber dem Ruf des Finanzministers, der jetzt sehr engagiert drei Leseempfehlungen für den Sommerurlaub einfordert, »und hinterher wird das dann abgefragt!«. Steinbrück schwingt abzählbereit den Arm in die Waagerechte, den Daumen schon gereckt: »Los, erstens!«

Als Beobachter hätte man einen hohen Geldbetrag verwettet, dass Westerwelle jetzt schneidig witzelnd »Na, Ihnen empfehle ich Helmut Schmidts ›Außer Dienst‹, Herr Kollege« einfällt oder »Sie sollten mal wieder Ludwig Erhard lesen, Herr Finanzminister!«, schließlich sind viele Kameras auf die beiden gerichtet. Geriert er sich gewöhnlich als unduldsamer Nachhilfelehrer, steht Westerwelle dem Koloss Steinbrück jedoch nun als hilfloser Schüler gegenüber, leise nach der richtigen Antwort tastend: »Also, den neuen Kehlmann möchte ich endlich schaffen, ›Ruhm‹, das liegt schon so lange neben meinem Bett.«

Enttäuscht lässt Steinbrück die Abzählhand sinken. Mit Kehlmann kann man nichts falsch machen, gewiss, doch war dies die denkbar ärmlichste Antwort, wahrscheinlich sogar ernst gemeint: Der gar nicht mehr so neue Kehlmann, über den vor einem knappen halben Jahr alle etwa zehn Tage lang gesprochen haben. In diesem Moment, da Westerwelle endlich mal nicht auftrumpft, erscheint er einem, nach einem langen Tag der Begleitung, zum ersten Mal zugänglich. Jetzt war er ganz kurz mal kein frischwärts programmierter Steuersparroboter, keine apodiktische Nervensäge – angenehm!

Am späten Vormittag hatte er nach der Sitzung des Parteipräsidiums zur Pressekonferenz geladen, stand mit blau-gelber Krawatte vor einem ansehnlichen Mikrophonstrauß im Thomas-Dehler-Haus und konnte wie üblich alles, alles erklären: Aufwärts kann es sowieso nur mit der FDP gehen. Steuern runter, und dann wird das schon wieder. Wer seinen Bürgerentlastungsplänen düstere Berechnungen sogenannter Wirtschaftsweiser entgegenhielt, wurde forsch abgebügelt: »Es ist das gute Recht von Professoren, alles Mögliche zu behaupten.« Westerwelle hielt einen dicken Packen DIN-A4-Blätter hoch und schwenkte ihn anklagend, das liberale Sparbuch, 400 Einsparungsmöglichkeiten mit einem Gesamtvolumen von über zehn Milliarden Euro, und das sei erst der Anfang. Entwicklungshilfe für China, das muss ja wohl nicht sein!

Anschließend empfing er in seinem Büro einen Fotografen und einen Reporter der »Bild«-Zeitung, um wunschgemäß deren »Steuer-Schwur«-Formular zu paraphieren: »Weil es mit der Abkassiererei der ganz normalen Bürger ein Ende haben muss. Das ist unser Wort, das gilt.« Schwungvoll unterschrieb Westerwelle also dieses Versprechen und behielt seinen Montblanc-Kugelschreiber noch so lange im Anschlag, bis auch der Fotograf zufrieden war. Dass die ebenfalls zur Schwursignatur aufgeforderten Merkel und Seehofer die Unterschrift verweigerten, führt anderntags zu einer massenwirksamen Illustration des aktuellen Westerwelle-Schlachtrufs »Bei uns weiß man, woran man ist«.

Nach Schwur und Mittagessen hielt er dann auf der Jahrestagung der Supermarktkette Edeka eine nicht eben zurückhaltend betitelte Rede: »Was Deutschland jetzt braucht!« Subtext: *Wen* Deutschland jetzt braucht – ihn. Alles passte, das Edeka-Logo hat dieselbe Farbkombination wie das seiner Partei, die Bühne war in blau-gelbes Licht getaucht – man wähnte sich auf einem FDP-Parteitag.

Gegenüber Mittelstandsvertretern gefällt sich Westerwelle in der Rolle des solitären Heilsbringers und wird entsprechend gefeiert; er nennt das »Milieurückgewinnung und -erweiterung«, und das klingt so: Bei den großen Firmen hilft der Bundesadler, bei den kleinen und mittleren Betrieben kommt nur der Pleitegeier; wer arbeitet, muss mehr haben als der, der nicht arbeitet; Leistung muss sich wieder – und so weiter. Er spricht frei, klar und unterhaltsam, bringt ein paar gute Gags, und geschickt dosiert er ironisch intonierte Großmäuligkeit und pointierte Analyse. Die Filialleiter und Mitarbeiter der Supermarktkette sind begeistert, macht doch gute Laune, der Mann, der will was verändern, der will uns unterstützen, der hat den Durchblick.

Vielleicht erlebt Westerwelle momentan die schönste Phase seiner Karriere. Nicht in Regierungsverantwortung, kann er, mit dem Rückenwind nie erlebter Popularitätswerte, endlich mal die ganz großen Reden schwingen, ohne belächelt zu werden. Sein mediales Vorstrafenregister ist umfangreich, das weiß er, und so fügt er bei aller guten Laune auffällig oft an: »Das ist mein voller Ernst.« Manchmal muss er das wohl noch dazusagen. Sogar seine kaum bestreitbare Verhaltensänderung nach Spaß- und anschließendem Möllemann-Desaster wird häufig nur als weiterer Beleg seines Luftikustums gewertet – und sagt nicht sein Vorname schon alles? Wie man den spöttisch ausspricht, haben Joschka Fischer und Harald Schmidt für alle Zeiten gelehrt: Gu-iiii-do.

Auch das Land Niedersachsen gibt an diesem Abend ein Sommerfest, und während dort nach der Begrüßung durch Ministerpräsident Wulff ein Kinderchor »Die Gedanken sind frei« singt, ist Westerwelle noch, natürlich, in einer hochwichtigen Besprechung. Kurz wird er dann vorbeischauen, immerhin sitzt die FDP in der Landesregierung, der junge Minister Rösler, diese wie ausgedacht wirkende Personifikation gelungener Integration und Nachwuchsförderung, wartet am Eingang des Landesvertretungsgartens auf seinen Parteivorsitzenden. Der kommt dann, hat es – das ist einfach sein Trick momentan – eilig, harren doch ZDF-Sommersause und diese Fernsehsendung noch seiner; gemeinsam essen Westerwelle und Rösler ein gegrilltes Hähnchen, Christian Wulff stellt sich dazu – schöne Fotos werden das. Jürgen Trittin schleicht vorbei, Westerwelle hebt entschuldigend seine hähnchenfettigen Finger, also diese Hände könne er ihm leider nicht geben. Man versteht sich partei-übergreifend gut. Claudia Roth, ein Sommerfest weiter, umarmt Westerwelle gar und überschüttet ihn mit Herzlichkeit: »Deinen Mann, den find ich so toll!«

Westerwelle: »Ja, aber den kriegst du nicht.«

Da biegt und schüttelt sie sich vor Freude: »Das weiß ich doch!«

Wer nicht täglich dieses Berliner Durcheinander erlebt, mag sich wundern, wie empört und verächtlich beispielsweise Claudia Roth in Bundestag oder anderen Talkshows über »Herrn Westerwelle« spricht und wie duzend und überschwänglich sie ihm dann im Schwebebereich eines halbprivaten Abendgemenges begegnet. Westerwelle sagt, durch derlei anständigen Umgang miteinander bewahre man die Gesprächs-bereitschaft. Trotz aller Meinungsverschiedenheiten immer mal ein Bier zusammen trinken zu können – das sei »der Kick der Demokratie«.

Am folgenden Abend in Aachen erlebt man einen anderen Guido Westerwelle: Das »Weltfest des Pferdesports« ist eröffnet, einer der Mit-organisatoren ist Westerwelles Lebensgefährte Michael Mronz, und den begleitet er. Ganz Aachen trägt heute Hut, der sogenannte Printenkö-nig Lambertz hält Hof, und man kann eigentlich nur lachen. Nach wun-derbar egalen Lokalfernsehinterviews (»Ich war sehr begeistert von den Vierspännern«) entledigt sich Westerwelle früh seiner Krawatte, die Fo-tos mit Mronz, Genscher, Marie-Luise Marjan, Ralf Schumacher, Fran-ziska van Almsick und all den anderen sind gemacht, jetzt raucht er eine Zigarre und wirkt entspannt. In einer Ecke sitzen Paul Schockemöhle und Stefan Aust – und reden tatsächlich über Pferde! Kurze Zwischen-frage: Was hält denn der ehemalige »Spiegel«-Chefredakteur eigentlich von Guido Westerwelle? Eine Menge: Zunächst mal sei er ein brillanter Redner, mit Gysi zurzeit der beste im Bundestag; außerdem stehe er der momentan einzigen nicht sozialdemokratisch agierenden Partei vor, und inmitten all der Subventionsorgien sei eine so klar marktwirtschaftliche Position doch wohltuend. Und wie erklärt Aust die chronifizierte Gui-do-Häme? Och, sagt Aust und nimmt einen Schluck Bier, das wisse man doch, die meisten Politik-Journalisten in Deutschland seien halt beleidigte Sozialdemokraten.

Tags drauf, beim Deutschen Bauerntag in Stuttgart: Müntefering und die Kanzlerin sind schon da, aber der wahre Stargast ist nun mal der, der es sich erlauben kann, zu spät zu kommen und sogar die Kanzlerin warten zu lassen – Westerwelles Stuhl ist noch leer. Auch der Vorsitzende der FDP werde gleich hier sein, hebt die Kanzlerin an: »So, jetzt ist's genug Schleichwerbung für die FDP, jetzt fangen wir mal an.« Und kaum hat sie mit ihrer Rede begonnen, da erscheint Westerwelle. Merkel, leicht indigniert: »Jetzt ist es geschafft.« Nach ihrer nicht gerade fesselnden Rede muss sie direkt wieder los, und Westerwelle räumt ab:

»Die Sendung ›Bauer sucht Frau‹ fand ich zwar nicht so gut – aber hier eben: ›Frau sucht Bauer‹, das war schon eindrucksvoll.«

Merkel ist ja schon weg, da kann er das ruhig so bringen. Und er hat auch wieder Papiere als Requisiten dabei, zwei achtzigseitige Packen Bürokratie: die »Biomassestrom-Nachhaltigkeitsverordnung«. Westerwelle – gestern bei Edeka oberster Einzelhändler, hier heute großer Bauernversteher – triumphiert: »Der Bauer, der das wirklich liest, der lässt aber seine Schweine verhungern!«

Im Auto zum Flughafen eine kurze Manöverkritik mit dem Referenten: War gut, oder? Westerwelle: »Ja, aber *sie,* habt ihr *sie* gehört – als ob sie nicht regiert hätte! Wahnsinn.«

Später, zurück in Berlin, ruft Merkels Büro an, und Westerwelle wird zur Kanzlerin durchgestellt: »Grüße dich!« Sehr vertrauter, fast zärtlicher Ton jetzt. »Danke für den Hinweis«, sagt er, nachdem er ihr zugehört hat, und: »Mach ich sofort.«

Schon komisch, denkt man, aber so geht wohl Politik. Morgen wird sie ihre Regierungserklärung vortragen, dann wird Westerwelle sie attackieren, wofür sie sich mit Unaufmerksamkeit rächen wird, bisschen mit Steinmeier flüstern und so.

Die kleine Chartermaschine musste gewitterbedingt vor der Landung ein paar Schleifen fliegen, und in Berlin steht Westerwelles Limousine nun im Stau – der Zeitplan (»Im Augenblick ist alles so getaktet: zack zack zack!«) fällt in sich zusammen, das »Wahl-Hearing des Deutschen Olympischen Sportbunds« wird ohne ihn beginnen müssen. Es warten: Johannes B. Kerner, die Minister Zypries und Schäuble, der Fraktionsvorsitzende Gysi und die Parteivorsitzende Roth. Alle warten auf Guido Westerwelle.

Nun, im kriechenden Stau, wo jede Hektik lächerlich wäre, wird er ganz ruhig: »Dann ist das eben so, wir können es nicht ändern.« Man hat das Gefühl, jetzt endlich mal normal mit ihm sprechen zu können. Zu Michael Jacksons Tod hat er sich bislang nicht öffentlich geäußert, oder? »Ich fand das nicht notwendig«, sagt er mit gespieltem Ernst – und muss dann doch grinsen. »Nicht notwendig«, ja, so kann man das sagen. Ist doch komisch, wie identisches Verhalten je unterschiedlich bewertet wird: Minister Guttenberg hat sich zu Jacksons Tod geäußert, und niemand hatte was dagegen einzuwenden. Hätte Westerwelle hingegen – »Hm, ja«, sagt Westerwelle. Und dann, richtig lustig: »Na, nicht dass dem Guttenberg jetzt ein Spaßwahlkampf angehängt wird.« Hätte sich der frühe Westerwelle, sagen wir, der vor sieben Jahren, nicht sehr wohl zum Tode Jacksons geäußert? Westerwelle hochsouverän: »Noch in derselben Nacht!«

Es wirkt nicht gespielt oder auswendig gelernt, wie er nun räsoniert: Natürlich habe er in der Vergangenheit Dinge gemacht, die er besser hätte bleiben lassen. Aber es sei doch prima, dass ihm solche Fehler in frühen Jahren unterlaufen seien. Da wir nun schon mal in so schöner Beckmann-Stimmung sind: Wie war das eigentlich, sich mit Anfang 20 ins grelle Bühnenlicht zu stellen und selbstbewusste Reden zu halten, mit so aknevernarbter Haut – da will man doch weder ausgeleuchtet noch fotografiert werden. Das war wahrlich nicht leicht, sagt Westerwelle. Er ist jetzt nicht im Bühnenmodus, es gibt ihn also wirklich, diesen bescheidenen, angenehmen, intelligenten und lustigen Westerwelle, von dem man gerüchteweise immer mal wieder gehört hat. Und mit dem kann man richtig lachen über die Lebenszeit, die man schon bei Hautärzten verbracht hat, und wieder eine neue Salbe, wir probieren es jetzt mal mit Zink! Oder Schwefel. Und ein paar Monate später mit irgendeiner Säure, dann wieder mit Antibiotischem. Aber irgendwann komme man in das Alter, da akzeptiere man das eben – andere hätten viel schlimmere körperliche Gebrechen.

Das Telefon klingelt: Ob er noch in die Maske wolle vor dem Podiumsgespräch? Nein, sagt Westerwelle und lacht: Wo wir gerade beim Thema sind! Also, wenn es sich vermeiden lasse, verzichte er auf jegliche Maskenbildnerei, das bezahle man immer teuer, hinterher werde die Haut dann meistens rot und trocken und tue richtig weh.

Und das ist dann wirklich eine Überraschung: Für ihn, Guido Westerwelle, lieber keine Masken mehr. Die, das hat er schmerzlich erfahren müssen, bekommen ihm nämlich gar nicht gut.

Frank-Walter Steinmeiers Sommerreise

Er kann auch kommunizieren, die Arbeitsgruppe war schon mit ihm auf der Straße, und er spricht dann mit den Leuten und fragt sie nach dem Weg, erklärt der Professor. An diesem zweiten Tag seiner Sommerreise steht Frank-Walter Steinmeier nun in der Technischen Universität München vor dem Roboter »Eddie«, und es ist der erste zarte Moment dieser Reise, deren einzelne Ziele so ermüdend symbolbeladen sind: Baustellen, Orte des Wandels, der Innovationen, der Vernunft – und natürlich auch solche der Fürsorge. Man sieht sie vor sich, die Strategen im Willy-Brandt-Haus, wie sie Fähnchen in eine Deutschlandwandkarte gepinnt haben: »So, Zukunft haben wir abgedeckt, soziale Verantwortung, Bildung – jetzt brauchen wir noch Kultur. Hat jemand eine Idee?« Und, so viel sei schon verraten, es hatte jemand eine Idee.

Aber als Steinmeier jetzt Eddie anschaut, entsteht tatsächlich mal ein ungeplantes Bild: der »Wer denn sonst?«-Kandidat der SPD, Aug' in Augenattrappe mit der Figur, an der viele Menschen geschraubt und herumprogrammiert haben, auf dass sie möglichst humanoid wirke und dem Menschen diene. Gefühle, sagt der Professor und streichelt Eddies Glaskopf, habe er nicht, aber immerhin ein *Emotion Display*. Nachdem man Steinmeier viele Stunden zugehört hat, denkt man, Frank und Eddie könnten gute Freunde werden.

Am Wochenanfang hatte Steinmeier in Berlin seinen »Deutschland-Plan« vorgestellt, eine Stunde lang (das vor allem) über »die Arbeit von morgen« gesprochen, über »Politik für das nächste Jahrzehnt«. Man war wirklich gespannt – würden nun endlich mal Sätze kommen, die als Slogans taugen? Wucht, Energie, Witz, Attacke? Ein klarer Satz über Ulla Schmidt, in dem nicht das Wort »Bundesrechnungshof« vorkommt? Jetzt müsste es doch wirklich mal losgehen. Es wurde dann aber eine ty-

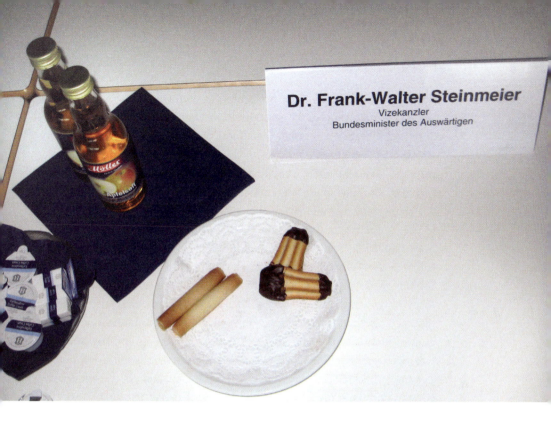

pische Steinmeier-Rede, er hielt sich weitgehend an die ausformulierte Schriftform, und wenn er doch mal extemporierte, waren das rührende Halbsätze, mit denen er möglicherweise eine persönliche Beziehung zu all den Wörtern andeuten wollte: Ich bin mir sicher/Ich weiß das aus vielen Gesprächen/Wenn Sie so wollen/Ich bin davon überzeugt.

An den unpassendsten Stellen lächelte er, und die einmal gewählte Tonlage gefiel ihm wohl so gut, dass er sie nicht nennenswert variierte. Vor allem fragt man sich bei Steinmeiers Reden immer, warum er so seltsame Pausen setzt, Pausen, die weniger betonend als willkürlich wirken, ja beinahe ratlos. Oder hat er sich einfach als Außenminister zu sehr daran gewöhnt, immer mal kurz auf den Übersetzer zu warten? Auch schien das Redemanuskript durch zu vieler Berater und Ideengeber Hände gewandert, mit wenigen Änderungen wäre es für Merkel genauso verwendbar gewesen wie für Trittin oder sogar Westerwelle, auf jeden Fall aber für Horst Köhler – und von Steinmeier vorgetragen klang es jedenfalls wie ein Morgengebet aus Eddies *Emotion Display.*

Belauschte man hinterher im Foyer hochrangige SPD-Mitglieder, zeigte sich, dass die ausgeprägteste Kraft dieser Partei weiterhin autodestruktiver Natur ist: »Na ja, es war schon viel schlimmer als heute.« Oder: »Für das, was möglich ist, war es doch ganz gut. Mehr ist eben nicht drin.«

Für die meisten überparteilichen Beobachter war es eine weitere im UNO-Ton mäandernde Steinmeier-Rede, ein weiterer – nun ja – SPD-Startschuss. Das, was die Partei Müntefering-geschult Aufholjagd nennt, soll nun also, einmal mehr, wirklich beginnen. Nach dem Drama am Schwielowsee vor knapp einem Jahr, der Demission Kurt Becks, sollte es ja schon ein paarmal aufwärtsgehen, doch alle Wegmarken, die als »Wendepunkt« eingeplant waren, entpuppten sich als Sattelpunkte, statt aufwärts ging es abermals nur weiter abwärts, und Münteferings einst so gefürchtete Strategiemaschinerie warf kaum mehr als sauerländische Simpelslogans aus, jetzt wird der Boden festgetrampelt und die Leiter draufgestellt, und dann macht der Mittelstürmer den Ball rein und so weiter. Der wievielte »Startschuss« war das jetzt eigentlich? Hessenwahl, Europawahl, Bundespräsidentenwahl, Programmverabschiedung, Kandidatenkür, Kompetenzteampräsentation – irgendwas kam immer dazwischen, Wahlergebnisse, Müntes Michelle, Ullas Dienstwagen, und immer wieder: die Umfragewerte. »Momentaufnahmen« nennt Steinmeier diese so beharrlich, dass man bald die Steigerung erwartet: »Bundestagswahlen sind Momentaufnahmen, ich lasse mich nicht beirren.«

Am Tag nach der Verlesung des Deutschland-Plans steigt Steinmeier im Ruhrgebiet aus seiner Limousine. Ein strahlender Morgen, perfekte SPD-Kulisse: Gegenüber einem verfallenden Förderturm wächst das Rettende – ein »Anwenderzentrum mit Produktionshalle am erfolgreichsten Zechennachfolgestandort«, das klingt doch sehr nach Zukunft.

»Hallo Uli«, begrüßt Steinmeier den sozialdemokratischen Bürgermeister Ulrich Paetzel. Um neue Energieformen soll es hier gehen, erstmal aber kurz um Piraten: »Ich habe gehört, ich soll mal eben was zur

›Hansa Stavanger‹ sagen?« Soll er, macht er, das ist gut für die Agenturen und die Mittagsnachrichten. Der Kandidat ist ja aktuell auch Außenminister. »Und vorab vielleicht noch ein zweites Statement«, bietet Steinmeier an, »wenn Sie wollen, zu der nun anstehenden Reise durch Deutschland« – zwar hat just niemand eine diesbezügliche Frage, doch Steinmeier antwortet sich selbst: »Ich habe gestern in Berlin …«, ach richtig, die große Rede. Es gehe, verkündet Steinmeier, um »Technologien und Arbeitsplätze von morgen«, und so was schaue man sich besser vor Ort an, dann also mal rein in den Rohbau des »Wasserstoff-Kompetenz-Zentrums«.

Nach Vorstellung seines vorsichtshalber »Kompetenzteam« genannten Schattenkabinetts bereist der Kandidat, der – acht Wochen vor der Wahl – auffallend selten das Wort Kanzler verwendet, nun lauter »Kompetenzzentren«. Er spricht mit den Leuten und fragt sie nach dem Weg – wie Eddie. Warum er diese leicht kuriose Rundreise, mehr Programmbebilderung als Wahlkampf, nicht schon vor Monaten gemacht hat, um dann mal langsam von kompetent auf kompetitiv umzuschalten, bleibt das Geheimnis der Großstrategen im Willy-Brandt-Haus.

Auf einer Aussichtsplattform hört Steinmeier sich jetzt an, was an Zukunftsstandorten eben so gesagt wird: Da war mal, dort wird mal, da soll, dort werden wir.

Wasserstoff also, ein Energieträger für die Zukunft. Das hierfür benötigte Windrad dreht sich leider gerade nicht, es ist ein heißer, windstiller Tag. Steinmeier, mit Blick auf das stillstehende Windrad: »Dann ist diese Energie ja auch lagerfähig?« Ist sie. Na also, Zukunft, wir kommen. Und noch ein schöner SPD-Satz: »Strukturwandel hat immer was mit Menschen zu tun.« Deshalb wird Steinmeier natürlich auch Orte besuchen, an denen Arbeit von Menschenhand selbst den futuristischsten Maschinen immer überlegen sein wird, ein Altenpflegeheim zum Beispiel. Und eine Einrichtung für strauchelnde junge Menschen, beziehungsweise, um den Broschürentext zu zitieren, der glatt einer Steinmeier-Rede entstammen könnte: »Jugendliche bis 25 Jahre, die im Rahmen einer Maßnahme (§ 16 SGB II) für den Arbeitsmarkt stabilisiert werden.«

Weiter geht's, zu – wenn das kein Zukunftssymbol ist, was dann? – einem Richtfest. Das nächste Kompetenzzentrum, der nächste Uli, auch er ein Duzfreund Steinmeiers: Ulrich Bettermanns »Metall-Kompetenzzentrum« feiert eine neue Produktionshalle, »eine der größten Baustellen in NRW, und das mitten in der Wirtschaftskrise«. Vielleicht ist es ein durchaus gewollter Effekt, dass die mitreisenden Journalisten bei jedem Firmenbesuch rätseln, was genau eigentlich dort hergestellt wird – wenn nämlich eine Schar nicht durchweg dummer Menschen so etwas auch nach Betriebsführung und Broschürenstudium nicht ganz begreift, kann es sich ja eigentlich nur um absolut visionäre Zukunftstechnologien handeln, also um »die Arbeitsplätze von morgen«. Alsdann wird Steinmeier und seinem Begleit-Tross vorgeführt, wie ein Verteilerkasten bei Blitzeinschlag explodiert, wenn man ihn nicht mit Superkompetenztechnologie schützt. »Also, wenn 'ne Sicherung durchknallt, das stellt man sich anders vor«, sagt Steinmeier beeindruckt und entdeckt dann im Ausstellungsraum, zwischen »Kabelrinnensystemen« und »Potentialausgleichssystemen«, eine Carrera-Bahn, die versteht jeder; ein herrlich auflockerndes Fotomotiv, Steinmeier posiert bereitwillig, möchte dabei natürlich den *roten* Flitzer über die Bahn rasen lassen, aber der macht nur einen kurzen Ruck und bleibt dann stehen – ein graues Modell, ausgerechnet, gehorcht dem Steuerungsgedrücke des Kandidaten, einmal saust der Wagen rundherum, dann fliegt er aus der Kurve.

Anschließend steigt Steinmeier in den Journalisten-Bus, und er würde nun wirklich gern mal zu seinem Deutschland-Plan befragt werden. Ulla Schmidt? Die schlechten Umfragewerte? »Ach, wissen Sie«, versucht Steinmeier weitere Hervorbringungen des inzwischen eigenen Genres »Wie die SPD zurück in die Opposition stolpert. Ein Live-Bericht« zu verhindern.

Die SPD hat beschlossen, dass sie jetzt »ein Thema gesetzt« hat, es ist ein Ausfallschritt aus der trüben Gegenwart in die Zukunft. Eigentlich ja eine gute Idee, doch um ein Feuer zu entfachen, müsste Steinmeier schon glühen, er verfügt aber über keine andere als die fürs Außenamt sehr gut geeignete Rhetorik: Die Rahmenfriständerung im Sozialversicherungsgesetz, die befristete Förderung der Altersteilzeit – und schon hat man ihn verloren. Irritiert durch eine Nachfrage meldet Steinmeier: »Äh, ich rede gerade über die Kreativwirtschaft. Und Sie?«

Gut, reden wir darüber. Man könnte ja denken, der angekündigte »Kreativ-Pakt«, das ist doch bestimmt das revolutionäre Manifest eines fiebrigen Netzwerks intellektueller Impulsgeber, die SPD als politische Heimstatt für wildes, vielleicht sogar utopisches Denken. Da war doch mal was! Da ist an diesem Abend: Der »Empfang für die Kreativwirtschaft« in Köln, Elke Heidenreich ist gekommen, die Kabarettisten Rogler und Pachl, außerdem ein Fernsehkomiker, dessen Name einem bestimmt gleich einfällt. Steinmeier spricht also vor diesem Publikum in einem Kölschgarten: Kultur ist gut, soviel ist mal sicher. Denn: »Was da an Werten geschöpft wird, entspricht schon heute denen der Chemieindustrie.« Merkwürdig, dass niemand lacht. Zweifellos ist »Altersversorgung Kulturschaffender« ein wichtiges Thema, aber kann sowas nicht in einem Ausschuss besprochen werden? Muss denn sogar die Kunst als vor allem bürokratische Herausforderung abgeheftet werden?

Andererseits: Steinmeier verkörpert das sogenannte politische Tagesgeschäft, und wer wollte ihm das zum Vorwurf machen? Er ist der Mann des Abwägens, des Wohlüberlegten, das wirkt sympathisch, berechenbar, ungefährlich – und ziemlich öde. Zum Glück gibt es solche Politiker, niemand will von lauter Brauseköpfen regiert werden. Begeistern, mitreißen, elektrisieren wird er nie, und Steinmeier behauptet ja keineswegs, solches zu können. In der momentanen Lage seiner Partei, als Herausforderer zumal, bedürfte es allerdings wohl dieser spezifischen »Kompetenz«.

Am Tag darauf gibt es neue, wiederum erschütternde Umfragezahlen, und am übernächsten Tag gleich wieder, aber das hatte Steinmeiers oberster Medienberater schon so prognostiziert, ohne jede Panik, es gehe eben jetzt zunächst darum, die – da sind sie wieder – »Kompetenzwerte« zu steigern, der Rest komme dann schon noch. Man müsse jetzt bloß die Thesen und Ideen des Deutschland-Plans wiederwiederwiederholen, bis sich eine Assoziationskette allgemein einpräge, die im besten Fall nur zwei Glieder habe: Steinmeier – Arbeitsplätze.

So, als rein mathematische Gleichung betrachtet, passt Politik wiederum sehr gut zu Steinmeier. Nur der von der SPD so gern beschworene Beispielcharakter der schröderschen Aufholjagd vor vier Jahren taugt dann nicht mehr, war doch deren Hauptwesenszug gerade die völlige Unberechenbarkeit, Programm im Affekt. Es ist Karl Lauterbach, der Gesundheitspolitiker mit der Fliege, der in eine der Rumstehgruppen wenigstens ein bisschen Schwung bringt: Man müsse jetzt zuspitzen! Die SPD positionieren als alleinige Bewahrerin des Sozialstaats. Gehörige Steuermehrbelastungen für Wohlhabende seien dann zwar unumgänglich, und das wüssten auch alle Parteien genau, doch sei es suizidal, so etwas vor einer Wahl öffentlich zu sagen. Wie also ist vorzugehen, wenn man nicht zu doll lügen will? Lauterbach: »Wir müssen uns aus dem Judogriff der Wahrheit befreien!«

Und das war sie auch schon, die einzige abenteuerliche Formulierung, die an diesem Abend im Kreise der Kreativwirtschaft zu hören ist. Ansonsten geht es um Altersvorsorge und Daumendrücken. Steinmeier wandert nach seiner kurzen Ansprache von Kölschtisch zu Kölschtisch, wird von Elke Heidenreich umarmt, die ihn anfeuert, die SPD müsse es schaffen, »damit es wenigstens so bleibt, wie es jetzt ist«. Da kommt Renan Demirkan, auch sie umarmt den Kandidaten: »Ich wünsche dir ganz viel Kraft, so viel es geht!«

Der Kandidat wird auf seiner Reise überall sehr freundlich empfangen. Es fällt nur auf, dass die Menschen *ihm* Mut machen, Kraft und Glück wünschen. Man kennt das aus Wahlkämpfen eigentlich andersherum. Einen »Mutmachroboter« schenkt der Professor in München Steinmeier als Andenken an den Universitätsbesuch, ein lustigbuntes Blechspielzeug zum Aufziehen, der lasse sich nicht unterkriegen, sagt der Professor. Steinmeier hält den Mutmachroboter lächelnd in Richtung Kameras, zunächst die Rückseite, auf der steht »k. o.«. Der Professor empfiehlt ihm, das Ding lieber umzudrehen: Auf der Vorderseite steht »No 1«. Steinmeier dreht den Blechroboter also um, und nun kann sich ein jeder aussuchen, welches Bild ihm besser gefällt.

Cem Özdemirs Kulturwahlkampf

Zurückgekehrt aus dem Sommerurlaub, sortierte ich den Briefkasteninhalt in die üblichen Stapel: Stresspost, Berufspost, Privatpost, Müllpost. Zwei Briefe jedoch bedurften eines neuen, fünften Stapels: Politikpost. Die Wahlbenachrichtigung und – na nu? – ein Brief von Cem Özdemir, dem Bundesvorsitzenden der Grünen; eigenhändig unterschrieben: »Ich würde mich sehr freuen, wenn Sie bereit wären, mit Ihrer Persönlichkeit grünen Ideen weiteren Auftrieb zu verschaffen.«

Um mal Loriot zu zitieren: »Ach?!«

Weder habe ich schon entschieden, wen ich am 27.9. wähle, noch dächte ich auch nur im Albtraum daran, zur Wahl einer Partei aufzurufen, geschweige denn, politische Auftragskunst zu kreieren: »Was die politische Farbe Grün für Sie ausmacht, in Form eines Statements, einer poetischen Miniatur, eines Filmclips, einer Zeichnung, eines Songtextes, im Rahmen eines Auftritts oder auch im Internet.«

An Missverständnissen und Irrtümern jedoch allzeit interessiert, wählte ich die im Briefkopf unter dem Wort »Kulturwahlkampf« angegebene Telefonnummer und fragte, ob schon jemand zugesagt habe. Oh ja: Tanja Dückers, Suzi Quatro, Nina Kronjäger, Inga Humpe, Mousse T., Ralph Herforth und viele andere.

Mein Interesse war geweckt; keineswegs, da mitzumachen, wohl aber, zu erkunden, wie so was abläuft – im Selbstversuch. Kulturwahlkampf!

Ein paar Tage später meldete sich Özdemir: »Ja, cool«, war das Erste, um nicht zu sagen: Erschte, was er sagte. Ja, cool. Er sei gerade in Stuttgart, wo er um das Direktmandat kämpfe. »In der Audostadt!« Schön, und was wäre mein Part dabei? Da könne er sich manches vorstellen, sagte Özdemir, zum Beispiel eine Lesung in einer Stuttgarter Buchhandlung. In zwei Tagen sei er in Berlin, dann könnten wir uns treffen und alles besprechen, allerdings erst spätabends. Na, ist doch umso kultureller, scherzte ich, und das fand Özdemir natürlich: cool. Also, abgemacht, 23 Uhr, na wo schon? In Kreuzberg.

Und da warte ich jetzt seit zehn Minuten, wo bleibt Cem Özdemir? Das von ihm als nächtlicher Treffpunkt vorgeschlagene Café ist drinnen wie draußen voll besetzt, lustige, typisch Kreuzberger Uniformität des Andersaussehens, jeansig, ledrig, löchrig, fleckig, gebatikt; es werden Zigaretten gedreht, Tapas gedippt und Rastazöpfe um tapasschmierige Finger gewickelt. In der Mitte des Lokals steht eine verhuschte Dame und spielt Gitarre; zwei Mädchen mit Kleistereimer und Plakatrolle laufen vorbei. Wenig Hinweise auf das Jahr 2009. Mit Anzug und Krawatte dort wartend zu stehen, das ist eine gute Übung fürs Selbstbewusstsein. »Wie läufst du denn rum?«, wird man angerotzt, das ist dann die Pointe der »Gegenkultur«, der Supertoleranz. Wäre ich ein Porsche, ich würde vermutlich schon brennen.

Endlich steigt Özdemir aus einem Taxi, ebenfalls im Anzug, er ist türkischstämmig, er ist Grüner – ich bin in Sicherheit. Beim Asia Imbiss gegenüber ist es ruhiger, gehen wir also dorthin, einen Mango Lassi für den Bundesvorsitzenden, bitte! Und, wie geht's? Bisschen müde, aber gut. Frühmorgens um sieben Uhr Äpfel verteilen in der Straßenbahn, dann eine Rede in Frankfurt an der Oder, ein »interkulturelles Grillfest« in Potsdam, und schließlich die Verabschiedungsfeier der »taz«-Chefredakteurin hier ums Eck, da kommt er jetzt gerade her. Sein Telefon blinkt, ein Mitarbeiter. »Du, ich bin jetzt busy«, macht es Özdemir kurz. Wenn man Politikern, egal von welcher Partei, am Ende eines Wahlkampftags begegnet, spürt man den Impuls, sie kurz mal in den Arm nehmen und trösten zu wollen.

Was hat er denn bei der »taz« so mit auf den Weg bekommen? Özdemir rührt in der Mangomilch. Wenn es zu einer »Jamaika-Koalition« kommen sollte, dann wär's das gewesen, habe man ihm gesagt; und im Sündenfall Schwarz-Grün ebenfalls. Und zur Erinnerung noch mal, was unter Rot-Grün alles schiefgelaufen sei, aus Sicht der »taz«. Aber regieren sollten die Grünen schon. Özdemir zuckt mit den Schultern: Mit wem denn – allein?

»Es ist schon zum Augenreiben, wer heute alles von grünen Ideen spricht«, hatte sein Brief begonnen, und schon das fand ich falsch gedacht. Die sympathische Gründungsidee der Grünen, die Politik zu verändern, kann doch nicht münden in beleidigte Beschwerden über »Produktpiraterie« (Renate Künast), wenn auch die anderen Parteien »grüne Inhalte« in ihre Programme schreiben. Um interessant oder potentiell republikverändernd zu bleiben, gebe es nun zwei Möglichkeiten, versuche ich, mich als Unterstützer sogleich zu disqualifizieren: sofortige Auflösung der Partei oder konsequente Orientierung zur einzigen noch aufregenden Grün-Koalition, die Energien aller Art freizusetzen verspräche – Schwarz-Grün. Das sehe er eigentlich genauso, sagt Özdemir, das sei zweifellos die Zukunft, Schwarz-Grün. Und genau deshalb müsse man eben im Saarland jetzt Rot-Rot-Grün durchsetzen.

Hä, was, wie?

Ja, als Gegenargument, um den Parteifrieden zu wahren. Falls der linke Flügel meutere, die Partei rücke mit Schwarz-Grün zu weit nach rechts, könne man dem entgegenhalten: Stimmt doch gar nicht, wir machen schließlich auch Rot-Rot-Grün.

Tja, welches Bündnis wählt man also mit den Grünen? Wenn die Experten im Fernsehen »die neue Machtarithmetik im Fünfparteiensystem« erläutern, wird einem ganz schwindelig, man muss praktisch um zwei Ecken wählen. Oder? Hauptsache, die Grünen seien stark, sagt natürlich Özdemir, die drittstärkste Kraft bestimme die Preise. Und dann von Fall zu Fall entscheiden, thematisch, pragmatisch. Das Fünfparteiensystem als nunmehr gegeben hinnehmen, und Die Linke im Bund kühl argumentativ bekämpfen: Nationalstaatlich, antiinternational, unverantwortlich – und »Reichtum für alle«, das sei doch schierer Dadaismus. Findet er also auch eher widerlich, Rot-Rot-Grün, ja? Problem dabei wäre, sagt Özdemir, dass die Grünen es dann mit anderthalb konservativen Parteien zu tun bekämen. Könnte man nicht sogar reaktionär sagen? Er schüttelt nicht den Kopf.

Bei Schwarz-Grün weint aber Claudia Roth, und man wird wieder genervt mit Zerreißprobentheater, oder? Nur Schwarz-Gelb-Grün sei noch verbotener, erklärt Özdemir; er merke das bei den Wahlkampfauftritten, Attacken gegen die Kanzlerin seien lange nicht so sichere Applausbringer wie Witze über Westerwelle: Immer, wenn er spüre, jetzt brauche er mal wieder einen Lacher, einen dicken Applaus, dann sage er, Westerwelle habe ja nun schon zweimal das Umzugsunternehmen wieder abbestellen müssen, und jetzt habe man alles daranzusetzen, dass Westerwelle am 27.9. um 18 Uhr erneut das Umzugsunternehmen abbestellen müsse. Strahlender Özdemir, doch das ist ja nun tatsächlich trostlosester Müntefering-Humor. Wahlkampf. Und jetzt: Kulturwahlkampf! Leider ist es so, dass ein Künstler, der parteipolitische Direktiven artikuliert, als Künstler eigentlich erledigt ist. Letzte Ausfahrt: Goethe-Institut; einmal bitte recht kritisch lächeln! Nein, der Künstler muss außen stehen, er sollte Partei- wie Kirchentage meiden, und was er so denkt, möge er eigenständig in Kunst umwandeln. Auf der Internetseite der Grünen ist »Rap gegen Atomkraft« zu hören, ein brav vertonter Leitartikel, mit großem Ernst wird »Atomenergie« auf »Risikotechnologie« gereimt, auch der Begriff »Laufzeitverlängerung« wird da *gerappt*, und wirklich alles, was diese Musikgattung ausmacht, fehlt. Rhythmusgefühl zum Beispiel, Sprachwitz – überhaupt Humor. Aufgesetzt dürfe es natürlich nicht wirken, stimmt Özdemir zu, desch wär uncool. Ein abschreckendes Beispiel, dieser Flugblatt-Rap, für das, was Anlass unseres Treffens ist: Kulturwahlkampf.

Ob es der Partei nützt, wer weiß, dem Künstler aber schadet es gewiss. Na ja, sagt Özdemir, es müsse ja nicht so platt sein: »Wählt die Grünen« oder so. Es könne auch provokant sein; wenn es also so sei, dass ich die Partei nur in einem schwarz-grünen Bündnis interessant fände, könne ich das durchaus sagen, in einer Videobotschaft zum Beispiel. Oder bei einer gemeinsamen Veranstaltung.

Wie ist er überhaupt auf mich gekommen? Wirke ich irgendwie, nun ja, grün? Man habe sich einfach überlegt, wer passen könnte, wer nicht völlig gegensätzlich positioniert sei. Der Torwart Jens Lehmann habe zugesagt, auch die UFO-Expertin Nina Hagen; nicht gerade Personen also, zu denen ich bislang eine Geistesverwandtschaft verspürt hätte. Ohnehin bin ich Einzelkämpfer – und Wechselwähler. Und die Kulturheinis, die eine Partei als die ihre bezeichnen und ihr in ewiger Treue das Fähnchen hochhalten, wie eiserne Fans einer bestimmten Fußballmannschaft, bis hinunter in die dritte Liga, die finde ich intellektuell nicht besonders anregend. Eben drum, sagt Özdemir, umso spannender wäre doch jetzt ein Statement für die Grünen von mir. Das Wort »spannend« benutzt er sowieso sehr häufig, »spannend« und »cool« sind offenbar Özdemirs Lieblingswörter. Spannend und cool, wer mag das nicht, also, auf geht's: Das möge er jetzt bitte nicht missverstehen, sage ich, aber was an den Grünen so schwer zu ertragen ist, sind die Grünen; ein Großteil des Personals, die Hälfte der Wählerschaft. Spießiger geht es eigentlich nicht. Claudia Roths Weinkrämpfe und Freudentänze, Trittins Irrglaube, Körpergröße verhalte sich proportional zum Bescheidwissen. Die Quotenidiotie: zwei Spitzenkandidaten, zwei Vorsitzende, damit kein Geschlecht benachteiligt wird. Da ist doch sogar die CDU weiter, mit einer Frau. Und die albernen Sprüche: »Aus der Krise hilft nur Grün.« Eine Parteifarbe, die als Synonym für »gut« verwendet wird, grauenhaft.

Özdemir hört sich mein Geschimpfe lächelnd an, Stuttgarter Straßenwahlkampf härtet ab. Er hält das Glas schief, um den letzten Rest Mango Lassi mit dem Strohhalm auszuschlürfen: »Ich bin ja Realo.« Über Claudia Roth werde er natürlich nichts Negatives sagen, und ab und zu mal weinen, das fänden die Leute eben – ja wirklich – authentisch. Trickreich ergänzt er: Vielleicht solle er auch ab und zu mal weinen? Jedenfalls, wenn er mir so zuhöre, glaube er, ich würde mit der nächsten Generation Grüner gut zurechtkommen, mit Tarek Al-Wazir zum Beispiel. Er zieht einen Aufkleber aus der Jacketttasche, auf dem steht CEM; das sei das Plakat in Stuttgart, einfach nur CEM, das sorge für Diskussionen, sei also ein gutes Plakat. Alle anderen Parteien zeigten Gesichter, da hebe sich sein Plakat schön ab. »Also, wie wär's mit einer Lesung in Stuttgart?« Ein Direktmandat dort, das sei schon eine Herausforderung, sagt er tapfer, Stuttgart sei nicht Kreuzberg, hier – er deutet aus dem Fenster – könnten die Grünen auch einen Besenstiel aufstellen und würden gewinnen. Der Direktmandatsinhaber dieses Bezirks ist bekanntlich Hans-Christian Ströbele, die Galionsfigur grüner Bioladengemütlichkeit und Fahrradfolklore. Wenn ich den Grünen Böses wollte, müsste ich wohl den unterstützen. Cem Özdemir hingegen ist ein ungewöhnlicher Grüner, weil er ein gewöhnlicher Politiker zu sein scheint. Er argumentiert analytisch, sachlich, strategisch, ohne ideologischen Furor. Schon merkwürdig, dass ausgerecht diese aus Sorge um die Zukunft gegründete Partei nichts mehr zu fürchten scheint als Veränderung, und alles tut, um pragmatisch vorwärtsgerichtete Anti-Ströbeles wie Özdemir zu demütigen. Direktmandat in Stuttgart!

Es ist kurz nach halb eins, als im Asia Imbiss die Hocker auf die Tische gestellt werden. Wir gehen auf die Straße, man muss jetzt irgendwie »verbleiben«; es war ja ein angenehmer Abend. Selbstverständlich werde ich mit Ausnahme meiner Stimmzettelabgabe keine Partei wie auch immer geartet unterstützen, keine Lesung in einer Stuttgarter Buchhandlung, keine Videobotschaft, keine poetische Miniatur; also sage ich, was man immer sagt, um höflich irgendein Begehr abzuwimmeln: Ich denke noch mal drüber nach und melde mich dann.

Am nächsten Morgen höre ich im Radio, Özdemir habe sich für Rot-Rot-Grün im Saarland ausgesprochen. Na klar, logisch, das hat er mir ja gestern Nacht erklärt: Ohne Rot-Rot-Grün gebe es kein Schwarz-Grün.

Klingt weiterhin einigermaßen verrückt. Jedoch: »Ohne Rot-Rot-Grün gibt es kein Schwarz-Grün« – das *ist* doch eine »poetische Miniatur«. Nein, die Grünen brauchen diesbezüglich überhaupt keine Hilfe.

Mit Angela Merkel im Rheingold-Express

Ein Wolkengürtel liegt über der Mitte Deutschlands an diesem in Norden und Süden spätsommerlichen Frühherbsttag, und exakt entlang dieses Wolkenbandes geht die Fahrt mit dem Rheingold-Express. Weil alle Tage dieses Jahres jubiläumshaltig sind, ist es auch dieser: Heute vor 60 Jahren wurde Konrad Adenauer zum ersten Bundeskanzler der Bundesrepublik gewählt, und eingedenk dessen wird Angela Merkel von West nach Ost fahren, von der Vergangenheit (Adenauers Grab, Bonn) in die Zukunft (futuristische, kantigglasige Kommandozentrale Adenauer-Haus, Berlin).

Wir haben nun so viel gelesen, gehört, gesehen – und doch, wir wissen nichts über die Kanzlerin. Genau das, heißt es maliziös, sei ihr Erfolgsgeheimnis und ihre Machtgarantie.

Früh am Morgen hat Angela Merkel mit Nachkommen Konrad Adenauers an dessen Grab auf dem Rhöndorfer Waldfriedhof gestanden und das Vaterunser gebetet; mal den ersten Buchstaben des Parteinamens betonen. Die westdeutschen Katholiken und die ostdeutsche Protestantin – man nennt das Ökumene. Vaterunser, unser Vater, die Bahnstrecke als Zeitstrahl, so ist das wohl gedacht. Angela Merkel trägt auch heute eines ihrer berühmt seltsamfarbenen Jacketts: kräftiges Violett.

Vom Grab zum Museum: Im Zoologischen Forschungsmuseum Alexander Koenig tagte nach dem Zweiten Weltkrieg der Parlamentarische Rat, bis zum Umzug ins Palais Schaumburg diente es auch als Bundeskanzleramt. Die Straße, an der dieses Gebäude steht, heißt natürlich mittlerweile Adenauerallee. Auf der gegenüberliegenden Straßenseite haben sich grünbehelmte Demonstranten postiert, sie sind der Hase&Igel-Running-Gag dieser Reise; überall, wo Merkel heute auftauchen wird, sind sie schon da, halten kleine grüne Windmühlen in die

Luft und rufen: »Klimakanzlerin gesucht!« Ihnen hier draußen geht es um die Zukunft, Angela Merkel aber spricht drinnen gerade über das Jahr 1949, das sie zumindest insoweit zu interessieren scheint, wie es sich für die unmittelbare Gegenwart beleihen lässt: »Damals, nach der Wahl im August: eine sehr knappe, aber doch mehrheitsfähige Koalition mit der FDP. Der Grundstein zur Durchsetzung der sozialen Marktwirtschaft.«

Treppe rauf, in Adenauers damaliges Büro. Norbert Röttgen murmelt jemandem zu: »Noch eineinhalb Wochen, jetzt wird's dann langsam Zeit.« Er könnte – so wirkt das – noch anfügen: Aber mich fragt ja keiner. Adenauer, sagt nun der Direktor des Hauses, brauchte keinen Pomp und keinen Glanz. Angela Merkel nickt, trägt sich ins Gästebuch ein und fragt die Fotografen, ob sie nun genug geschaut habe – da lachen alle.

Röttgen: So ein Büro hätte ich auch gern.

Kann ja noch kommen, sagt jemand höflich.

Eine Journalistin fragt: Wünschen Sie sich auch so ein Büro?

Merkel: Ich habe über mein Büro nicht zu klagen.

Wieder allgemeine Heiterkeit, ihr Büro ist viel größer als dieses hier, wie jeder weiß.

Dieses willfährige, erleichterte Lachen über Scherze von ihr, die eigentlich immer nur normale Sätze sind; diese latente Angst, dieser dennoch immer auch mitschwingende Hochmut. Man kann sich Merkels Macht nicht erklären. Aber man spürt sie.

Der Anfang dieses Tages also reinste Vergangenheit: ein Grab, ein Museum, Abfahrt im »Nostalgie-Zug« (Bahnwerbung) – und all das in Bonn. Angela Merkel soll das Verbindungsglied zu Gegenwart und Zukunft verkörpern, das ist schon klar. Was die CDU des Jahres 2009 *wirklich* noch mit der Konrad Adenauers verbindet, wird Merkel auf dieser Reise so oft betonen, dass man misstrauisch wird. Als sie kürzlich Volker Kauder zum 60. Geburtstag gratulierte, schien das schon passender zur CDU im Jahr 2009. Das Jahr der Jahrestage, Ladies and Gentlemen – Volker Kauder wird 60!

MIT ANGELA MERKEL IM RHEINGOLD-EXPRESS **251**

Aber denken wir doch mal an Adenauer, denken wir überhaupt mal an die seligen Gründungsjahre der Republik – wir schließen die Augen und sehen natürlich alles in Schwarz-Weiß: grandiose Parlamentsdebatten, leidenschaftliches und gewitztes Beschimpfen des politischen Gegners; wie geschnitzt die Physiognomien, sogenannte Charakterköpfe, rechts wie links; rasiermesserscharf argumentierend die hochintelligenten Generalsekretäre. Doch öffnen wir die Augen, sehen wir: Ronald Pofalla. Und denken sofort auch an Hubertus Heil und Dirk Niebel. Wir werden aber trotzdem wählen gehen. Angela Merkel steht jetzt auf einer Bühne vor dem Koblenzer Hauptbahnhof, neben ihr in einem Ständer steht eine Klarinette, jederzeit einsatzbereit für das die Kanzlerin umrahmende Zerstreuungsprogramm. Und Ronald Pofalla steht auch da, der Klarinette nicht eben unähnlich.

Die gelernte Naturwissenschaftlerin Merkel wird diese Art Beweisführung zulassen müssen: Um ein unbekanntes Element zu erforschen, kann es hilfreich sein, die Daranheftenden und Drumherumschwirrenden zu definieren. Wenn sie zum stets in ihrer Nähe schleichenden Pofalla blickt, nickt er sofort. Oder schüttelt den Kopf. Was halt gerade gewünscht wird. Seine Größe ist allein durch Unterwerfung bedingt. Der Typus Pofalla wird nicht abgestoßen von Merkel, anders als widerständigere Charaktere.

Was weiß man eigentlich noch aus dem Physik-Unterricht?

Stromstärke = Spannung geteilt durch Widerstand.

Wir haben die Kraft? Sie ist ja allein auf dem Plakat.

Also: Merkel = Steinbrück geteilt durch Seehofer?

Ein paar Tage vor der Rheingold-Express-Fahrt hatte in den Zeitungen gestanden, Horst Seehofer werde die Kanzlerin begleiten an diesem von der CDU so genannten *Deutschlandtag*; doch Seehofer ist nicht hier, »Termingründe«, na was denn auch sonst, an seiner statt ist angeblich Alexander Dobrindt dabei – aber wie sieht der noch mal aus? Welcher von all den um Merkel herumwieselnden Männern ist Dobrindt?

Der Koblenzer Bahnhofsvorplatz: Betondepression, die Bundesrepublik der 60er, 70er Jahre. Graue Halbhochhäuser, Neonreklame, der Glaube an Fußgängerzone, Freizeit und Sonntagsbraten. Hobbykeller! Oder auch: Adenauer.

Gerade teilt Merkel den Koblenzern mit, Konrad Adenauer habe Recht gehabt: Soziale Marktwirtschaft, knappe Koalition mit der FDP – andernfalls hätte es keinen Ludwig Erhard gegeben. Noch ein anderes Ereignis jähre sich heute, fährt die Kanzlerin fort: der Zusammenbruch des Bankhauses Lehman Brothers. Nächste Woche werde sie »nach Amerika« fahren, um die Finanzmärkte zu regulieren.

»Die macht ihre Sache doch ganz gut«, ist ein oft gehörter Satz, weniger aus CDU-Kreisen als aus der Anhängerschaft anderer Parteien. Verräterisch genug: »ihre Sache«? Und was ist mit unserer? Klingt da nicht auch immer mit: für eine Frau nicht schlecht? Die aktuelle Neunmalklugen-Süffisanz geht dann so: »Eine differenzierte Haltung zu jemand Indifferentem zu haben, ist nicht so einfach.«

Dass es über Merkel, je länger sie regiert, immer weniger gute Witze gibt, ist auch merkwürdig. Wenn Opposition, Herausforderer und Kommentatoren ihr mangelnde Greifbarkeit vorhalten und quecksilbrige Positionen, klingt das hilflos und beleidigt. Wenn aber den Witzemachern nichts mehr zu ihr einfällt, müssen wir das vielleicht ernst nehmen.

»Aber ich sage auch«, sagt sie oft. Und am Ende hat sie dann, statt selbst einen Standpunkt zu beziehen, alle denkbaren Positionen umrissen, und wir stehen vor ihr und nicken: So einfach ist es nicht.

Die große Rede zur Krise? Sie versteht die Frage gar nicht. Sie erwähnt doch »das mit der Krise« in jeder Rede, oder etwa nicht? Ihre Liebeserklärung an Konrad Adenauer klingt dementsprechend: »Es ist ja bekannt, dass ein Bild von Konrad Adenauer in meinem Büro hängt.«

Sie konfrontiert einen mit nichts, also stößt man an sich selbst – ihre Verweigerung lässt einen hadern, ob man nicht an Politik und zugehöriges Personal eventuell zu romantische, naive Erwartungen hat.

In »Apotheken-Umschau«, »Cosmopolitan«, »Emma«, »Super Illu«

MIT ANGELA MERKEL IM RHEINGOLD-EXPRESS **253**

und wo nicht überall konnte man jüngst – jeweils »Exklusiv-Interview« genannte – Befragungen der Kanzlerin lesen. Sie wurde derart erschöpfend durchporträtiert und -biographiert, ausgedeutet, kreuzverhört und duelliert – da bleiben gar keine Fragen. Da will man nur kurz mal mit ihr plaudern, vielleicht mal das seltsamfarbene Jackett berühren: Gibt es sie echt, ja? Unterschätzt, überschätzt – was denn nun? Unverhofft ergibt sich dann die Gelegenheit; keine Fragen eigentlich und dafür etwa vier Minuten Zeit, zwischen Erfurt und Leipzig.

In Erfurt sprach sie soeben auf dem Bahnhofsvorplatz, der leider Willy-Brandt-Platz heißt, über Konrad Adenauer. Wie von der Bundeszentrale für politische Bildung bestellt, sagte im Publikum ein Erfurter Teenager zum anderen: »Adenauer, war das nicht einer aus 'm Krieg?« Zum Abschied wurde der Kanzlerin ein Tablett Thüringer Bratwürste auf die Bühne gereicht. Für ihr mutiges In-die-Wurst-Beißen bekam Angela Merkel den größten Applaus.

Nun sitzt sie, mit dem Rücken zur Fahrtrichtung, im »Panoramawagen«; etwas höher sitzt man hier als in den anderen Rheingold-Express-Waggons, das Dach gläsern, man kann alles gut sehen: Deutschland, wie es wirklich ist. Eine Gerüstbaufirma, ein Billard-Center, Speditionen, Lagerhallen, Bauernhöfe; genau, aber nicht streng linierte Ackerflächen; ein Haus, mehrere Häuser, Dorf, Städtchen – und wieder Felder; »100 Jahre Erdal – die ganze Welt der Schuhpflege«. Alles in Ordnung. An den Bahnübergängen wird gewartet, in den Gärten gepflanzt und geerntet; die Parabolantennen auf den Dächern fangen den Gesang der Welt ein. Über allem dieses perfekte Deutschland-vor-dem-Fenster-Wetter, grau, manchmal Regen, dann kurz die Sonne; alles macht weiter. Adenauer – so lang ist das gar nicht her.

Man schaut ihr ins Gesicht, ein kurzer Augenkontakt. Hallo, Frau Merkel! Ihre Augen passen farblich gut zur lila Jacke, an deren linkem Ärmel einer von vier Knöpfen etwas lose sitzt. Draußen ein Maisfeld, der Zug fährt grad sehr langsam. Säße man nicht der Kanzlerin gegenüber, würde man jetzt wahrscheinlich auf die Bahn schimpfen.

Wie war die Thüringer Wurst, Frau Bundeskanzlerin?
Ging so.
Kalt?
Kalt war se nich. Aber, ich sag mal, zu stark gewürzt.
Willy Brandt am Erfurter Fenster – woran denken Sie bei Willy Brandt zuerst?
Na, da in Erfurt an die Willy-Willy-Rufe. Und an den Kniefall natürlich.
Wie unterscheiden sich die Städte von der Bühne aus?
Man sieht schon, ob es eher ländlich oder großstädtisch ist. Osten oder Westen sieht man den ganz jungen Leuten gar nicht mehr an.
Wenn Sie aus dem Zugfenster schauen, was für ein Land sehen Sie?
Ich sehe ein ziemlich intaktes Land, im Vergleich zu anderen Ländern, in denen man schon so war.

(Man! Länder, in denen man schon so war! Das Erste, was einem ein Psychotherapeut beibringt: Sagen Sie nicht »man«, sagen Sie »ich«. Das Erste, was man als Profipolitiker wahrscheinlich lernt: Öfter mal »man« sagen, dann kann nichts groß passieren.)
Was ist Ihre persönliche Sehnsuchtslandschaft?
Leicht wellig. Mehr so Grundmoräne.
Ist der Herbst Ihre Lieblingsjahreszeit?

(Hm. Sie guckt zum Pressesprecher, fummelt an ihrem Handy.)
Wie fanden Sie sich im »TV-Duell«?
Die Medien haben ja offenbar so 'ne Rabatz-Erwartung. Versteh ich schon, jeden Tag 'ne leere Zeitung, das wäre ja auch nix. Und wenn es keine schlagzeilentauglichen Meldungen gibt, dann heißt es gleich: langweilig.
Ja, hört man jetzt oft: Der Wahlkampf sei langweilig.
Finde ich nicht. Und die Leute finden das auch nicht. Ich will am 27.9. 'ne starke Union.
Man kann hier an Bord wählen zwischen Gulasch und Erbsensuppe. Ihre Wahl?
Ich habe mich für die Erbsensuppe entschieden.

Eine Frage noch? Gut, schnell: Ihr aktuelles Großplakatmotiv zeigt Sie im hellgrünen Jackett, Ihre Hände bilden in Bauchnabelhöhe eine Raute. Was hat das zu bedeuten?

Nichts. Diese Haltung hat sich herausgestellt als Position, in der ich automatisch den Oberkörper aufrecht halte. Normalerweise bin ich ja mehr so … (Sie zieht die Schultern nach vorn, macht einen leichten Buckel). Nichts anderes heißt das.

Hat noch kein Körpersprachenspezialist gedeutet?

Nö. Schönes Foto, oder?

Ja, die Jackettfarbe knallt ordentlich. Danke, Frau Bundeskanzlerin!

Und, isses für Sie auch 'n schöner Tag? Macht man ja nicht alle Tage, so mit'm Zug quer durch Deutschland.

Ja, macht Spaß.

Man lässt sie wieder allein in ihrem Panoramawagen, sie schaut kaum aus dem Fenster, ist die ganze Zeit mit ihrem Handy beschäftigt. Ihre Vorgänger hätten darauf bestanden, sich für die Fotografen einmal neben den Zugführer zu stellen. Angela Merkel bleibt im Panoramawagen, genau in der Mitte der Waggonreihe. Das ist ihr Platz.

Besichtigungsspurt durch das Zeitgeschichtliche Forum in Leipzig; »Geschichte erleben – Eintritt frei«. Nebenan wirbt eine Mobiltelefongesellschaft rabiat um neue Kunden: »trotz Schufa!« Die Ausstellung zeigt Transparente, Flugblätter, Plakate und andere Reliquien des Mauerfalls; auch an den Berlin-Umzug wird erinnert: eine Todesanzeige für Bonn, Umzugskartons. Doch die mitreisenden Journalisten haben sich für heute nun genug erinnert, Angela Merkel soll jetzt bitte noch etwas Aktuelles sagen für die Abendnachrichten, und zwar über das Opfer der sogenannten Münchner S-Bahn-Mörder. Macht sie gern, doch spricht sie von Dirk statt von Dominik Brunner – die Fernsehteams werden anschließend gebeten, das irgendwie rauszuschneiden; mit einer hinreißenden Begründung: Nicht dass es einen Dirk Brunner gibt, der sich dann erschreckt.

Auf der Schlussetappe zwischen Leipzig und Berlin, ein Besuch im

»Unterstützer-Wagen«: Hier sitzen mehr oder weniger (die meisten: weniger) bekannte Menschen, die in Zeitungsanzeigen und wo immer es nur geht dazu aufrufen, Angela Merkel zu wählen. Besonders die weiblichen Unterstützer scheinen sich ein bisschen wie im Obama-Wahlkampf zu fühlen, sie schicken alle paar Minuten Unterstützer-Botschaften ins Internet und sagen so Sätze wie »Ich bin ein typischer Word-Spreader«. Aber sie sagen auch normale Frauensätze: »Diese auffallenden Farben trägt die Kanzlerin mit Absicht an solchen Tagen – als Blickfang. Und wie toll sie nach so einem Tag noch aussieht, sie macht ja zwischendurch nichts an sich. Das ist wohl ein Kompakt-Make-up. Und das Haarspray, das will ich auch haben, ich muss rausfinden, welches sie benutzt. Frag ich sie nachher!«

Von so fidelem Geschnatter angelockt, nähert sich Thomas de Maizière dem Tisch: Nach der Wahl lade er mal zu sich ein, Dachgeschoss, von da oben habe man einen geilen Blick über ganz Berlin, sage jedenfalls seine Tochter.

Die aufgekratzten Damen fragen ihn, ob denn nur seine Tochter oder auch er selbst diese Aussicht geil fände.

Na ja. De Maizière guckt sich schuldbewusst um, die Kanzlerin hat gerade den Waggon betreten, mal die Unterstützer besuchen, die zwar alle betonen, wie lang und gut sie Angela Merkel kennen, doch jetzt allesamt sehr nervös werden.

De Maizière senkt nun tatsächlich die Stimme: Also, das sei ja politisch nicht so korrekt, das Wort »geil«.

Lustig: Hat er Angst vor der Kanzlerin?

Der Zug hält in Berlin, die grünbehelmten Demonstranten warten schon am Ausgang des Bahnhofs und suchen noch immer die Klimakanzlerin, eine Abordnung steht auch vor dem Konrad-Adenauer-Haus, der CDU-Zentrale, wo die Kanzlerin nun tagesbeschließend eine »Installation« berühmter Schwarz-Weiß-Aufnahmen Adenauers einweiht. Installation bedeutet hier, dass die Bilder sehr groß in Bahnen abgezogen und die einzelnen Bahnen in Metallrahmen gefasst wurden. Adenauer mit Kennedy, Adenauer mit heimkehrenden Kriegsgefangenen, Adenauer nach seiner ersten Wahl zum Bundeskanzler. Die Bilder sind so genau in die Wände eingepasst, dass sie kaum auffallen, »es ist ganz organisch, es fügt sich ein«, wird die Kanzlerin später feststellen. Doch erst spricht noch Ronald Pofalla: »Wir haben ganz bewusst heute am Grab Konrad Adenauers begonnen. Das war ein phantastischer Tag.« Kulturstaatsminister Neumann zitiert Walter Benjamin: »Geschichte zerfällt in Bilder, nicht in Geschichten.«

Durch Pofalla oder ihr legendäres Handy scheint die Kanzlerin inzwischen erfahren zu haben, wie spöttisch an diesem Tag Politiker anderer Parteien über die Rheingold-Express-Fahrt der CDU gesprochen haben, also kontert sie: »Wer der Meinung ist, dass wir eingetaucht sind in den Muff der Geschichte, den wollen wir in diesem Glauben belassen. Wir haben heute sehr weit in die Zukunft geblickt. Das Buffet ist eröffnet.«

Der Schriftsteller Thomas Brussig ist einer der Ersten am Suppentopf. Die Kanzlerin sei eine begeisterte Leserin seiner Bücher und empfehle sie wie verrückt weiter, erzählt Brussig mit heißem Süppchenatem. Sie habe während eines Fluges eine halbe Stunde lang laut aus seinem Buch »Schiedsrichter fertig« vorgelesen, habe er gehört. Also, so was haue einen natürlich um, wenn man es höre; eitel sei man ja schon. Und er finde sie also 'ne Wucht und ganz toll, da verzeihe er ihr auch die Parteizugehörigkeit – mit der CDU nämlich könne er, unter uns gesagt, nüscht groß was anfangen.

Unweit des Berliner Hauptbahnhofs leuchtet hellgrün in die Nacht das Großplakat: »Wir wählen die Kanzlerin.« Die Kanzlerinnenhände bilden eine Raute; sie steht also aufrecht da, mehr heißt das nicht. Da drüben steht das Kanzleramt. Wir haben uns für die Erbsensuppe entschieden.

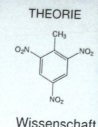

Wissenschaft ist nicht neutral!

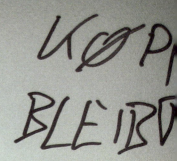

PhysLab

Heute (6.2.2008) PhysLab-Mädchentag im Großen Hörsaal (= HIER).

Jörg Fandrich
Tel.: 838 56772
joerg.fandrich@physik.fu-berlin.de

Physik für Mädchen

Zwar hat die amtierende Kanzlerin dieses Fach studiert, dennoch sind in einem normalen Physik-Hörsaal die Männer deutlich in der Überzahl. Auch deshalb also dieser »Informationstag für Mädchen« mit der einladenden Überschrift: »Wer möchte Physikerin werden?« Es sind viele Berliner Gymnasiastinnen gekommen, um sich das mal anzuhören. Vor ihnen steht jetzt ein Studienrat, er sieht ganz normal aus und trägt nichtmal eine Brille. Er macht den Mädchen Mut, immer wenn sich ihre Augen gerade erschrocken weiten, weil er irgendwas Kompliziertes gesagt hat, fügt er schnell an: »Aber das schaffen Sie, das kriegen Sie alles hin.« Physikerin sei ein »toller Beruf, aber Frauen sind in der Physik trotzdem noch so eine Art blinder Fleck«. Zum Glück hat er nicht »schwarzes Loch« gesagt.

Nun spricht die Vizepräsidentin der Freien Universität »ein Grußwort«, der Beamer summt es Respekt einflößend an die Wand, hier grüßt eine »Prof. Dr. Dr.« und erzählt, wie das war, als sie Physik studierte, da gab es nur drei Mädchen in ihrem Jahrgang und begrüßt wurde der Hörsaal von den Lehrenden stets mit »Guten Morgen, meine Herren«. Das sei heute schon anders, trotzdem gebe es noch immer viel zu wenige Physikstudentinnen. Die versammelten, an Physik interessierten Berliner Mädchen schreiben brav in ihre Spiralblöcke, dass es mehr Studienplätze als Bewerber gibt, dass eine gewisse Liebe zur Mathematik vonnöten ist und es viele unbefristete Stellen für Physikerinnen gibt. Der Studienrat beamt ein grinsendes Gesicht an die Wand, mit dem Zusatz »Physik macht Spaß!«, und nun wird es endlich praktisch, Labors werden besichtigt, in denen mit Laserkanonen auf Moleküle geballert und anderer gefährlicher Kram vorgeführt wird von Studenten der Physik, die ein Mädchen flüsternd nicht ganz zu Unrecht als »Freaks« charakterisiert. In einem Keller dürfen die Mädchen zum Abschluss selbst herumexperimentieren, die Räume sehen aus wie ein Kindergarten für Hochbegabte, alles voll mit Bällen, Würfeln, Kreiseln und Wippen, spielerisch wird hier begreifbar, dass jedes Naturgesetz eine top-interessante Frage für die Physik bedeutet. Natürlich wird es dann im Studium etwas komplizierter, Angela Merkels Diplomarbeit zum Beispiel behandelte den »Einfluss der räumlichen Korrelation auf die Reaktionsgeschwindigkeit bei bimolekularen Elementarreaktionen in dichten Medien«.

Zur Motivation hat der Studienrat mögliche Einstiegsgehälter für Physikerinnen genannt, die Mädchen rechnen, kichern, freuen sich auf ein Saus&Braus-Leben als Physikerin, sie wissen schließlich noch nichts von Steuern und Abgaben – Taschengeld gibt es ja netto.

Der Polterabend des prominenten Friseurs

Vorher, ein kurzer Moment der Ruhe: Udo Walz sitzt in seiner Wohnung am Kurfürstendamm vor dem Fernseher, es schimmert der Beruhigungskanal Phoenix. Die Wohnung ist sehr groß, eigentlich ist immer irgendwer zu Besuch da; momentan eine Freundin aus New York, sie sitzt mit Bald-Walz-Mann Carsten Thamm im Nebenzimmer, die beiden werden gleich Abendessen gehen, ohne Walz. Der wird gegen acht Uhr abgeholt und in »Die Kleine Philharmonie« gebracht werden, eine herrliche Westberliner Kaschemme, in der man immer das Gefühl hat, die Mauer stehe eventuell doch noch. Freunde von Walz veranstalten dort einen Junggesellenabschiedsabend für ihn, der es vom Prominenten-Friseur zum prominenten Friseur gebracht hat.

Der kleine Hund Oskar hüpft aufs Sofa und möchte irgendwas, »Streichel ihn!«, ruft Walz. Man streichelt also den Hund.

Also, er verstehe die ganze Aufregung nicht, sagt Walz. 200 Interviews habe er allein heute gegeben, so ungefähr. Dass die Aufregung dadurch nicht unbedingt kleiner wird, ist ihm aber auch klar. In der »New York Times« habe was über die Hochzeit gestanden, heute habe ihm jemand erzählt, er habe sogar auf Hawaii davon gehört; in der »Süddeutschen Zeitung« habe es gestanden, in der »Frankfurter Allgemeinen«, was – er lacht – was will man mehr? Er zeigt eine Auswahl der jüngsten Presseberichte, zieht sich das weiße T-Shirt über den Kopf, schlüpft in ein frisches Hemd, Thamm und die Freundin gehen schon mal los, während Walz noch den Wohnungsschlüssel sucht, das sei immer dasselbe, immer sei der Schlüssel weg, sagt er, und dass übrigens die Kücheneinrichtung von Ikea sei, überhaupt viele Möbel hier seien von Ikea, und der Sessel dort aus einem Theaterfundus – man könne mit etwas Geschick sehr günstig eine Wohnung hübsch einrichten.

Dann hat er den Schlüssel gefunden, in der Jackentasche war er; Walz lässt alle Lichter in der Wohnung an, lässt auch den Fernseher laufen, sagt, er lasse immer alles an, das sei dann schön beim Nachhausekommen. Vor dem Haus setzt er sich in ein Straßencafé, meine Lounge nennt er es, und bestellt eine Cola Light.

Das 201. Interview gibt er nun vollautomatisch, man braucht gar nichts zu fragen: Eigentlich sei das ja am Samstag gar keine Hochzeit, sondern nur die Bestätigung einer Partnerschaft/Heiraten sollen nur Mann und Frau, um eine Familie zu gründen/Carsten ist seine Familie/Es kommen viele Freunde aus der ganzen Welt, aus Bombay, Athen, Miami, aus der Türkei und aus Italien/Es wird wie beim »Bambi«, wer da alles kommt, der Wahnsinn.

Er zählt die Namen auf, viele davon kennt man aus der Zeitschrift »Bunte«, Kundschaft und Freunde, das geht so ineinander über. Ist denn noch irgendwas an dieser Hochzeit privat? Ja, man habe das Ereignis nicht ans Fernsehen und auch an keine Zeitschrift verkauft, da kämen einfach 200 Freunde am Samstag, das werde eine große Party, wie sein 60. Geburtstag, und Partys habe er einfach gern.

Ein Mädchen kommt an den Tisch und bittet um ein gemeinsames Foto. Walz legt den Arm um sie.

Woher kommst du denn?

Aus Köln.

Mach mal lieber noch ein Foto, zur Sicherheit. Alles klar, ciao!

Auch dieser Aspekt des Bekanntseins, das Maskottchentum, macht Walz Spaß. Pro Tag kämen 20 solcher Fotomädchen, ist doch doll, sagt er, für einen Friseur.

Er spricht jetzt zusammenhanglos, oder, anders, der Zusammenhang ist Udo Walz: Das Leben ist keine Generalprobe, das sei sein Motto. Er hasse nach wie vor »die Wir-Form«, er gehe nicht mit Carsten auf den Wochenmarkt, kaufe keine gemeinsame Waschmaschine, und allein in den Urlaub zu fahren sei auch weiterhin immer mal schön. Weil es ihm so gut gehe, habe er Patenschaften für zwei Kinder in Afrika übernommen und zwei Wasserbrunnen im Sudan finanziert, 2000 Euro pro Brunnen. Bei KPM und Hermès stünden zwar Hochzeitstische, aber die Hochzeitsgäste dürften natürlich schenken, was sie wollen. Er habe nicht sonderlich schöne Hände, daher werde es keine Ringe geben, stattdessen bringe Barbara Becker Armbänder von Cartier mit, die würden mit einem Schraubenzieher fixiert – wenn man sich dann scheiden lassen wolle, er lacht, müsse man zum Klempner gehen. Sabines Hochzeit sei ja dermaßen toll gewesen da auf der Privatinsel. Christiansen? Ja ja, nicht zu toppen, die schönste Hochzeit, auf der er je gewesen sei. Die eigene werde eher klassisch. Wir Deutschen liebten ja das Wort »aber«, er jedoch nicht. Wenn was schön oder lustig sei, dann sei es schön oder lustig – ohne »aber«. Egal, wie es werde heute Abend, es werde lustig. Und schön.

Ein Jeep fährt vor, zwei etwas windig aussehende Herren steigen aus, einer hat ein Tuch in der Hand, möchte Walz die Augen verbinden. Nein, sagt Walz, das machen wir nicht. Er steigt in den Jeep, blickt etwas verdutzt in eine Kamera, die ihm vom Beifahrersitz aus ins Gesicht zielt. Was das jetzt sei, fragt Walz. Das sei »Hallo Deutschland« vom ZDF, sagt filmend der Kameramann. Walz ziert sich kurz, das sei ihm jetzt gar nicht recht, aber der Kameramann sagt, das sei doch alles primstens, und Walz solle bitte ordentlich überrascht tun, wenn er gleich aus dem Auto steige. Nach ein paar Metern Fahrt guckt Walz zunächst ergeben, dann glücklich in die Kamera und ruft: »Hallo Deutschland!«
Bernhard Brink ist auch schon da, sagt der Kameramann.

Vor der Kleinen Philharmonie warten viele andere Kamerateams, Fotografen, tatsächlich Bernhard Brink – und Freunde. Oder sind das sowieso alles Freunde?

Udo, war das 'ne Überraschung?, fragt ein Reporter, ja, sagt Walz, er habe gar nicht gewusst, wo es hingeht. Alle sind zufrieden, René Koch, dessen Vorname ja bekanntlich nicht René, sondern »Starvisagist« lautet, hat Würstchen und Salate eingekauft und für die Dekoration gesorgt, jetzt gibt er ein Zeichen, woraufhin aus der Kneipe »Ein Freund, ein guter Freund« schallt, und zwar die von Walz und Koch einst gemeinsam eingesungene Version des alten Schlagers. So ein Abend mit Freunden und Kameras – beziehungsweise: mit befreundeten Kameras – führt zu eher indirekter Kommunikation, da umarmt also Walz nun Bernhard Brink, das wird gefilmt, und Walz sagt in die Kameras, dass er dem Bernhard schon 1972 für die »ZDF-Hitparade« die Haare gerichtet habe. Überhaupt alle erzählen nun den Kamerakameraden, seit wann sie den Udo schon kennen. Walz sagt derweil in andere Kameras all das, was er schon seit Wochen immer wieder sagt, dass es eigentlich ja gar keine richtige Hochzeit sei und so weiter.

Dann fliegt das Geschirr, das ist nochmal gut für die Kameras. Klirr, schepper – und jetzt zusammenfegen, Udo! Walz nimmt einen Besen, sagt, dass er noch nie gefegt habe, und alle freuen sich.

René Koch schaut sich selig um. Ob das nicht herrlich sei hier? Es gäbe niemanden, mit dem sie hier noch nicht gewesen seien, der Udo und er. Am Samstag käme ja die Prominenz, und heute sollten deshalb nur Freunde kommen, eigentlich sei auch keine Presse eingeplant gewesen – aber der Udo könne dann doch nie den Mund halten. Walz kommt herbei, kurze Interviewpause, er steckt den Finger in ein Gemisch aus süßem und scharfem Senf und sagt: Ich hasse das – aber ich liebe Senf.

Der monatliche Plattenkauf

Januar

»Ich will nicht wissen, wer ich bin.«

»So feiern nur wir.«

Ein perfekter Samstagabend-Beginn: Hin und her zwischen 3sat und RTL, zwischen Gedenksendungen zu Heiner Müllers 80. und Privatfernsehens 25. Geburtstag. In diesem Spannungsfeld wird Energie frei. Wird es bei der einen Party zu trostlos, erwischt man bei der anderen just einen großen Moment. Als dann Katja Lange-Müller erzählt, wie auf Müllers Balkon im Winter einst die Whiskyflaschen explodierten, und das Babelsberger Filmorchester ein Bohlen-Medley darbietet, fällt man vom Sofa und muss doch: hinaus.

Am Straßenrand liegen nun die Weihnachtsbäume, viele Blaufichten. Deren Farbigkeit erinnert an die neue Portishead-Platte; noch immer nicht gewagt, sie zu hören. »Wunderbar verstörend« – für solche Platten kramen die Besprecher immer all die Unfugreste hervor, die sie in ihren Aufsätzen zum letzten Petzold-Film nicht unterbringen konnten.

Das große »Kulturkaufhaus« ist bis null Uhr geöffnet, also durch die Kälte – zu den Platten. Die Stapel mit den Neuerscheinungen, das Jahr so jung, das eben noch Neue jetzt schon alt – vom letzten Jahr: Hab ich schon, hab ich schon, will ich nicht, kenn ich nicht, hab ich schon. Huch, was ist das? »Kylie Boombox – The Remix Album 2000–2008«. Ausweislich Rückseitenbeschriftung ganz frisch, 2009 veröffentlicht! Du kommst in den Korb, Süße. Minogue-Platten: immer blind kaufen, hat man gern komplett zuhause stehen, Kylies Werk. Auch falls mal Besuch kommt. Damals, vor dem Krieg, als es noch Singles gab: »Your disco needs you«, als Bonusbeigabe die *German Version,* auch ein

Blindkauf, und hören werde ich sie, bis ich taub bin. »Lass dein Volk nicht in Stich/Deine Disco braucht dich.« Braucht man nun diese Remixe? Später, daheim, wird klar: nicht so unbedingt. Perfekte Poplieder erhellend zu remixen, ist nicht einfach, auch selten nötig. Man kann sich die Party vorstellen, auf der »Can't get you out of my head« mit »Blue Monday« gekreuzt ein kleineres Beben verursacht, klar, aber dieser *Bastard*-Gag ist mittlerweile doch etwas in die Jahre gekommen. Schwächeren Liedern jedoch kann ein Remix aufhelfen: Von den Chemical Brothers bearbeitet, kommt der nervig raffinierte Rhythmus des Sexgehauches »Slow« endlich aus den Puschen. Immer wieder im Kreis, an der Schraube drehen, schneller, lauter, kreiselkreisel, rumsbums. Wunderbar.

Und sonst so? Vor ein paar Tagen lief »American Gigolo« im Fernsehen und warf die Frage auf, wie man bislang eigentlich ohne dessen Soundtrack leben konnte. Nicht vorrätig, müsste langwierig als *Import* bestellt werden, also die gröbste Not mit einem lieblos zusammengeschluderten »The Best of Giorgio Moroder« lindern. Der Gigolo-Hit »Call me« ist nicht drauf, dafür »From here to eternity«, die Richtung stimmt. Ein Disco-Einkauf also, ist schließlich Samstagabend. Huch, eine Sparks-Platte von 2008? Das Cover zeigt einen am Klavier sitzenden Affen. Der aus *Ronny's Pop Show*? Der aus der Trigema-Werbung? Unser Charly? Der Affe singt, trägt ein Smokinghemd. Da muss doch Hannes Jaenicke eingreifen! Wer Affen zu sehr liebt, hat was gegen Menschen. Dieses Gedicht von Heiner Müller, »Herr Dschu und seine Affen«, wie ging das noch mal? Überhaupt, Heiner Müller. Keine Gitarren-Platte gefunden heute, also als Rock-Gegengewicht den dritten Gesprächsband der damit abgeschlossenen Müller-Gesamtausgabe mitnehmen. Knapp 1000 Seiten härtester Hardrock.
Müller: »Und dann sagte der Alkoholiker: Scheiß Paris!«
Dazu Giorgio Moroder, und die Nacht ist dein Freund.

Februar

Gerade hatte der niedersächsische Ministerpräsident gefragt, in welchem Berlinale-Film ich denn mitspiele; wir standen auf einer Filmfestspielparty, die Damen anderweitig im Gespräch, es war also klar, wir brauchten jetzt ein handfestes Thema. Konzentrieren: Wulff, Wulff, Wulff – genau! Osnabrück, Heinz Rudolf Kunze, ja, so würde es gehen.

Wählt eigentlich Heinz Rudolf Kunze mittlerweile CDU, fragte ich den Ministerpräsidenten (man könnte sagen: unvermittelt), und der gab Auskunft, dass Kunze ihn bei den Landtagswahlen unterstützt und demzufolge wohl auch gewählt habe; bei Bundestagswahlen splitte Kunze seine Stimmen möglicherweise, vielleicht Zweitstimme FDP, das machten ja viele Künstler. Schweigen. Heinz hat einen langen Weg hinter sich, sagte Wulff dann.

Tags drauf im Obergeschoss des Elektronikkaufhauses, bei den Platten: »Protest« von Heinz Rudolf Kunze. Für Menschen, die einige frühe Piano-Weltanklagen Kunzes für immer im Herzen tragen: eine grauenhafte Platte. Auf dem Kirchentag singen, das schafft die Besten. Lederjacke tragen, na gut, wenn es sein muss. Aber nicht so klingen, bitte. »Junge Musiker«, die mit teuren, gut gestimmten Gitarren da rumroutinieren; Texte: als sei nie was gewesen. Es ist billig und öde, die Rüge eines Spätwerks mit dem Verweis auf frühe Glanztaten eines Künstlers zu umfloren, muss aber sein, wenn sich an die kaum mehr jemand erinnert. Wie Kunze mal schreiben und singen konnte, als er ganzen Milieus und Dekaden mit einer Zeile die Luft rausließ: »Wir wählen selbstverständlich weiter SPD.« Notwehr in alle Richtungen, seine Platten hießen nicht, sie *waren* Protest. Der damalige Kunze hätte den Wahlzettel angezündet.

Am Probehörterminal wird das Display nun aufdringlich: »Das könnte Ihnen auch gefallen: Glasvegas«. Nee, Schatz, wirklich nicht, bist aber nicht der Erste, der das denkt – etwa viermal pro Woche empfiehlt mir jemand Glasvegas. Offenbar wirke ich wie jemand, der Glasvegas super finden muss. Ich kapiere aber die ganze Glasvegas-Aufregung nicht, kaum eine langweiligere Platte gehört in den letzten Monaten.

Jetzt noch ein prinzipieller Kauf: Soundtrack von Woody Allens »Vicky Cristina Barcelona«. Schauderhaftes Spaniengitarrengezupfe, egal – Fan-Kauf. Es gilt die alte, auch umgekehrt anwendbare Regel: Die größten Filme haben die grässlichsten Soundtracks.

Ministerpräsident Wulff hatte mich noch auf einen interessanten Seitenaspekt der Weltwirtschaftskrise aufmerksam gemacht: *Cocooning*. Umsatzplus bei Möbeln, Papierservietten und Bahlsen-Gebäck! Bei Platten nicht, die arme Musikindustrie schnürt würdelose Rettungspakete: Kaum eine neue Platte kann man noch zugabenlos bekommen, eine Bonus-DVD ist mittlerweile Standard; allein, wer soll sich all diese Dokumentationen aus Aufnahmestudios und Tourbussen bloß jemals anschauen? Die Kapitulation vor Raubkopisten: »Deluxe-Editionen«. Mit exklusivem Girlie-Shirt! Mit streng limitiertem Tank Top! Sagt ein Musikdieb zum anderen: Ich brauche ein neues T-Shirt. Darauf der andere: Dann kauf dir doch eine CD. Super Fan-Package: Stofftasche & Souvenir-Teddy! Ich hätte das alles gerne *nicht*. Von »Vicky Cristina Barcelona« gibt es so was ja ohnehin nicht.

Zum Trost nun endlich auch als CD-Maxi das Lied, mit dem jeder Berlinale-Abend von allen Seiten beschrieben ist: »I'm in love with a german film star«, 1981 ein kleiner Hit der Band The Passions, heuer wiederauferstanden, glorios erneuert von Sam Taylor-Wood und den Pet Shop Boys. Sam Taylor-Wood, ist das nicht diese Foto&Video-Künstlerin? Doch, doch. Interdisziplinäre Co-Produktionen, die *keine* Kunstkacke ergeben: selten. Campino kann ein Lied davon singen, ein ernstes Duett mit einer Nestroypreisträgerin – und die Tiefe kommt dann automatisch, oder was? Brandauer, Wenders – und die Documenta wartet schon? Hochkultur als Missverständnis. Macht ihr mal, da oben, wir schwofen so lang hier unten, feiern die Perfektion dessen, was Pop zu leisten imstande ist: »It's a glamorous world«, intoniert so verzweifelt und schwärmerisch, so affirmativ wie beleidigend – es ist die Berlinale-Übersetzung von »Wir wählen selbstverständlich weiter SPD«.

März

Die Wettermaus morgens im Fernsehen hatte vor lauter grauen Wolken gestanden, aber alles Quatsch: Frühling in Berlin. Ich pumpte meine Fahrradreifen auf und fuhr zu dem Plattenladen, den ich als *meinen* bezeichnen würde, eine Nick-Hornby-Bude mit sehr nettem Hippieverkäufer. Stimmung dort bestens, gerade hat der Postbote einen Karton »Astral Weeks« von Van Morrison geliefert, Vinyl natürlich! Ein Stammkunde will sie direkt mal anfassen, betasten, schätzen – sind es auch wirklich 180 Gramm? Andacht wie an einer Fleischtheke. Ganz andere Frage, die Herren: Wie klingt denn diese Platte? »Sicher«, sagt mein Hippie, »so ganz die Stimme hat er nicht mehr. Ist aber schon groß.« Mal die anderen Neuheiten durchfingern. Empfehlungen sind hier noch ernst gemeint, was bedeutet, dass auch mal abgeraten wird: Die neue Razorlight? Nicht so gut. James? Nicht so wirklich. U2? Wenn man deren frühe Platten mag. Also auch nicht. Was aber dann? Phantom Band vielleicht, sagt mein Hippie. Die seien »wie Mogwai mit Gesang, eher noch melodischer«. Im Hintergrund quält sich Van Morrison durchs Konzert, allerdings: auf Vinyl! Was ist denn von Whitest Boy Alive zu halten? »Auf Nummer sicher, halt genau wie die erste.« Kurz reinhören: Nein, man wird keinen Krieg anzetteln für diese Platte, da hat er Recht, mein Hippie. Der fragt sich übrigens, wie so Großmarktketten kalkulieren, wenn sie die neuen Platten von Springsteen oder U2 für 9,99 anbieten. Da zahlen die doch drauf! Die alte Geschichte: Sie rechnen damit, dass man hingeht, um billig Springsteen zu kaufen, und rausgeht mit Springsteen und einem Toaster.

Am Kassentresen raunende Männer: Bald kommt übrigens eine neue von Neil Young! Ein Typ veräußert seine Killing-Joke-Platten, bringt nicht viel ein. Ich liebe diesen Laden, aber plötzlich tun sie mir nur noch leid, die Jungs da mit ihrer Vorfreude auf Neil Young – ich muss jetzt mal ganz schnell in die Sonne. Und dann ins Kulturkaufhaus, wo einem nicht abgeraten wird von neuen Platten, wo man nur gefragt wird, ob man eine Tüte möchte. Kurz vor der Kasse ein Sampler, den man da nicht liegenlassen darf: »*Final Song – 13 DJ's share their last song on earth with you*«. Ricardo Villalobos, Richie Hawtin, Kevin Saunderson, DJ Hell etc. – paar der besten also – stellen ihr Wunschlied zur Beerdigung vor, prima Vorschläge, Beach Boys, Radiohead, Stranglers, Photek. Wie oft habe ich mit meinem Kumpel Moritz überlegt, welches Lied die um uns Trauernden dermaleinst beim Wurf der letzten Blume hören sollen! Bei Moritz ist es mittlerweile eine ganze Setlist (»Words«, »Passion«, »Paradise City«, »Rock your baby« usw.), er hat schon überlegt, sich mehrmals beerdigen zu lassen. Für mich war immer nur die Frage, welches Lied genau es von den Pet Shop Boys sein soll. Seit einiger Zeit favorisiere ich für diese letzte Fahrt ein PSB-Lied, das es leider noch nicht gibt: eine Coverversion von Bacharachs »I say a little prayer«. Ich habe genau im Kopf, wie das klingen würde, und brauche jetzt sofort das Original, um in dieser Angelegenheit endlich mal weiterzukommen. Bei den Soultanten kenne ich mich zu wenig aus, Dionne Warwick? Zuhause merke ich: zu hektisch, die Dame. Die Pet Shop Boys würden dieses Lied viel langsamer anlegen, mehr so wie Aretha Franklin, sogar noch langsamer, Tennants schwebender Gesang, dazu Lowes hinterhältiges Keyboardmarzipan, mit den Chören würden sie es nicht übertreiben – und dann wäre es doch schade drum, ich hätte es ja nie gehört. Letzter Song auf Erden: Ist das der letzte, den man selbst hört, oder der Grubenfahrtssoundtrack? Kommt drauf an, wie man über das Ewige Leben denkt. Oder wie man sich bestatten lassen will. Draußen waren jetzt wirklich die angekündigten Wolken aufgezogen, ich machte Licht und dachte – zu komisch – über den Tod nach. Jetzt, ja jetzt hätte man mit mir über Van Morrison sprechen können.

April

Nein, normale Plattenläden gibt es in unserem Stadtteil eigentlich nicht mehr. Den Kumpels fiel auch keiner ein. Wir saßen vor unserem Espressoausschank, der Tag drohte eh grad völlig zu zerfasern, also bestellten wir gleich noch eine Runde Kaffee. Den Hippieladen gibt es, das Kulturkaufhaus, die Elektronikmärkte. Aber sonst? Also: offline, in unserer echten kleinen Welt? Nur diese absolut lächerlichen Konzeptboutiquen, deren Sortiment aus Kleidung und Kulturgütern den Begriff Auswahl umkehrt, hier wählt nicht der Kunde aus, es ist für ihn schon alles ausgewählt, von allem nur ein bisschen, und wer von jedem etwas kauft, ist dann der Superhipster, also der komplette Blödian. Wer halbwegs alle beisammen hat, will in solch einen Laden eigentlich allenfalls mal aus Spaß reinstürmen und fragen, ob sie die neue Platte von Silbermond und Puma-Turnschuhe haben – dann die angeekelten, belehrenden Gesichter des Superstylerpersonals genießen.

Gerade als wir zurück an unsere Arbeitsplätze hüpfen wollten, mal gucken, ob die noch da sind, erklang schräg hinter uns eine Stimme, deren Besitzer jedermann nach zwei Wörtern unbesehen empfehlen musste, entweder sofort zum HNO-Arzt zu gehen oder Rockstar zu werden: »Hey, na? Wie geht's denn?« Lederkappe, Paartagebart, Sonnenbrille, die setzte er jetzt ab – ach so! Plewka, altes Haus! Ganz schön lange nicht gesehen. »Vor Kurzem habe ich an dich gedacht« – wie oft ist das eine Verlegenheitsformel, aber jetzt stimmte es mal, und zum Glück hatte ich Jan Plewka bei diesem An-ihn-Denken eine SMS geschrieben, wie gut nämlich die neue Selig-Single mir gefällt. Seine Antwort war ein paar Tage darauf in tiefer Nacht eingegangen und lautete: »Yea!!!«

Und weiter mit den schönen Wahrheiten: »Ich gehe mir jetzt euer Album kaufen!« Plewka hatte sich seinen Kaffee in einen Mitnehmbecher gießen lassen, aber nun wurde daraus einer zum Hiertrinken. Plewka: ein deutscher Rockstar. Der kann das. Kann so singen, so texten, so aussehen. Der schmeißt sich derart rein, macht nicht auf superclever, genehmigt sich diesen Schuss Dummheit, den es braucht. Plewka zu treffen ist immer auch eine Ermutigung, voll auf die sogenannte Zwölf zu gehen, also in den neueröffneten weltgrößten Saturn-Markt am Alexanderplatz, wo man die Menschen zu guten Amerikanern erzieht: Null-Prozent-Finanzierung! Dann mal her mit der Flachbildscheiße.

»Und endlich unendlich« von Selig also, ja, Plewka hat endlich wieder was zu erzählen, die Auszeit hat seinen Tornister gefüllt mit Erfahrungen: »Jetzt hängst du rum mit deinen nutzlosen Freunden/in geometrischen Gärten auf unaufgeräumtem Glück/Rennst seit Jahren durch die gnadenlose Gegend/und trinkst dir in den Nächten die alte Zeit zurück.« Prost, Plewka, gut gemacht.

Paar Zentimeter weiter lauert in Stapeln der Feind: Roger Cicero. Bürschchen, warum bloß machst du mich so aggressiv? Ist doch supersüß, wie du da mit Dödelhut und rotem Anzug einen Hahn im Arm hältst? Aber dein Swing klingt, als wüsstest du stets, wo dein Impfpass ist. Aus demselben Ei gepellt wie E. v. Hirschhausen – im Frühstücksfernsehen möchte ich dich untergehen sehen. Vom Sonderangebotstisch zwei alte CDs von Manfred Krug dagegen kaufen. Die mal gehört, Blödroger? Wie Krug das so sieht und besingt, auch das mit den Frauen? »Sie sieht mich gar nicht an/Sie liest ein Buch, es ist ein Liebesroman.« Willst du da nicht nach einer Strophe schon in die Ecke, dich was schämen?

Die CDs piepen über den Scanner, da fragt die Kassiererin: »Sagen Sie mir bitte Ihre Postleitzahl?« Nee, Herzchen, aber ich gucke gleich mal in die Datenpannen-Mülltonne ums Eck und sage dir dann, wann du warum beim Arzt warst, ja?

Und raus, Sonnenbrille auf, Plewka wohnt jetzt ums Eck, hat dieselbe Postleitzahl wie ich, das ist doch schon mal was.

Mai

»Adorno oder Adoro?«, hatte Fahrensmann Willander am Vormittag seine heutige Frage an die Welt formuliert, als wir uns, wie an jedem Werktag, über die Höhepunkte des Frühstücksfernsehens austauschten. Auf Adornos Evergreen »…umso schlimmer für die Realität!« herumkauend, war ich dann zum »Kulturkaufhaus« gelatscht. Als ich hernach den Inhalt meiner Einkaufstüte auf dem Tisch des Caféhauses ausbreitete, um die neuen CDs meinem Kumpel Moritz vorzuführen, da winkte, in die Eisheiligensonne blinzelnd, der Medienpsychologe Prof. Dr. Jo Groebel vom Nachbartisch rüber zu uns und rief, übrigens, er schätze die Kolumne sehr, die wir beide gemeinsam im »Rolling Stone« schrieben. Zwar habe ich die bislang allein geschrieben, Moritz darin aber als *Side-Character* etabliert, weil ich alle hier zu verhandelnden Fragen sowieso mit ihm tagtäglich neu über den Berg rolle. Umso schöner für die Realität, wenn man sie der Theorie nach umformen kann! Ich überreichte Moritz den »The Thomas Crown Affair«-Soundtrack, den ich für ihn gekauft hatte, was ich – wenn wir den Professor nicht getroffen hätten – an dieser Stelle sehr überzeugend begründet hätte. Aber nun hatte ich ja einen Co-Autor, und der notierte rasch, warum er diesen Film erst vor ein paar Tagen gesehen hat:

Es gibt einen Typ Film, der nach Meinung derer, die das Kino kennen, zu den zehn, zwölf besten Filmen überhaupt gehört und den ich mir allein deshalb – eben, weil dieser Typ Film als UNWIDERSPRECHBAR GROSS gilt – nicht angucken kann. Diese Filme heißen: »Chinatown«, »Scarface«, »The Thomas Crown Affair«, »Rumble Fish«, »Meanstreets«, »Citizen Kane«, »Opfergang«. Die Leute können konkret nicht fassen, dass man einen Film wie »French Connection« noch nicht gesehen hat und wohl auch in Zukunft nicht ansehen wird (obwohl ich alle diese Filme natürlich längst, wie jeder normale Mensch, auf DVD besitze). Einfach: keinen Bock. Warum? Das Vollendete drückt so. Die Vollendung hat ja immer auch etwas Deprimierendes. Scheiß Meisterwerke.

Moritz hatte »The Thomas Crown Affair« nach etwa einem Drittel ausschalten müssen, so gut ist dieser Film. Da wir beide als junge Burschen in einen großen Bottich voller Platten von Udo Lindenberg gefallen sind, kannten wir selbstverständlich Udos Coverversion »Unterm Säufermond« lange bevor uns das Original (und *Thema* dieses Films), »The windmills of your mind«, erstmalig zu Ohren kam. Nun besaß Moritz es endlich auf CD, ich bat meinen Co-Autor, später noch ein paar Zeilen zu diesem Lied rüberzutippen, und ging nach Hause, den Rest aus der Tüte anzuhören.

Als Plattenkäufer sucht man ja eigentlich ständig Variationen dessen, was man seit Jahren liebt. Am schönsten ist es, wenn einem aus den Stapeln der Neuerscheinungen unverhofft neue Werke solcher Interpreten entgegenstrahlen, deren ältere Platten man immer mal wieder wehmütig gehört und dabei gedacht hat: Ach, *die* müssten mal wieder eine rausbringen! Dass der Zauber der Erstberührung übertroffen werden kann, ist unwahrscheinlich, aber von dieser Gemengelage handelt nun mal Pop: Sentimentalität im Zwist mit der ewigen Suche nach dem neuen (dem neuesten!) Herzensbrecher. Zuhause ließ ich dann die Discokugel rotieren, bereit dazu, mitgerissen oder enttäuscht zu werden – bitteschön, Tiga, kriegen wir das noch mal zusammen hin 2009? Ja: Die, nach Neil Tennant, zweitschönste Popstimme erzählt uns zu sattem Beat und herrlichsten Eisdielenmelodien von der Welt, von den Girls und von den Boys.

Und nun meldet mein Co-Autor Moritz von Uslar, was ihm zu »The windmills of your mind« einfällt:

In dem Song steckt – das hört ja jedes Kind – neben der ganz offensichtlichen irren Schönheit auch eine irre Traurigkeit, Einsamkeit, Verlorenheit. Das Bild, das beim Hören in meinem Kopf auftaucht: Ich, übers Wasser gleitend, in einem hölzernen Motorboot, nicht, wie in der üblichen Phantasie, vor der Villa Malaparte auf Capri, sondern über einen der trostlos schönen Seen in der Mark Brandenburg. Der See heißt Stechlinsee. Die Sonne kommt nicht raus. Die Sonne steckt hinter den Wolken.

Juni

Da ich gerade keinen Opel gebrauchen kann, aber doch irgendwas für mein Land tun wollte, beschloss ich, diesmal bei Karstadt Platten zu kaufen, demonstrativ. Im Karstadt am Berliner Kranzler-Eck befand sich früher eine WOM-Filiale mit hervorragendem Sortiment, mittlerweile gibt es da nur noch eine schäbige CD-Ecke im Keller, in der vor allem die zweite Platte dieses armen Dödels mit der Mundharmonika feilgeboten wird und die neue von Michael Wendler, deren Titel ein für diesen Mann wirklich verwegenes Wort ist: »Respekt«.

Raus da, schlechter Start, überhaupt, ich merke schon, ich möchte gar keine Platten kaufen heute, morgen auch nicht. In neun Tagen fahre ich zum Konzert der Pet Shop Boys in London und werde im Zuge dessen dann den HMV-Laden leerkaufen; bis dahin und seit zwei Wochen schon höre ich überhaupt nur ein Lied, das aber jeden Tag mehrmals: »Schwarz zu Blau« von Peter Fox. Und davon eigentlich auch immer am liebsten nur diese Stelle: »Frust kommt auf, denn der Bus kommt nicht«. Bringt mich irgendwie sofort gut drauf, diese Zeile.

Alle anderen Platten machen mich traurig derzeit, was ist denn überhaupt los, Wetterumschwung, keine Ahnung. Immer wieder: »Frust kommt auf, denn der Bus kommt nicht«. Und noch mal. Nein, ich will keine neuen Platten haben. Na, einen Versuch noch, im Elektronikkaufhaus, und wenn da nix geht, rufe ich meinen Therapeuten an und sage ihm, wir müssen den nächsten Termin vorziehen.

Also, was haben wir da: Rod Stewart, Eros Ramazzotti, diese beiden gloriosen Schwerenöter. Und? Nein. Heute nicht.

Da, die Rettung: Die Sterne, »Wichtig + Fickt das System EP«. Wie, was, 4,99? So, keine halben Sachen, sechs Stück davon und das war's, das wird auf dem Bon sehr gut aussehen:

Fickt das System
Fickt das System
Fickt das System

und so weiter, damit – und mit dieser Platte sowieso – kann man doch dieser Tage wirklich jedem eine Freude machen, sogar AC/DC-Minister Guttenberg, denn Spilker singt ja: »Keine Parolen keine blöden wie die: Fickt das System«. Kann man *so* und *so* interpretieren. Wer diese Sterne-Platte noch nicht besitzt und jetzt zum ersten Mal hört, der springt doch sofort einen halben Meter größer durchs Leben. »Fick das System« steht auf dem Bon, sechsmal, sehr schön, aber ohne »t« leider. Entschuldigung, das muss doch »Fickt« heißen und nicht »Fick«, sagte ich zur Kassiererin, und da rief die nach dem Filialleiter und ich sah zu, dass ich nachhause kam, Die Sterne aufdrehen. Frust weg, Bus kommt – auf nach London, zum HMV-Laden.

Juli

Es ist das gute Recht der Geliebten, sich zu verändern, wenn man sie ein paar Jahre vernachlässigt und aus der Ferne logischerweise verklärt hat – doch was London, mein Darling London, mittlerweile an großen Plattenglücksläden zu bieten hat, ist doch bisschen dünn: kein Tower Records mehr, kein Virgin Megastore mehr. HMV gibt es noch, immerhin, immer hin.

Vorgestern Abend, noch in Berlin, standen wir endlich mal wieder vor der »Paris Bar«, an Kippenbergers Schlenkerlaterne, und sangen ein Loblied der Kantstraße. Als ich gerade aus Versehen etwas sehr Langweiliges in die Nacht gelabert hatte, sagte Kumpel Ulf: »Tja, wie auch immer. Ich höre sowieso nur noch Dizzee Rascal.« Straßenverkehrsteilnehmer nennen ein solches Manöver *U-Turn,* und auch als rhetorische Figur ist es von hohem Wert. Schon vor ein paar Jahren, als wir einen Sommer lang besonders oft gemeinsam durch Berlin gefahren waren, nur scheinbar ziellos, hatte Ulf – dahingehend ein perfekter Fahrer, dass er Tempo, Umgebung und Musikauswahl als Gesamtchoreographie komponiert – ebenjenen Dizzee Rascal immer besonders laut gedreht, und jetzt endlich kaufe ich also meine erste Dizzee-Rascal-Platte, »Bonkers«, die Co-Produktion mit Armand

Van Helden. Ein absoluter Wegräumer für diesen Sommer: Dreh das auf, mach die Augen zu – und egal, wo du gerade bist, du sitzt augenblicklich im Cabrio und fährst mit 7 km/h die Kantstraße runter. Und wieder rauf.

Nach zehnmaligem »Bonkers«-Hören dann ruhig mal kurz wechseln, jetzt sollte es eine Fatboy-Slim-Mix-CD sein, »Dance Bitch« bietet sich an, lenk den Wagen hurtig in Richtung eines Sees, dicht am Wasser parken, es dämmert schon – und jetzt das Fernlicht einschalten. Siehst du am Horizont die hunderttausend tanzschweißnassen Gesichter toben? Nein? Dann musst du lauter drehen.

Wenn man nun statt am See aber im HMV steht, vor einem Regal mit lauter Platten, die man so sehr mag, dass man sie glatt ein zweites Mal kaufen würde, und zu spät das Schild über dem Regal entdeckt, das auf den englischen »Father's day« hinweist, muss man dennoch nicht gleich an die nächste Prostatauntersuchung denken. Aber man kommt ins Grübeln. Ein Sampler mit dem Titel »My Dad Rocks!!!«, und es sind ausschließlich Lieblingslieder von mir darauf, einziges Problem: Ich habe kein Kind. Und wenn ich andererseits sehe, was mein Musikgeschmack mir hier sonst so in den Korb gepackt hat, Girls Aloud, Little Boots, dann komme ich zu einer paradoxen Erkenntnis: Ich selbst könnte ja mein Kind sein. Und mein Großvater gleich auch, denn das neue Best Of von Rod Stewart möchte ich genauso dringend haben. Ich kaufe jedes Best-Of-Album von Rod Stewart, einfach, um ihn jedesmal wieder neu zu feiern, diesen Mann, der einen immer daran erinnert, dass man in der Summe doch zu wenig Zeit in leopardengemusterten Badehosen verbringt. Vielleicht einfach mal wieder die Haare blond färben und über einen Ohrring nachdenken? Und das alles dann bleiben lassen, Rod hören, der macht das für uns. Das ganze Leben ein einziger Stehplatz im Stadion und an der Theke. Und wer ist die Kleine dahinten? Schwer zu sehen durch die Sonnenbrille, aber sicherheitshalber mal rüberpfeifen.

Aus den HMV-Lautsprechern quält jetzt – ja, wer ist das? Hat Herbert Grönemeyer es endlich auch hier, an seinem Erstwohnsitz, geschafft? Das ist Grönemeyer, kein Zweifel, Grönemeyer auf Englisch.

Grauenhaftes Gedröhne. Mal zum Informationspult gehen, was hören wir da Schönes? »Radio Nowhere« von Bruce Springsteen. Im von mir allein bewohnten Drei-Generationen-Haus hört leider niemand Bruce Springsteen, den lassen wir hier.

August

Nein, keine Musik dabei. Das war die erste Freude, frühmorgens im Stinketaxi, auf dem Weg zum entlegensten aller Berliner Flughäfen, wo weitere Erniedrigungen auf uns warteten, Billigflug, »freie Platzwahl« genannter Vordrängeldarwinismus und ein kostenpflichtiges Ekelsandwich. Nein, keine Musik dabei – du auch nicht? Ich auch nicht. Schlag ein! Das gleiche gedacht, ohne es vorher thematisiert zu haben – that's Freundschaft.

Wir kamen uns sehr schlau vor: Wer Musik mitnimmt, kann doch gleich zuhause bleiben. Viel schöner ist es, die vor Ort vorhandene Musik als Vorgabe zu akzeptieren und mal zu sehen, wie weit man damit kommt. Vielleicht lernt man dadurch was Neues kennen (oder was Altes neu zu bewerten). In dieser Hinsicht keine Verantwortung für die Stimmung übernehmen, nicht gebieterisch an der Soundkanzel stehen, *das* müsst ihr hören, jetzt mal alle tanzen, bitte. Nein, nein. Wir würden zu der am Zielort vorrätigen Musik tanzen, Geschirr spülen, in den Pool springen oder den Hund ums Haus jagen. Wer Musik mitnimmt, will nichts erleben, iPod oder CD-Stecktasche im Gepäck sind nicht weniger lachhaft als Würfelbecher oder Reiseschachbrett.

Unausgerüstet weltoffen also machten wir uns auf den Weg nach Nizza, um dort – wie schon im letzten Jahr – den Geburtstag von Kumpel Moritz zu feiern, einfach auch, weil es so viel Spaß macht, einen der verbotensten Idiotensätze überhaupt zu sagen: »Freunde von uns haben da ein Haus.« Ist nämlich so. Und unser Superfreund Kämmerling bot uns im Abholauto gleich Gelegenheit, unsere Musikgelassenheit zu testen: Eine CD nur, und zwar eine groteske spanische Sonderedition mit Hits von Michael Jackson, viel erklärendes Gelaber zwischen den Liedern, einige davon auf Spanisch eingesungen. Muss man sich so vorstellen wie betrunken Fußball gucken, und man denkt die ganze Zeit, irgendwas stimmt da nicht, bis man viel zu spät merkt, ah, Frauenfußball, ach so. Egal, Fenster auf, es riecht nach Asphalt und Bäumen – Urlaub!

Nachts tatsächlich über den Dächern von – ja ja. Da standen wir also herum, Freunde von uns haben hier ein Haus, hoho, Prost! Da drüben wohnt Elton John! Dann passierte etwas Furchtbares: Jemand legte Fleetwood Mac auf. Mein bislang einziges Fleetwood-Mac-Erlebnis fand einst auf dem Schulhof statt, ich sah, wie ein trotteliger Junge und ein in Physik gutes Mädchen sich gegenseitig CDs liehen, er gab ihr eine von den Fine Young Cannibals, sie ihm eine von Fleetwood Mac, grün war die. Seither weiß ich, es geht gut ohne Fleetwood Mac. Aber nun auf dieser schönen Nizza-Terrasse sollte es plötzlich *mit* Fleetwood Mac gehen, und ich musste mich belehren lassen, nee, reg dich mal ab, die sind schon riesig, Fleetwood Mac. Ich schnitt mir noch ein Stück Geburtstagskuchen ab und sah unsere schöne Theorie der Musikgelassenheit implodieren, schwieg aber zunächst. Bei »Go your own way« allerdings musste ich dann doch einschreiten. Nein, Verzeihung Freunde, das ist wirklich Menopausensound. Und »Don't stop« genauso, auch wenn es zehnmal ein Obama-Kampagnen-Lied war – für ihn spricht, dass er *trotzdem* gewonnen hat, Schluss jetzt. Also doch kurz das Musikkommando übernehmen, ein neues Lied von Simian Mobile Disco auf einer der französischen Musikzeitschrift »Trax« beigeklebten CD erlöste uns; solch ein Club-Wums kann ja Leben retten, das ist wie Lüften. Alles war wieder in Ordnung, die Terrasse bebte, unten in der Bucht wurde plötzlich ein Feuerwerk gezündet, und dann stand ein nur mit Turnhose bekleideter Russe am Gartentor und meldete, wir müssten unsere Vesparoller umparken, er käme sonst mit seinem Rolls-Royce nicht vorbei. Unbemerkt warf ich ihm die Fleetwood-Mac-CD auf die Rückbank.

Zurück in Berlin: schlechtes Gewissen. Also ein Best Of von Fleetwood Mac kaufen, im nächsten Jahr plastikverschweißt und ungehört mitbringen – aber erst kurz vor der Abreise überreichen.

Grönemeyer vs. Westernhagen

Der weltferne Armani-Rocker Westernhagen? Der nahbare Tresen-Mensch Grönemeyer? Nun, wie auch immer, jedenfalls sind oft ja interessanter als Verkündigungen selbst: die *Orte* der Verkündigungen. Wo also man etwas von – auch das aufschlussreich – wem erfährt. Zwei Berliner Szenen, Sommer und Herbst 2008:

Nach einer Modenschau des amüsanten Glam-Proleten Michalsky in irgendeiner dieser zahllosen brachliegenden und nur noch nachts anlässlich sogenannter Events manchmal belebten Berliner Fabrikhallen; gerade waren die letzten Klänge von einem wumsenden Höllenritt des ewig guten DJ Hell verklungen und die letzten Models durch einen Vorhang gehungerhakt, die lächerlichen Wedel-Fächer in der ersten Reihe waren eingesteckt worden, man hatte etwas ratlos geklatscht, und nun begann das allgemeine Rumgestehe, Zugeproste und Verhandeln mit dem Türsteher über den Einlass noch draußen stehender, absichtlich verspäteter Freunde – wie das eben immer so ist auf solchen Veranstaltungen. Man ist ja wirklich nicht wegen der, huhu, Mode da. Und da stand nun mit durchgängig nickendem Kopf und einem Nuckelbier in der Hand: Tim Renner. Als der noch Musikindustrieller in großem Stil war, habe ich mal ein Jahr lang bei ihm gearbeitet, danach wurde er Musikindustrieller in noch größerem Stil und ich irgendwas anderes; heute ist auch Tim Renner irgendwas anderes, er hat sich selbständig gemacht, betreibt einen Radiosender, ein Künstlermanagement und alles Mögliche, am liebsten: im Internet. Guten Abend, Tim, was läuft denn so? Unter anderem, zählte er auf, berate er jetzt Marius Müller-Westernhagen. »Herrn Westernhagen«, sagte Renner, der allzeit ironisch auf der Hut ist. Aha, soso, na, da gibt es sicherlich einiges zu tun. Also, sagte Renner und stellte sein Bier auf einen Lautsprecher, um mithilfe beider Hände alles ganz genau erklären zu können; es war nun klar, dass innerhalb der nächsten paar Sekunden das Wort »Internet« fallen würde. Das Problem sei ja, dass Westernhagen überhaupt keine Fan-Adressen habe. Bitte – was? Ja, da sei über Jahre geschlampt worden, und wenn man nun ein neues Album *auf den Markt* bringe, heutzutage!, dann bräuchte man vor allem Mailadressen von treu ergebenen Anhängern, um die gescheit informieren zu können. Dynamik und so. Daher werde man nun mehrstufig vorgehen, zunächst könnten sich die Westernhagen-Fans *online* ihre Lieblingslieder aussuchen, diese werde Westernhagen dann auf Konzerten spielen und zeitgleich ein Best-Of-Album veröffentlichen, ebenfalls auf Basis dieses Volksentscheids, von Renner »Fan-Voting« genannt. Durch die Stimmabgabe gebe der Fan auch seine Mailadresse her und sein Einverständnis, auf diesem Wege über nächste Karriereschritte Westernhagens informiert zu werden. Termin, perfekter Termin für all dies sei Westernhagens 60. Geburtstag im Dezember.

Oh, lustig, da schreibe ich was drüber, sagte ich. Schön, zuständig für die Pressearbeit sei übrigens eine gute alte Bekannte aus seligen Hamburger Motor-Music-Zeiten, die Gaby – na, logo, die Gaby, die rufe ich dann mal an, schönen Abend noch, Tim. Er nahm seine Bierflasche, ich meinen Mantel, Kopfnicken, bis später.

Einige Wochen darauf, am Tresen der Paradieskantine »Grill Royal« in der Berliner Friedrichstraße. Ich stand mit meinem Kumpel Moritz dort an unserem Stammplatz, wir blödelten mit den Jungs hinterm Tresen herum und blickten durch den Gastraum, ob denn jemand da ist, der uns interessiert. Irgendwer ist immer da, das – unter anderem – ist das Schöne am »Grill Royal«. Ziemlich in der Mitte saß mit einer Freundin von uns, die ihn seit Jahren berät: Herbert Grönemeyer. Jetzt hingehen, Hallo sagen? Erstmal winken, wenn die gucken. Sie guckten, wir winkten – und als sie sich zum Gehen aufmachten, standen wir natürlich immer noch am Tresen, wir sind in dieser Hinsicht, um mit Jogi Löw zu sprechen, »konditionell sehr gut aufgestellt«.

Grönemeyer ist ja, wenn man ihn an so Orten der Beiläufigkeit trifft, immer sehr lustig, geradezu albern. »Steht ihr hier immer rum, oder was?«, fragte er, wir bejahten, und so ging es heiter hin und her. Seine Beraterin berichtete dann, weil sie weiß, dass ich mich seit meiner Kindheit immer sehr für Grönemeyers Musik interessiert habe: »Herbert hat einen neuen Hit geschrieben.« Echt wahr, ja? Ja, Titel sei »Glück«. Oha, klingt herrlich. Alex Silva, der Produzent, stand auch dabei und sagte, dass bei »Glück« erstmals der Remix vor der endgültigen Version des Lieds fertig geworden sei. Ein Premix also, verdammt, man hätte ihn eigentlich genau so nennen sollen, schade, nun sei es zu spät. Erscheinen, und zwar bald, werde dieser Hit auf einem Best-Of-Album, Herberts erstem überhaupt, man habe sich immer dagegen gewehrt, aber nun, in Gottes Namen, käme es also, und so sei man auch auf den Albumtitel gekommen: »Was muss muss«. Mit Komma oder ohne, fragte ich Herbert, und der giggelte: Komma, wasn fürn Komma? Komm ma' klar!

Ohne Komma natürlich. Aber mit neuem Hit.

Herr Westernhagen und Hey Herbert also? Modenschau und Tresen. So ist das heute, 2008. Ja, das kommt schon hin.

Im Frühwerk ist die Kneipe ganz eindeutig der Westernhagen-Ort. Da hieß er noch Müller-Westernhagen (und Grönemeyer sang: »Hier in dem Lokal«, Lokal – nicht Kneipe!); auf seinem Weg zu dem, über dessen Pläne man am Rande einer Modenschau informiert wird, legte Marius 1987 den »Müller« ab, nannte sich fortan nur noch Westernhagen, und merkwürdigerweise begann genau damit eine große zweite Erfolgsphase des Sängers. Müller, Meyer – nicht ohne Komik, dass die beiden exponierten deutschen Musikhelden, von denen hier die Rede sein soll, diese Allerweltsnamen mit sich herumschleppen. »Müller, Meyer« – das ist die Titulierung nicht näher bekannter Durchschnittsvertreter der anonymen Masse, der Clique um Erika Mustermann. Und als Summanden vielleicht doch ganz geeignete Namensbestandteile für unsere Volkssänger?

Diese beiden miteinander zu vergleichen, lag immer nah und war doch nie gestattet, zumindest von den beiden nicht gern gesehen. Kann man auch verstehen. Und es gibt genug Gründe, beide als Solitär zu akzeptieren. Andererseits: So viele Rockschaffende dieser Größenordnung haben wir nun auch wieder nicht in Deutschland. Genau genommen: niemanden sonst. Lindenberg ist ein Sonderfall. Kunze ist Kunze, und Niedecken eben Niedecken, die zählen hier nicht (und bei Bushido wollen wir noch Teil zwei seines Lebensberichts abwarten).

Aktuell ist Grönemeyer sicherlich ohne Konkurrenz, und Westernhagen gewissermaßen außer Konkurrenz, außen vor. Nimmt man als Grundlage für etwaige Größenbemessungen Prosaisches wie Verkaufszahlen, ob von Platten oder Konzertkarten, ist wertfrei festzustellen, dass mal der eine, mal der andere vorn lag. Zeitgleich waren sie nie ganz oben, wie auch – es scheint also die Geschichte dieser Differenz auch eine der Verdrängung zu sein.

Beide sind oder waren Schauspieler, beide haben eine Zeit lang parallel

GRÖNEMEYER VS. WESTERNHAGEN **285**

Filme gedreht und Platten aufgenommen, Westernhagen fuhr im LKW, Grönemeyer im U-Boot über die Kinoleinwände. Der eine saß als Robert Schumann mit Nastassja Kinski am Klavier, während der andere als »Dorn« (in Fausers Roman-Vorlage natürlich »Blum«) mit einem Drogen-Koffer durch Frankfurt taperte – und jetzt bitte mal raten, welcher von beiden hier der eine und welcher der andere war. Heute jedenfalls sind die Drehbücher zu schlecht, sagen beide.

Und ist nicht allein die Menge herrlicher Anekdoten, die es über die selbstverständlich niemals offen bekannte Rivalität zwischen ihnen gibt, hinreichend als Begründung für einen Vergleich? Warum nicht die Koinzidenz ihrer Werkschau-Veröffentlichungen zum Anlass nehmen, das Verbotene eben doch zu tun? Natürlich keine Punkte vergeben, aber doch die Werke der beiden, von der ersten Platte bis heute, mal nebeneinanderhalten, mal dran entlang erzählen, wie die Zeit so verging. In der Vergangenheit habe ich den beiden, wann immer ich ihnen begegnete, stolz wie einer dieser seltsam einseitig begabten oder trainierten Wettkandidaten bei »Wetten, dass..?« meine Werkkenntnis vorgeführt, ihnen irgendwelche Textsprengsel ihres Frühwerks aufgesagt, und sie fanden das immer recht amüsant.

Januar 2005, Zürich: In einem mittelhippen Keller stellt Grönemeyers Label Grönland den in Maßen stets aufgeschlossenen Schweizern einige seiner Künstler vor. Und da ist ja auch Herbert, hallo, Herbert! Bisschen rumalbern und ihn jetzt quälen: Texte seiner ganz frühen Platten aufsagen! Auf denen hat er einst viele Fremdtexte eingesungen, logisch, dass er die heute nicht mehr im Ganzen parat hat, aber für mich waren es immer Grönemeyer-Lieder, und die habe ich als Kind so oft gehört, dass ich sie bis heute lückenlos auswendig hersagen kann. Also, Herbert, los – in welchem deiner Lieder kommt die Schweiz vor? Keine Ahnung, sagt er, Schweiz? Weiß er nicht, ist ihm auch herzlich wurscht. Das hatte ich gehofft, und los geht's: »Wir woll'n vom Ruhrpott nach Wien / Eine Fahrt in die Schweiz / hätte auch seinen Reiz ...« Na? »Stau«, das erste Lied auf deiner Platte »Zwo«. Ach Gott, dieses alte Zeug, warum kennst du das denn, fragt Grönemeyer belustigt und einen Tick mitleidig.

Frühjahr 2004, Hamburg: auf einem Sofa zuhause bei Westernhagen. Er arbeitet gerade an einer neuen Platte, die ein Jahr später erscheinen, »Nahaufnahme« heißen und kein großer Erfolg werden wird. Was ich immer mit diesen Uraltsachen wolle, fragt er nett über den Rand der Espressotasse, es ehre ihn ja, dass ich die so im Kopf habe, aber die neuen Sachen hätten eine ganz andere Qualität und so weiter. Mag alles sein, aber ich möchte doch so gern ein bisschen mit ihm genau dieses alte Zeug singen oder zumindest die Texte aufsagen und mir die Geschichten dazu anhören. Lieber Marius, die neue Platte wird bestimmt prima, aber sei bitte nicht nervös deshalb, du bist immerhin der Autor zum Beispiel dieser Zeilen: »Marion aus Pinneberg, du fährst jeden Samstag in die Stadt zum Tanzen / Du ziehst die engsten Hosen an, klebst Wimpern, du musst nicht zu Firma Franzen«. Der Autor dieser Zeilen muss doch niemandem mehr irgendwas beweisen, Marius! Eine nette Geschichte erzählt er dann zu einer älteren Platte, also, die Band habe im Studio derart schnell gespielt, dass er mit dem Singen kaum hinterhergekommen sei. Erst später habe er erfahren, dass außer ihm alle im Studio bis zur Schädeldecke abgefüllt waren mit vorderhand beschleunigenden Betäubungsmitteln, er sei in dieser Hinsicht immer sehr naiv gewesen, habe da nie mitgemacht. Solche Geschichten möchte man doch hören! Und es ist zugleich klar, dass man sie nicht direkt bekommen wird. So freundlich beide im persönlichen Umgang sind, so kompliziert wird es, wenn man sie offiziell interviewt. Da wird dann alles sehr vorsichtig, langweilig, achtmal gegengelesen, umgeschrieben und zu Tode korrigiert. Das ist ihr gutes Recht, natürlich. Aber schade ist es. Trotzdem der Versuch, die Best-Of-Alben sind doch ein schöner Anlass, mal entspannt auf das Werk zurückzuschauen.

Im Frühjahr 1998, zur Veröffentlichung von »Bleibt alles anders«, interviewten mein alter Gefährte Arne Willander und ich in Berlin Herbert Grönemeyer. Der, wenn er schon mal das Haus verlässt, immer top ausgerüstete Willander hatte im Hamburger Bahnhofsdrogeriemarkt extra noch die allererste Grönemeyer-CD gekauft, und Grönemeyer hat uns dann im Hotel Adlon schwungvoll erzählt, wie »relativ unerträglich« er diese Platte mittlerweile fände, dass er das Cover zum ersten Mal gesehen habe, als er die fertige Platte in der Hand hielt – und auf seine Beschwerde hin, das sehe ja scheußlich aus, orange, gelb, dazu dieses Zivildienstleistendenfoto von ihm, habe ihm die Plattenfirma erklärt, nein, ganz im Gegenteil, das seien Sonderfarben. Sonderfarben!

So unterschiedlich ihre aktuelle Beliebtheit auch sein mag, über die Jahrzehnte haben doch Grönemeyer und Westernhagen so viel Großes und logischerweise auch manch Nichtiges in die Welt gestellt, anders geht es doch gar nicht, kann man das jetzt nichtmal, mit der Distanz der Jahre, gelassen auffächern, bisschen stolz, bisschen selbstironisch? Wäre es nicht schön, mit einem Karton Gesamtwerk sich mit beiden (natürlich nicht zusammen!) hinzusetzen und es Platte für Platte mal durchzugehen? Was war und bleibt groß, was waren die Irrtümer, wofür schämt man sich heute, woran kann man sich gar nicht mehr erinnern?

Nein. Anfragen in dieser Richtung werden umgehend abschlägig beschieden, von beiden.

»Herbert geht nur zu ›Wetten dass..?‹.«
»Marius gibt nur ein Interview, und zwar der ›Bild‹-Zeitung.«

Bei Grönemeyer hat es gar keinen Zweck zu betteln, er hat ein perfekt organisiertes Abschirmsystem um sich herum installiert, das zu respektieren man gut beraten ist. Ich probierte es im Falle Westernhagens aber noch mal bei besagter Gaby. Als sie mich zurückrief, stand ich gerade im Berliner Zoo und beobachtete am Gehege des Eisbären Knut die Kranzniederlegungen der um den verstorbenen Eisbärenpfleger Thomas Dörflein trauernden Berliner, eine einigermaßen groteske Telefonierumgebung also. Nein, sagte Gaby, schade, aber aus diesem Interview-Plan werde nichts. Es habe ein Gespräch mit einer Illustrierten gegeben, das so blöd verlaufen sei, dass man es zurückgezogen habe und nun überhaupt gar nichts mehr mache, bis auf eine Serie in der »Bild«-Zeitung.

Ja, aber, sagte ich, liebe Gaby: Und glaub an mich, Schatz, wenn ich in die Saiten dresche …

Wie bitte?, fragte Gaby.

Ich zitierte weiter: »Ich sing' den Blues, und du machst die Wäsche.«

Was denn das jetzt heißen solle, fragte Gaby, und wo ich mich überhaupt gerade befände, da seien hintergrundwärts so komische Geräusche zu hören.

Nun, sagte ich, ich stehe am Gehege des Eisbären Knut – und das eben war der riesige Marius-Text »Geiler is' schon«.

Ob es mir aber ansonsten gut gehe, fragte Gaby irritiert.

»Keine Ahnung, keine Meinung, kein Konzept / Keine Lust, um aufzustehen«, hätte ich jetzt das leider sehr dämliche Westernhagen-Lied »Es geht mir gut« zitieren können. Aber wozu? Wenn nichtmal »Geiler is' schon« als bekannt vorausgesetzt werden kann, erübrigt sich der Rest.

Weil sie klugerweise nicht jeden Klimbim mitmachen, gelten Westernhagen und Grönemeyer hier und da als »schwierig«. Das ist Unsinn, und ein bisschen ist es doch auch wahr. Sie sind einen anderen Weg gegangen als beispielsweise Udo Lindenberg, der immerzu und mit jedem spricht, dessen Handynummer praktisch jeder dritte Deutsche besitzt, und der alle Vor- und Nachteile dieses permanenten Basiskontakts mit Wonne erträgt.

Schön, also allein hinsetzen mit zwei Kartons aller CDs, DVDs und Bücher von, mit und über Westernhagen und Grönemeyer. Werk, sprich! Mal der Reihe nach:

Die erfolglosen Anfänge, das vergurkte Frühwerk – linear verlaufende Erfolgsgeschichten bieten den Vorteil, dass der Künstler später gütig lächelnd zurückschauen und kokett seine Fehltritte eingestehen kann:

Seht mal, ich war nicht immer schon gut und erfolgreich. Aber ich habe mich durchgebissen. Vor zehn flipperspielenden, saufenden, buhenden Leuten gespielt, Flop-Platten aufgenommen, von keinem Radiosender gespielt, in der Jugendherberge gepennt. Doch dann, »über Nacht« – und eben auch nicht über Nacht, alles hart erarbeitet und so weiter.

Westernhagen hatte drei, Grönemeyer sogar vier erfolglose Alben in die Welt gestellt, bevor dann das kam, was allgemein Durchbruch genannt wird. »Das erste Mal«, Westernhagens Debüt-Platte aus dem Jahr 1975, ist – heute gehört – nicht gar so blamabel wie »Grönemeyer«, die erste Herbert-Platte (eben jene sonderfarbene), die 1979 herauskam. Westernhagen steht mit etwa bis zur Brust hochgezogener weißer Hose und weißem T-Shirt da auf seinem ersten Cover herum, die Hände hinterm Rücken versteckt, Jungfrau durch und durch. Beinahe alle Kompositionen auf dieser Platte stammen von ihm, rührende Liedchen, eins über den Papa, eins über die Mama – aber hier und da blitzt schon etwas auf, der Großstadt-Cowboy, Held seiner späteren besten Lieder, ist in Umrissen erkennbar. Es muss gesagt werden, gegen das Bild an, das Westernhagen heutzutage öffentlich von sich entwirft: Er hatte Humor. Er war lässig. Sexy sowieso.

Grönemeyer hat seine erste Platte mittlerweile leider »vom Markt nehmen lassen«, man bekommt sie nur noch im Gebrauchthandel. Es steckt ordentlich Power in dieser Formulierung »etwas vom Markt nehmen«, das klingt und ist mächtig, überhaupt ist Grönemeyer neben allem anderen ein großer Vom-Markt-Nehmer, dazu später mehr. Nicht nur das Cover missfällt ihm heute, auch die Lieder dieser ersten Platte, und das versteht man gut. Eigentlich, erzählt er heute, habe er da eine völlig fremde Platte aufgenommen, die meisten Kompositionen waren von zwei Herren erdacht, die später folgerichtig als Autoren für den Schlager-Grand-Prix auffällig wurden. Über seinen ersten eigenen deutschen Liedtext lacht Grönemeyer heute bereitwillig, erzählt auch gern, wie ihn seine Kinder zuhause manchmal mit Zitaten dieses dürftigen ersten Versuchs foltern: »Guten Morgen, Herr Bäcker, frische Brötchen!« – lachender Grönemeyer. Er wurde dann nicht schlagartig, aber stetig besser, die Platten »Total egal« und »Gemischte Gefühle« sahen nicht nur hübscher aus, sie klangen auch weniger läppisch, einige Lieder haben bis heute überlebt, Grönemeyers Texte handelten nicht mehr von frischen Brötchen. Wie warme Semmeln verkauften sich die Platten trotzdem noch nicht.

Vor dem ersten großen Erfolg also: Junge Männer, fast noch Jungs, die hörbar gern singen. So ganz haben sie den Bogen, damit auch ihre späteren Manierismen, noch nicht raus. Hat das Charme? Natürlich, klar, Charme hat es, Charme und Scham halten sich die Waage.

»Draußen ist es grau / Ich sitz mit dir hier blau« – das war, wie sagt man, eine Ansage. Westernhagens »Mit Pfefferminz bin ich dein Prinz« brachte ihm 1978 völlig zurecht den großen Ruhm. Gegen diese Platte waren die vorangegangenen zielloses Gehampel, jetzt stand er da, sauber zuendegedacht, in Jeans und Lederjacke, mit einer Flasche Rum in der Hand, im Hintergrund das ganz klassische Kneipenpersonal (eine scharfe Blondine mit Kippe im Maul, ein Geschäftsmann am Münzfernsprecher, ein wanstiger Biertrinker). Mit diesem Typ, das war klar, wollte man durch die Nacht toben. Er sang über Hehler, Nutten, Suff, Spießer, Denunzianten – und er sang, wie es sich für geniale Frühwerke gehört, ein Lied, das ihm heutzutage übel in die Quere kommt; »Mit 18« heißt es, und darin singt Westernhagen prophetisch luzid über das Dilemma seines Spätwerks: »Jetzt sitz ich hier, bin etabliert / Und schreib auf teurem Papier (…) Ich möcht' zurück auf die Straße / Möcht' wieder singen, nicht schön, sondern geil und laut.« Damals war er genau das: geil und laut. Und alle grölten mit. Heute singt er schön. Das (und übrigens nicht: das teure Papier) ist das Problem.

Grönemeyers erster Hit kam noch überraschender, pointierter: Nach den ersten vier Versuchen hatte seine Plattenfirma aufgegeben und den Vertrag nicht verlängert, auch der Konzertveranstalter Fritz Rau sah keine Zukunft mehr für diesen Sänger – und dann kam 1984, mit neuem Tourneeveranstalter, bei einer neuen Plattenfirma (die bis heute dieselbe geblieben ist): »Bochum«. Grönemeyer sang über »Männer«, »Alkohol«, »Amerika« und »Flugzeuge im Bauch«. Zehn Lieder, zehn Hits – bis heute eine seiner besten Platten. Auf dem Cover stand der Name seines zwar nicht Geburts-, doch aber Heimatorts Bochum, mit Postleitzahl, das war frech und ist bis heute schön.

Und damit es jetzt nicht sehr langweilig wird, soll nicht die ja ausreichend bekannte Erfolgsgeschichte beider Sänger nacherzählt werden. Stattdessen ein kurzes Bekenntnis, zum Verständnis, ich muss das hier einflechten und auch ausdrücklich ICH sagen, da die gängige Reaktion von Freunden oder Nachbarn auf heutiges lautes Aufdrehen alter Platten der beiden hier behandelten Herren zwischen Entsetzen und Unverständnis oszilliert: »Was willst du denn mit denen?«

Tja, was will ich mit denen?

Nun, zu wollen gibt es da nichts, diese Lieder, die ganz alten zumal, haben mich in einer Phase angeweht, auf die ich keinen ändernden Zugriff mehr habe. Nennen wir sie der Einfachheit halber: Pubertät. In diesem schönen Alter hat Musik zuallererst eine Funktion zu erfüllen. Man ist da eben gottlob kein Musikhistoriker, der zum Beispiel eine Westernhagen-Platte grundsätzlich verschmäht: Ist doch ein billiger Stones-Abklatsch. Oder eine Stones-Platte: Ist doch alles von Chuck Berry geklaut. Das alles ist dem 14-Jährigen komplett wurscht. Auch die Neunmalklugen, die völlig zurecht einwenden, Ende der 80er Jahre gab es doch dies und das, da war man doch so und so, wenn man *Deutschrock* gehört hat – auch die sollen sich zum Teufel scheren. Das Schöne an dieser frühen Unbedarftheit ist doch gerade, dass man so wenig weiß und das Erstbeste für das Größte zu halten in der Lage ist. Heute 13-Jährige sind herzlich eingeladen, in 20 Jahren die Wirkgeschichte von Tomte oder Kettcar zu referieren. Ich habe zwischen Kindheit und Erwachsensein gerne Westernhagen und Grönemeyer gehört, punktaus. Schon damals wurde man dafür ausgelacht, natürlich, aber das war gutes Training. Und so habe ich diese Platten naheliegenderweise zumeist allein gehört, immer wieder, ich hatte die Textblätter auf den Knien liegen, habe den Kram auswendig gelernt, und zum Glück ist in einem normalen Kopf viel Platz, sonst würde ich mich vielleicht dann und wann ärgern, dass ich alle Lieder von Westernhagen und Grönemeyer bis etwa 1990 auch heute noch ausnahmslos aufsagen kann.

Die Musik? Schwer zu sagen. Was für Musik ist das eigentlich? Rock ja eigentlich nicht. Grönemeyers frühe Platten: Schlager; die mittleren: Matsch; die späten: interessanter Pop? Westernhagen: Blues-Rock? Tut mir leid, finde ich völlig unerheblich. Die Funktion der Musik ist wichtig, nichts weiter. Was braucht der 13-, 14-Jährige? Er braucht Anleitung, Welterklärung, Verheißung – Untermalung zum Verliebtsein, zum Tornister-in-die-Ecke-Werfen, zum Knutschen; er muss Lieder im Kopf haben, wenn er hinter der Schulsporthalle eine erste Zigarette raucht oder nachts heimlich durch die Verandatür raus ins elektrische Leben schleicht. Das braucht er. Und das kann nahezu jede Ausformung von Musik leisten.

Man fährt dann natürlich auch zu Konzerten. Mein erstes Konzert überhaupt: Herbert Grönemeyer in der Eilenriedehalle Hannover. Gerade war seine Platte »Luxus« erschienen, die er selbst heute als etwas borniert empfindet. Darauf wäre ich damals nie gekommen, ich war eben Fan, und das Einzige, was ich zu entscheiden hatte: ob ich mir ein T-Shirt kaufe oder ein Bahn-Rückfahrticket. Mit dem T-Shirt auf der Zugtoilette – möchte ich nicht missen, diese Fahrt.

Heute sind wir ja alle wahnsinnig viel schlauer, und man kann distanziert allerlei feststellen: Von 1984 bis 1990, also von »Bochum« bis »Luxus«, hat Grönemeyer durchgängig erfolgreiche Platten veröffentlicht, Westernhagen hatte in dieser Zeit interessante Aussetzer: Nach »Pfefferminz« hat er manches probiert, hatte noch zwei Alben lang als Unterhemden tragender Kneipenkumpel leidlich Erfolg, dann folgten einige eher abstruse Platten, er irrte durch die Stil- und Spielarten, und gerade diese seine 80er-Jahre-Irrtümer sind aufregend.

Grönemeyers Platten hielten ab »Bochum« ein Niveau, wenn man das mochte, gab es keine Probleme, keine Momente des Zweifelns. Westernhagen aber suchte und schwankte, produzierte zum Teil richtigen Schrott – und ein paar Juwelen. Grönemeyer war außer Sichtweite. Ende der 80er schlug das Pendel zurück, Westernhagen überholte wieder: »Halleluja« – er war zurück, brachte kurz darauf eine grandiose Live-LP heraus, die das Lied »Freiheit« enthielt, getragen von frenetischem Sporthallenpublikums-Chor, das kam gerade recht zu den Wiedervereinigungsfeierlichkeiten.

Angeblich, so erzählen es Menschen, die dabei waren und ganz unbedingt nicht namentlich erwähnt werden wollen, gab es dann Radau hinter der Bühne eines großen Open-Air-Konzerts in Frankfurt, bei dem alle damals großen (im Sinne von: sehr bekannten) deutschen Rockmusiker auftraten, um ein Ständchen wider den Rassismus zu singen: Westernhagen sollte als Letzter, als Höhepunkt also, singen, natürlich seinen Hit »Wind of Change«, nein, Entschuldigung, natürlich »Freiheit«. Und irgendwie soll mit diesem Finale – angeblich! – nicht jeder der Beteiligten einverstanden gewesen sein.

Ehrlich gesagt: Ich stand damals im Publikum und fand es schön. Ich fand auch Grönemeyer toll, der »Keine Heimat« sang, wenn ich mich richtig erinnere. Aber das wärmende, einende Emotionsfinale kam eben von Westernhagen: Er bat, dass wir »hier das Licht machen«, und Abertausende entzündeten Wunderkerzen und Feuerzeuge (oder Zigaretten), das war ein schönes Bild, und jeder Zyniker konnte sich darüber lustig machen, so war für alle gesorgt. Anschließend verschickte die Lufthansa einen Videomitschnitt dieses Konzerts an alle Goethe-Institute, woraufhin Grönemeyer die Videos wieder einkassieren ließ und sie dann ohne Lufthansa-Logo erneut aussandte, damit auch wirklich alles schön korrekt war. Und so gibt es auch über Wackersdorf-Konzerte schöne Geschichten, wessen Name auf dem Plakat nun zu groß war und weiß-der-Teufel-was – und bei allem guten Willen haben die deutschen *Rockgrößen* mit diesen von so hehren Zusammenkünften überlieferten Kleinlichkeiten am Ende vor allem ihre eigene Überheblichkeit bewiesen.

Um dem Informantenschutz zu genügen: »Jemand, der mit einem der beiden« in ganz frühen Jahren verlaglich zusammengearbeitet hat, sagt, die Zickereien zwischen den beiden, was man darüber so gehört und davon so mitgekriegt habe, seien ihm bekannt vorgekommen, und zwar von Kinderspielplätzen. Aber man nennt hier besser keine Namen, denn bis heute wird man bei einer lobenden Äußerung über den einen automatisch als Feind des anderen behandelt; umgekehrt gilt dasselbe, Kritik des einen wird als Stärkung des anderen aufgefasst – lächerlichste Lagerhaft.

In England ist wie so vieles auch die Eifersuchtskultur unter Musikern humorvoller, Noel Gallaghers Tiraden über andere Bands beispielsweise sind ja eigentlich erst so besonders unterhaltsam, seit er auf Bands schimpft, die aktuell etwas aufregender sind als Oasis. Aber egal. In Deutschland wird einem nur heimlich wispernd erzählt, wie zuweilen kompliziert das nun genau war, als Grönemeyer und Westernhagen eine Zeit lang von derselben Managementfirma betreut wurden. Einmal soll sogar ein Schreibtisch umgekippt worden sein, aber pscht! Bei so viel Angst und Kleinmut wahrt man das Schweigegelübde doch lieber und konzentriert sich auf die beiden Pappkartons.

Also, bei Westernhagen wurde Anfang der 90er Jahre alles immer größer, Platin hier, Stadien da – doch springt man nun im Pappkarton mal zu seinem Spätwerk, kann man sich des Eindrucks nicht erwehren, dass er von seiner letzten Stadion-Tournee 1999 geistig nie zurückgekommen ist.

Grönemeyer brachte 1998 zu allseitiger Überraschung eine überaus ungrönemeyerige, vertrackte, großartige Platte heraus: »Bleibt alles anders«. Mittlerweile musizierte er von London aus; Westernhagen verlor sich derweil in italienischer Klosternähe, ihm waren die Themen ausgegangen, keinerlei Unmittelbarkeit war mehr in seiner Musik, er stand vor hunderttausenden Leuten und synthetisierte Gefühl, es war alles sehr groß, größer als je ein deutscher Musiker bis dahin agiert hatte – und deshalb sind ja auch die Dinosaurier einst ausgestorben, die waren zu groß geworden, kamen nicht mehr an ihre Nahrung ran. Uns Meyers und Müllers jedenfalls war Westernhagen abhandengekommen.

2002 erfolgte Grönemeyers künstlerische wie allgemeine Heiligsprechung, er veröffentlichte die spektakuläre Platte »Mensch«, Westernhagen mit dem Titel »Ab in den Wahnsinn« und Helnwein-Cover einen Haufen Mist, er lag so grauenhaft daneben und sprach davon, dass der 11. September irgendwie ein totaler Schock gewesen sei. Ja nun. Ich bekam damals eine Einladung, in der Berliner Neuen Nationalgalerie als Statist durch das Westernhagen-Video »Es ist an der Zeit« zu latschen, aber ich ging nicht hin, mir war das alles zu traurig, zu hohl, es war *nicht* an der Zeit, es war alles grundfalsch.

Hatte Westernhagen den »Draht zu den Fans« verloren? Na, ich will es doch schwer hoffen. Dieser Kitsch des Auf-dem-Teppich-Bleibens immer, du liebes Bisschen – auf dem Teppich bin ich doch selbst, was soll denn bitte der Star dort? Möge sein Teppich meinetwegen ein fliegender Perserteppich sein, nur bitte irgendeinen Boden braucht es schon, auf dem der Künstler steht, von dem aus er sich mitteilt. Grönemeyers Texte waren nach der »Luxus«-Starre weniger pädagogisch geworden, seine Musik riskanter, da hatte ein Künstler seine Rezepte auf links gedreht, die eigene Routine sabotiert, bevor sie endgültig Masche geworden wäre – und Westernhagen sang »Ich bin wieder hier / In meinem Revier«, er sang vom Dreck, den er liebt (es ging angeblich ums – im Frühwerk noch glorios porträtierte, jetzt nurmehr strapazierte – Ruhrgebiet), und irgendwie haute das alles nicht mehr hin. Tief im Westen? Zu den Klängen von »Bochum« laufen heute noch die Spieler des VFL ins Stadion, und Grönemeyer hat nichts dagegen, staunt bloß, dass sich tatsächlich einige seiner Fans darüber beschwerten, nicht auf jeder seiner Live-DVDs dieses Lied zu finden.

Das erzählte er auf der Presse-Präsentation seines Best-Of-Albums, an einem November-Abend 2008 in Berlin. Er saß auf einer Bühne und wurde vergnüglich befragt von Ina Müller, die ja auf angenehme Art aussieht, als handelten frühe Westernhagen-Kneipenlieder von ihr; hier aber sprach sie nun mit Grönemeyer. Als dieser den Raum betrat, klatschten die anwesenden Journalisten respektvoll zu Diensten, und das tun sie nun wirklich nicht häufig bei Pressekonferenzen. Grönemeyer, nein, nach diesem Abend kann man ihn eine Weile lang wieder nur Herbert nennen, so kumpelig und witzboldig trat er da auf – Herbert also war bester Laune.

Natürlich fragte eine einzige kritische Nachrichtensender-Dame stupid in der Rollenprosa kritischer Nachrichtensender-Damen: »Warum eigentlich jetzt ein Best Of?« Aber alle anderen hatten das begriffen: Warum nicht? Und es stand ja auch groß an den Wänden, »Was muss muss«.

Grönemeyer, Verzeihung, Herbert hat 34 Lieder ausgewählt, »im Team« natürlich; es gibt den neuen Hit und auch eine schmucke Sonderedition, mit DVD und Bildband und USB-Stick und Schnickschnack.

Ist nicht Grönemeyer manchmal auch *nicht* Herbert, dann nämlich, wenn öffentlich sein Privatleben erkundet wird? Dann nimmt er doch schlecht geschriebene Biographien vom Markt (da ist es wieder!), verklagt Boulevard-Zeitungen und so weiter – aber im Booklet seiner Best-Of-Platte nun privateste Bilder, auf dem Cover gar ein Babyfoto. Herbie-Baby! Er bestimmt, wo es mit ihm langgeht, was er wann preisgibt, wann seine Plattenfirma die alten Hits in welcher Reihenfolge ins Weihnachtsgeschäft stapeln darf – es ist dadurch eine neue Platte, ein vollgültiges Kunstwerk von Herbert Grönemeyer, auch wenn der Plattenfirmenboss in seiner Begrüßungsansprache natürlich vom »Produkt« spricht (und von »Kick-off-Meetings«). Es sei Grönemeyers erste Best-Of-Platte, wird gesagt, und das stimmt auch, wenn man die Kopplung »So gut« nicht mitzählt, eine Zusammenstellung der paar gelungenen Lieder aus seinen ersten vier Platten. Dazu tragisch passend der Titel der letzten, vor acht Jahren erst erschienenen Westernhagen-Best-Of-CD: »So weit …«, auf der Westernhagens Hits und zwei laue neue Liedlein Platz fanden – seither hat er keinen Hit mehr landen können, warum eigentlich jetzt schon wieder ein Best Of? Die Fan-Adressen, richtig.

Denken wir uns den Fan, der alle Platten besitzt: Grönemeyers Best Of wird er kaufen, wegen des neuen Lieds »Glück« allein schon, auch weil ihn Grönemeyers Auswahl interessiert, und wenn er 30 Euro mehr hinzulegen bereit ist: wegen des Bildbands und Schnickschnacks. Warum aber sollte der Westernhagen-Fan eine CD kaufen, auf der nichts Neues zu finden ist, ja deren Auswahl nichtmal der Künstler selbst getroffen hat? Auf Grönemeyers Internet-Seite kann »Deine Stimme gegen Armut« abgegeben werden – auf Westernhagens Homepage kann man helfen, das Ende aller Kunst zu besiegeln, »Wünsch Dir Deinen Westernhagen«, drei Lieder pro Fan, äh, pro Mailadresse. Er wird die bestplatzierten Lieder dann live spielen und, »Wunschkonzert« genannt, als CD veröffentlichen, alles wie von Tim Renner empfohlen. Prima, aber warum sollte ich mich denn in die unoriginellen Wünsche der Westernhagen-Fans einreihen, mich möglicherweise noch mit denen in irgendeiner »Forum« genannten Orthographiehölle austauschen wie der letzte Blog-Depp, und dann diese auf zwei Live-Platten und einem nicht alten Best Of auch schon totgejaulten, banalsten »Hits« noch mal kaufen und hören? Erfolgreiche Musiker erzählen häufig aus ihrer steinigen Anfangszeit, wie schlimm es gewesen sei, irgendwelche Hits auf Bestellung zu spielen. Und wie schön es sei, heute spielen zu dürfen, was immer man wolle. Was bitte ist denn mit dem Künstler passiert, der plötzlich freiwillig auf Befehl spielt, der uns nicht selbständig etwas zu sagen oder vorzutragen weiß? Gibt es dafür nicht Jukeboxen, Karaoke-Bars, iTunes?

Ich habe also nun, Selbstversuchen gegenüber seit jeher aufgeschlossen, *gevotet* für Lieder, die zum Zeitpunkt meiner Stimmabgabe im Mittelfeld der Fan-Gunst lagen, es vielleicht durch meine Stimme noch ins Programm schaffen:

»Hier in der Kneipe fühl' ich mich frei«

»In meiner Bude flipp' ich aus«

»Der Junge auf dem weißen Pferd«

Aber ich besitze die schon, wie sonst könnten sie meine Favoriten sein? Und wenn ich die hören will, suche ich sie, lege sie auf – und alles ist schön.

Tatsächlich, in Karaoke-Bars singe ich ab und zu ganz gern »Johnny Walker« oder »Geiler is' schon«. Bei meinem zweiten Westernhagen-Konzert hat es mich irritiert, wie er die Lieder immer genau gleich spielt, selbst die schon von der Live-Platte bekannten Ansagen und Zwischenrufe identisch wiederholt. Die Einzigartigkeit jeder Grönemeyer-Ansage bei Konzerten erkennt man schon am kruden Satzbau – auch er weiß Effekte zu setzen, doch geht er da abwechslungsreicher vor. Dadurch waren Westernhagen-Shows stets perfekter (und die Live-Platten klingen auch deutlich besser als die von Grönemeyer, geübt ist geübt), aber dadurch auch aseptisch, Westernhagen selbst findet das höchstwahrscheinlich »international« oder auch »professionell«. Und so sage ich also in der Karaoke-Bar, bevor ich »Johnny Walker« anstimme, stets werktreu: »So, alle Nichtalkoholiker bitte den Saal verlassen jetzt, Jugendliche unter 18 Jahren, schwangere Frauen – jetzt kommen die scharfen Sachen.« Und singe ich »Geiler is' schon«, schmeichle ich vorher, genau wie Westernhagen auf seiner ersten Live-Platte, ins Karaoke-Mikrophon: »Ihr bringt mich um, wisst ihr das? Also, ich wär' enttäuscht, wenn das nicht so wäre. Danke, ihr seid wahnsinnig, wahnsinnig« – in einer Karaoke-Bar ist das ganz lustig. Weil ich ja nicht Westernhagen bin.

Aber er ist doch Westernhagen, oder nicht?

»Was wollt ihr hören?«, fragte er auf seiner ersten Live-Platte vor dem Lied »Lass uns leben«, woraufhin alle durcheinanderriefen, jeder wollte irgendwas hören – und Westernhagen sang dann einfach genau das Lied, das auf der Setlist stand, die Frage war damals ein rhetorisches Mätzchen. Heute ist sie ernst gemeint. Wie phänomenal schlecht gewählt für dieses Projekt allein der Titel ist, »Wunschkonzert«: Dass das Leben keins sei, so geht der Spruch. Manchmal sagt auch ein Berliner Großkoalitionär, wenn mal wieder irgendwas im Kompromiss-Elend gestrandet ist: Große Koalition ist kein Wunschkonzert. Wunschkonzert also als der

Traumzustand – man kann machen, was man will. Aber doch nicht, was »die anderen« wollen, eben doch genau das nicht! »Damenwahl« heißt ja auch nicht, dass der Mann sich die Dame auswählt. Von einem Rockstar aber erwarte ich genau dieses, der soll die Lieder (und meinetwegen die Frauen) auswählen. Alles andere kann ich selbst.

Grönemeyer, der seit »Mensch« eine eigene, unerreichbare Kategorie ist, genießt das Privileg später Hits, frühe Glanz- wie Schandtaten bewertet man da naturgemäß locker. So beantwortete er bei der »Was muss muss«-Präsentation die Frage, auf welchen der Hits er für die vorliegende Auswahl am leichtesten hätte verzichten können, mit königlicher Gelassenheit: Och, »Männer« vielleicht. Potzblitz, diesen Monsterhit? Ja, nach all den Jahren würde er den heute in Konzerten eher parodistisch singen. Strahlender Herbert: Sein Männerbild habe sich, hehe, mittlerweile etwas gewandelt.

Grönemeyers Best Of wird sehr lange auf Platz eins herumstrahlen. Und Westernhagen? Nun, der hat jetzt ein paar Fan-Adressen. Aber bei einem Sänger, der die Wünsche seines Publikums befolgt, ist kaum mehr von Kunst, eher bloß noch von Marktforschung zu sprechen. Auch wenn Karl Lagerfeld oder Bryan Adams das Cover-Foto macht, ja.

Trotzdem, wenn mal wieder jemand die Nase rümpft, sobald der Name Westernhagen fällt, werde ich wie eh und je einwenden: Aber die alten Sachen! Und dann werde ich zwei, drei Lieder aufsagen oder, je nach Tageszeit und Umgebung, auch singen. Jawohl, und bei der nächsten Modenschau werde ich Tim Renner liebe Grüße an seinen »Herrn Westernhagen« auftragen, der solle bitte mal sein eigenes Lied »Lady« von 1980 wieder hören, in dem er so weise eine sich zierende »Hanseatentochter« anmault: »Doch wenn ich auch nur Müller heiße / So bin ich doch am leben.«

Grönemeyer erzählte auf seinem »Was muss muss«-Podest kichernd, wie dem jungen Herbert der Künstlername »Herbie Green« empfohlen wurde. Vielleicht sollte Westernhagen einfach seinen Müller wieder anlegen und noch mal von vorn beginnen. Ein Bindestrich im Nachnamen kann was sehr Schönes sein.

Straßenwahlkampf: Die Linke

Zwei von drei Problemen habe sie heute schon gelöst, sagt Petra Pau zur Begrüßung, als sie eine Dreiviertelstunde zu spät am Wahlkampfstand ihrer Partei vor der Agentur für Arbeit in Marzahn-Hellersdorf erscheint. Sie schiebt sich die Sonnenbrille in ihre lustige rote Bürstenfrisur, denn vor der Arbeitsagentur steht man passenderweise im Schatten. Zwei von drei Problemen, nicht schlecht, denkt man, was könnte das sein, das sie so früh am Morgen schon hat klären können, ihre Partei ist ja auf den Plakaten nicht gerade kleinmäulig – Reichtum für Afghanistan?

Nein, ein paar Nummern kleiner: In diesem Bezirk, in dem sich Petra Pau um das Direktmandat bewirbt, herrsche medizinische Unterversorgung, und es sei ihr gelungen, zwei bislang unbehandelten Patienten einen Arzttermin zu organisieren. Eine andere Bürgerin (das dritte, das ungelöste Problem) mache sich Sorgen um die Lehrstelle ihres Enkels; Petra Pau hat einen Termin »für nach den Wahlen« mit ihr vereinbart. Bis zum nun endlich kommenden Wahlsonntag habe sie keine freie Minute, »es muss um jede Stimme gekämpft werden«, und »apropos Stimme«, die von Lafontaine sei übrigens wahlkampfbedingt lädiert, deshalb habe sie ihn gestern bei einer Veranstaltung in Treptow-Köpenick vertreten müssen, Gysi hatte sie am späten Sonntagabend telefonisch darum gebeten; der Oskar müsse im Saarland bleiben, seine Stimme schonen. Na also, dann kann er bei der Abschlusskundgebung am Freitag auf dem Alexanderplatz wieder schön laut rumschreien.

Petra Pau nimmt sich einen Stapel Handzettel, auf denen steht, was sie so vorhat in den kommenden vier Jahren, »damit es im Land gerecht zugeht«, und beginnt mit der Verteilung; die Sonnenbrille hat sie in ihre Handtasche gesteckt. Die Eingangstür der Agentur für Arbeit öffnet sich automatisch, ein und aus gehen Menschen mit typischem Amtsbesuchsblick, zwischen genervt und resigniert. Aber sie reagieren erstaunlich freundlich auf die Kandidatin, fast jeder nimmt einen Zettel von Pau, noch lieber gleich »die rote Wahltüte« mit weiteren Broschüren, einem Kugelschreiber und Bonbons. Wonach die Bonbons schmecken, wisse sie leider nicht, sagt Petra Pau, sie vertrage nämlich keinen Zucker.

»Rot, radikal, realistisch« steht auf ihren Zetteln und Plakaten; »rot« versteht man sofort, allein schon der Frisur wegen – aber was ist mit den beiden anderen Wörtern? »Radikal«, sagt Pau, bedeute: an die Wurzeln, an die Ursachen gehen. Und »realistisch« meine: Was kann hier und heute wirklich verändert werden? Hier, heute und jetzt versammeln sich gerade Schülerinnen und Schüler einer 9. Klasse, die Jungs tun so, als würden sie sich nicht für die Mädchen interessieren, und sind sehr vertieft in den Wettstreit, aus wessen Handy der lauteste HipHop plärrt. Wahlberechtigt sind sie noch nicht, aber einen Kugelschreiber nehmen sie gern. Morgen werden sie im Unterricht eine Wahl durchführen, in welchem Fach, das wissen sie gerade nicht so genau, »in Deutsch oder Ethik oder so«. Eine Dame mit Einkaufstüten in beiden Händen kommt des Weges, sie hebt bedauernd die Schultern, als Petra Pau ihr einen Zettel hinhält, aber die Kandidatin darf das rotradikalrealistische Flugblatt in eine der Tüten stecken.

Zeit für einen Ortswechsel, der Wahlkampfstand wird im »Petra Pau Mobil« genannten Auto verstaut und in Biesdorf, genau zwischen Aldi und Lidl, wieder aufgebaut.

Nur wenige Einkäufer an diesem Morgen, Petra Pau, deren blassgrünes Jackett ein bisschen aussieht wie eine zu oft gewaschene Version des Jacketts, das die Kanzlerin auf ihren aktuellen Plakaten trägt, steht etwas verloren mit ihren Zetteln auf dem großen Parkplatz: »Nicht so schlimm. Die Aufgabe ist, gesehen zu werden.« Immerhin fahren viele Autos vorbei, die sehen ja den Sonnenschirm: »Die Linke« – und der Rest ist doch eigentlich eh klar. Ein schneidiger Herr mit Radfahrer-Neonbändern an den Hosenbeinen, der sich als »alter, bekennender DDRler« vorstellt,

STRASSENWAHLKAMPF: DIE LINKE **303**

hat viel Zeit für Pau: »Was vor der Wende noch was galt hier, müssen wir wieder lernen: Anstand, Höflichkeit, Sauberkeit, Respekt.« So kann man das Leben in einer Diktatur natürlich auch ganz schön beschreiben. Doch Petra Pau nickt: Richtig – dass der Ellenbogen der wichtigste Körperteil sei heutzutage, das sei nicht hinzunehmen. Es gehe nur noch ums Geld, stimmen beide überein. Der Mann denkt jetzt in ganz großen Zusammenhängen: Kapitalismus? Pah. Jetzt habe man hier – er deutet auf den Discounter – 50 Sorten Marmelade, na und? So viel Marmelade könne man doch gar nicht essen! »Reichtum für alle«, erklärt Pau die waghalsigen Robin-Hood-Slogans ihrer Partei, das sei natürlich ein bisschen provokant, um klarzumachen, es gehe eben nicht nur ums Geld, sondern auch um »kulturellen Reichtum«. Viele Menschen könnten aus finanziellen Gründen nie ins Kino oder Theater gehen. Jaja, scheiß Geld. Und so sind sich also alle einig, hier auf dem Parkplatz des Discounters, der mit dem Slogan »Lohnt sich« wirbt.

Straßenwahlkampf: CDU

Für Kartoffelpuffer sei es zwar noch etwas früh, sagt Roland Koch, als er um kurz nach halb zehn das Potsdamer Einkaufszentrum betritt – aber man müsse die Leute ja auch herausfordern. Der Bratfettgeruch bestätigt die Einschätzung des hessischen Ministerpräsidenten, der jetzt die Potsdamer CDU-Spitzenkandidatin Katherina Reiche begrüßt, sich seines Jacketts entledigt und eine weiße Schürze umbindet. Die beiden Politiker werden nun eine Stunde lang vor dem Eingang der Rewe-Filiale Kartoffelpuffer braten, die zwei Induktionskochplatten »mit automatischer Topferkennung« heizen schon, eine für Frau Reiche, eine für Herrn Koch. 30 Cent kostet so ein CDU-Puffer, der Erlös wird für den Wiederaufbau der Garnisonkirche gespendet. Der gute Nebenzweck so eines guten Zwecks ist es natürlich, Bürgernähe-Verrenkungen im Wahlkampf etwas weniger bizarr oder zumindest *auch* nützlich erscheinen zu lassen.

Roland Koch schöpft eine Kelle Pufferteig ins zischende Fett und ruckelt fachmännisch an der Pfanne. Die Fotografen lauern schon, denn der spannendste Moment dieses insgesamt ja eher mäßig aufregenden Termins ist natürlich das zur beidseitigen Pufferbräunung nötige Wendemanöver: Wird Koch es wagen, den Puffer in die Luft zu schleudern? Wird er ihn dann mit der Pfanne auch wieder auffangen? Wäre ja so oder so ein tolles Foto. Mit einem Bratwender zerteilt Koch den halbgaren Puffer in zwei Hälften, dreht sie mit diesem Hilfsgerät auch um, ab dem dritten Puffer traut er sich, hebt die Pfanne mit einem Ruck, der Puffer fliegt hoch, dreht sich im Flug – und landet unversehrt auf der richtigen, also der noch ungebratenen Seite wieder in der Pfanne. Fast hätte man applaudiert, aber das vielfache Kameraklicken ist ja für Politiker auch eine Art Applaus.

Apfelmus, Zimt und Zucker stehen zur individuellen Verfeinerung bereit, die ersten Bürger pieksen Plastikgabeln in die Puffer. Doch,

STRASSENWAHLKAMPF: CDU

schmeckt, sagen sie. Manche zahlen auch mehr als 30 Cent, es ist ja für einen guten Zweck. Eine ältere Dame aber ist etwas erbost, dass man jetzt nichtmal mehr *vor* der Wahl Geschenke von Politikern bekommt. Koch: »Ist nicht für uns, das Geld, ist für die Garnisonkirche!« Für die schon gar nicht, sagt die ältere Dame, da fließe sowieso zu viel Geld hin. Ein Passant, der sich kurz zuvor eine Roland-Koch-Biographie hat signieren lassen, empfiehlt ihr, dann doch besser auf den Marktplatz zur

Linkspartei zu gehen, da gebe es »Bratwurst umsonst«. Beifallheischend schaut er zu Koch, aber der muss gerade einen Puffer auffangen.

Um diese Zeit ist das Einkaufszentrum nicht gerade übervölkert, die Fotografen haben ihre Bilder beisammen, Roland Koch pinselt neues Fett in die Pfanne, hat jetzt eine gewisse Routine entwickelt, Gelegenheit also, mit den Bürgern ins Gespräch zu kommen. Zwei Rewe-Verkäuferinnen, die frühmorgens die 20 Kilogramm Kartoffeln geschält haben, die Reiche und Koch nun zu Puffern braten, stehen – ebenfalls weiß beschürzt – neben Koch, spricht er eben mit denen, ganz locker, von Mensch zu Mensch. Es ist für den Beobachter immer schwer zu entscheiden, wer sich bei diesen um Normalität innerhalb der totalen Künstlichkeit ringenden Gesprächen unwohler fühlt, der Bürger oder der Politiker – beide Seiten bemühen sich so sehr bei dieser in Worte gegossenen Demonstration der Sprachlosigkeit zwischen Volk und dessen Vertretern, dass man lieber betreten zur Seite schaut.

Sie arbeiten hier?, eröffnet Koch.

Ja.

Mhm – wie lange schon?

Seit viereinhalb Jahren.

Und Ausbildung gemacht, hier bei Rewe?

Ja.

Koch schaut sich um und sieht: Brillenbär Discount-Depot, Reno, kik, Rossmann, einen Münzfernsprecher und einen Geldautomaten. »Ist ein schönes Einkaufszentrum«, sagt er, lädt einen weiteren Puffer auf einen Pappteller und fragt die beiden Verkäuferinnen, ob sie gern kochen.

Joah, geht so.

Er selbst, erzählt Koch, stehe in der Küche, wann immer er Zeit finde, was natürlich nicht allzu oft der Fall sei, »aber am Wochenende und an Feiertagen regelmäßig«.

Schweigen.

Dann ruft Koch: »Wem können wir denn hier noch was Gutes tun, sonst werden die Dinger kalt!«

Eine Frau bremst ihren Einkaufswagen und zeigt auf ihre krückengestützt hinterdreinhumpelnde Mutter: »Herr Koch, am Sonntag hat die Oma Geburtstag, und da geht sie auch wählen.«

Aus ihrem Einkaufswagen ragen Tiefkühltorte und Blumen.

»Na, das ist doch sehr schön«, gratuliert Koch, »haben Sie denn auch schon einen Kartoffelpuffer probiert?«

Dann lässt er wieder die Puffer durch die Luft fliegen. Mit so kleinen Pfannen komme er ganz gut zurecht, sagt Koch, der heute alle hochgeworfenen Puffer auch wieder auffängt – »je größer die Pfanne, desto größer das Risiko«. Eine Regel, die auch auf Kochs politische Karriere anwendbar scheint, in der ja manches in die Pfanne gehauen wurde und danebenging. Ein begeistert kauender Herr macht Koch jetzt das für häufig im Fernsehen auftretende Menschen zwiespältige Kompliment, er wirke »in echt« viel sympathischer. Koch nickend: »Deshalb fahren wir ja auch so viel durchs Land.«

Warum überhaupt Kartoffelpuffer?

Na, Brandenburger Kartoffeln!, ruft Katherina Reiche.

Die letzten Puffer werden gebraten, über 200 Euro sind angeblich zusammengekommen – und erst jetzt fällt einem auf, dass nirgends hier ein CDU-Plakat hängt und weder Broschüren ausliegen noch mit Parteilogo bedruckte Luftballons oder Kugelschreiber verteilt werden. Guten Zweck und platte Parteiwerbung wolle man bewusst nicht verknüpfen, sagt Koch und wischt sich die Hände an der Schürze ab. Natürlich gehe es so kurz vor der Wahl um Aufmerksamkeit, aber man dürfe als Politiker von bürgerlichem Engagement nicht immer nur reden, man müsse es auch praktizieren – und außerdem: »Ich bin hoffentlich CDU-Werbematerial genug!«

Willy-Brandt-Haus, 27. September 2009

Die Stimmung – ja, ja, die Stimmung. »Wie ist die Stimmung bei den Sozialdemokraten?«, werden die Moderatoren in den Fernsehstudios nachher stets fragen, bevor sie hierher, ins Willy-Brandt-Haus schalten, wo derart viele Journalisten mit Kameras, Mikrophonen und Laptops diese Stimmung einzufangen bereitstehen, dass man sich fragt, wie, wo und von wem überhaupt hier eine wie auch immer beschaffene Stimmung artikuliert werden soll.

Auf der Bühne? Dort stehen zwei Rednerpulte für die beiden Stimmungsgaranten Steinmeier und Müntefering, dahinter der Schriftzug »Unser Land kann mehr« – was so oder so nach elf Jahren Regierungsbeteiligung kein besonders geschickter Werbeslogan für die SPD war. Neben der in ihrer Art noch genauer zu ergründenden »Stimmung« wird an diesem Abend das Wort »dramatisch« vielfache Verwendung finden im Willy-Brandt-Haus, seit halb fünf kursieren verschiedene Gerüchte und Prognosen, von 25 % oder sogar nur 24 % für die SPD geht die Flüsterkunde – und das ist, genau, dramatisch. Ein dramatischer Verlust im Vergleich zu 2005, eine dramatische Niederlage – und vielleicht ja auch Grund für eine dramatische Stimmung?

An Säulen aufgehängte Fernseher zeigen die Programme von ARD und ZDF, und obwohl im ZDF gerade Bettina Schausten warnt, »Vorsicht mit Vorab-Zahlen, die sind im Zweifelsfall falsch«, werden im Foyer schon morgige Schlagzeilen großer Tageszeitungen entworfen: »Dramatische Verluste für die SPD«. Nur ein paar Meter weiter steht ein Mann, der urplötzlich im Stehen loskotzt – einfach so, auf den Boden des Willy-Brandt-Hauses. Dann geht er zum Bierstand und lässt sich, auf den Schreck, ein neues Berliner Pilsener zapfen. Niemand kommt, um die Kotze wegzuwischen, die Sorgen der Hausherren sind aktuell anderer

Art, und so wird die Kotze durch das Schuhstempeln all der achtlos hindurchlatschenden Handyhantierer schön im Haus verteilt.

Um 17.41 Uhr gibt ein neben der Bühne stehender SPD-Mann per Telefon durch: »Im Präsidiumssaal brauchen wir bitte noch Aschenbecher!« In Stimmung umgerechnet könnte das »Schock« heißen – erstmal eine rauchen. Noch sei gar nichts entschieden, versuchen SPD-Leute die sogenannte Stimmung, die sich momentan zwischen Fatalismus und Fassungslosigkeit einpendelt, etwas zu heben. Ein Veteran, der genau so aussieht, wie man sich einen SPD-Veteran vorstellt, wedelt mit seinem roten Parteibuch; er sei schon beim 1969er Wahlkampf Willy Brandts dabei gewesen, und da habe es am Wahlabend zunächst geheißen, Kiesinger habe klar gewonnen – »und wer war zum Schluss strahlender Sieger? Willy!« Jedem, der es nicht sehen will, zeigt er die Autogramme auf den vorderen Seiten seines Parteibuchs: Helmut Schmidt! Andrea Nahles! Und zu Hause habe er sogar ein Autogramm von Michail Gorbatschow! Freundlich wird er gebeten, sich abzuregen – und es bei eventuellen Ebay-Versteigerungen vielleicht lieber mit der Gorbatschow-Unterschrift zu versuchen als mit der von Andrea Nahles.

Schlag 18 Uhr, die Prognosen: Kurzer Jubel über die von der ARD angegebenen 33,5 % – die allerdings gelten der CDU. Aber die eigene Trauer mit etwas Schadenfreude durchmischen zu können (»*die* haben doch *auch* verloren«), ist gewiss hilfreich, denn nun bleibt der SPD-Balken sehr früh stehen: 22,5 %. Im ZDF 23,5 %.

Stille.

Kein Raunen, kein Wehgeschrei – absolute Stille.

Und die Stimmung? Wie ist die nun? Die ist gar nicht, wir erleben die völlige Abwesenheit von Stimmung. Am schnellsten hat sich der Veteran gefasst, parteibuchwedelnd skandiert er: »Das sagt gar nichts! Noch keine Stimme ausgezählt! Alles nur Mutmaßungen!« Der neben ihm stehende Juso möchte nun keine weiteren Heldengeschichten hören und entschuldigt sich: »Unabhängig vom Ergebnis hole ich mir jetzt erstmal ein neues Bier.«

WILLY-BRANDT-HAUS, 27. SEPTEMBER 2009 **311**

Die Frage, die nun durch den Saal funkt, lautet: Werden beide zurücktreten, Steinmeier und Müntefering? Dramatisch, dramatisch, tönt es allseits aus Mündern und Lautsprechern – stärkste Verluste und niedrigster Wert aller Zeiten. Und dann wird auch die letzte Ausrede der SPD zunichtegemacht, Schwarz-Gelb scheint sogar ohne Überhangmandate eine Mehrheit zu haben, meldet das ZDF. Aber es muss ja weitergehen: Jusos in roten T-Shirts (Aufdruck: »Gemeinsam mehr«) reihen sich zu einem Spalier und versuchen, die vielgesuchte Stimmung herzustellen, gut soll sie sein, warum auch immer. Um kurz nach halb sieben gehen Steinmeier und Müntefering das T-Shirt-Spalier entlang zur Bühne, sie lächeln, die Jusos klatschen. Tapferer Applaus jetzt im ganzen Saal, tapferes Winken auf der Bühne. Politiker zu sein, heißt, sich permanent zu verstellen, und in diesem Moment erreicht die Verstellungskunst wohl ihren Höhepunkt. Am Bühnenrand steht Steinmeiers Ehefrau und ist auch sehr gut gelaunt. Steinmeier selbst spricht von bitterem Tag und bitterer Niederlage – und lächelt. »Ihr seid die Zukunft unserer Partei, macht bitte weiter so!«, ruft er den rhythmisch klatschenden Jusos in ihren roten T-Shirts zu, während andernorts die Juso-Vorsitzende Franziska Drohsel zu Protokoll gibt, »ein ›Weiter so‹ kann es nicht geben«. Doch dass diese trostlose Formelsprache selbst von der Parteijugend übernommen wird, ist ein Hinweis darauf, dass es ganz gemütlich genau so weitergeht bei der SPD, und die angekündigten »radikalen Korrekturen« dürften sich in einigen Personal-Rochaden erschöpfen – Nahles, Wowereit und Gabriel hätten Zeit.

Während Steinmeier redet und Müntefering neben ihm seltsam weggetreten vor sich hin starrt, werden erste Indiskretionen aus der Präsidiumssitzung herumgeflüstert: Es habe, durchaus ungewöhnlich für die SPD, keine Schreierei gegeben, Steinmeier habe konsterniert auf die ersten Prognosen reagiert, Verstörung im ganzen Präsidium – der einzige, der nervtötend gute Laune demonstriert habe, sei Sigmar Gabriel gewesen. Den Posten des Fraktionsvorsitzenden habe Steinmeier niemand streitig gemacht, sogar Andrea Nahles habe sich für ihn ausgesprochen;

Müntefering hingegen sei nur deshalb nicht sofort vom Parteivorsitz zurückgetreten, weil man sich nicht direkt auf einen Nachfolger habe einigen können.

Als Steinmeier und Müntefering die Bühne verlassen, steht am Bühnenrand Peter Struck, gibt beiden die Hand, blickt dann melancholisch ins Leere; es war seine letzte Wahl, er geht jetzt in Rente. Der SPD-Veteran eilt herbei und bittet um ein Autogramm in sein Parteibuch. »Guck mal, wen ich alles schon habe«, krakeelt er, aber Struck möchte jetzt keine Autogrammsammlung begutachten, Struck möchte seine Ruhe: »Ja, komm, ist gut jetzt.« Doch schon flammt ein Scheinwerfer auf, und ein Fernsehjournalist fragt Struck, wie jetzt eigentlich die Stimmung in der SPD sei.

Zwischenzeit

Ich würde ja so gern – aber ich muss zum Zahnarzt. Oben links: ein Klopfschmerz. Was das ist? Klopfschmerz ist, wenn ein Zahn nur beim Kauen oder wenn er gerade will schmerzt, genau im Zahnarztstuhl dann nicht will, und der Zahnarzt mit einem kleinen Hammer die Zähne abklopft, um rauszufinden, welcher Zahn gemeint ist; wenn man Aua schreit, hat er ihn gefunden. Das ist Klopfschmerz.

Bei meinem Zahnarzt kann man während der Behandlung auf einem an der Decke angebrachten Bildschirm Filme gucken, und in der letzten Woche habe ich so liegend etwa die Hälfte von »Vicky Cristina Barcelona« gesehen. Gestern ging ich wieder hin, der Zahnarzt fragte, ob ich nicht morgen, also heute dran sei, da holte ich triumphierend den Terminzettel aus meinem Portemonnaie – und sah, dass der Zahnarzt leider Recht hatte. Abends schlürfte ich Kürbissuppe am maladen Zahn vorbei und guckte Fußball, mein Kumpel Moritz kam zur zweiten Halbzeit dazu, er hatte zuvor in der Neuen Nationalgalerie Daniel Kehlmann aus seinem neuen Theaterstück vorlesen gehört, Albert Einstein spricht darin mit irgendwem, Höchstkultur, und mein Kumpel Moritz hatte einen totalen Lachanfall bekommen. Das Fußballspiel war ebenfalls ganz lustig, zwei verschossene Elfmeter, dazu »Analysen« von Franz Beckenbauer: Ja gut, äh. Beim Rückspiel wird dann alles anders.

Rasch noch mal auf den Terminzettel gucken, heute also wirklich, und zwar gleich zwei Stunden lang diesmal, Klopfschmerzbehandlung zweiter Teil, ganz tief in die Wurzelkanäle, drinrumstochern, veröden, was weiß ich – nicht viel, denn ich bin währenddessen ja in Barcelona. In der anderen Stunde wird Prophylaxe betrieben, die Zähne sehen sehr schön aus danach, man bekommt ein Tütchen mit Zahnzwischenraumbürstchen überreicht und verspricht, diese auch wirklich zu benutzen und bis zur nächsten Prophylaxe nicht wieder so viel Zeit verstreichen zu lassen. Nicht immer erst kommen, wenn es wehtut! Ich weiß, wie »Vicky Cristina Barcelona« ausgeht, denn ich habe ihn schon im Kino gesehen; trotzdem werde ich heute im Zahnarztstuhl die zweite Hälfte schauen. Welche von den drei Frauen ist die hübscheste? Während ich das noch begrübeln werde, heißt es schon, bitte spülen, und wegen der Betäubung werde ich das Wasser wieder zur Hälfte am Mund vorbeigießen. Auf dem Weg zum Zahnarzt werde ich bei der Post vorbeifahren, einen Scheck einlösen, der liegt hier schon seit Juni. Ob der wohl noch »gilt«? Hoffentlich bin ich rechtzeitig wieder zuhause, um »Ein Fall für zwei« zu sehen, da ist Matula dann wieder Matula, vorgestern Abend war er ja im ZDF kurz Heiner Geißler, und man dachte immer, was hat denn der Matula da mit Helmut Kohl zu besprechen – heute wird man sich fragen, na nu, wieso steht denn Heiner Geißler lederbejackt im Büro von Rechtsanwalt Dr. Lessing?

In der Zwischenzeit: Schaue ich aus dem Fenster, sehe ich rechts eine mit Weinlaub berankte Wand, das Weinlaub ist schon gelbrot; links die Bäume, deren Blätter noch grün sind.

Weil ich beim Friseur war und mir die Haare wieder drei Millimeter kurz habe scheren lassen, muss ich eine Mütze tragen. Es ist schon Herbst – trotzdem noch Sommerzeit, nur mein Telefon-Display zeigt heute schon (oder noch) die Winterzeit an, da ich technisch nicht in der Lage bin, die Uhrzeit dieses im letzten Winter gekauften Telefons zu verstellen. In der Nacht zum Sonntag, bei der Zeitumstellung, gehöre ich dann zu den großen Gewinnern, muss nämlich nichts umstellen. Ohne Mütze ist sowieso schon Winter. Mein Friseur ist Vater geworden, hat sich aber leider während der Schwangerschaft mit der sogenannten Kindsmutter verkracht. Als ich vom Friseur kam, lief mir fast Herbert Grönemeyer vors Fahrrad, der mit seiner Tochter Winterkleidung gekauft hatte, unter anderem auch eine Mütze, aber noch Spätsommersachen trug, da er gerade erst aus einem südlich verbrachten Urlaub zurückgekommen war.

Morgen kommt die müde neue Platte von Marius Müller-Westernhagen heraus, »Williamsburg« heißt sie, aber die einzige Williamsburg, die uns an diesem Tag interessiert, ist Robbies Bühne neben der Max-Schmeling-Halle, wir werden dort sein und so tun, als gefielen uns die neuen Lieder, ein feste Burg ist unser Robbie – toll, dass er überlebt hat und weitermacht.

Und wenn dieser Text in der Zeitung steht, wird auch das schon wieder zwei Tage her sein. »Gestern, heute, morgen / Hoffnungen und Sorgen«, heißt es in einem schönen alten Lied.

Eigentlich muss ich Texte vom letzten Jahr überarbeiten für ein Buch, das im nächsten Jahr erscheint. Die liegen hier, ich sitze davor, es kann losgehen, doch nun ruft der Steuerberater an und will was über das laufende Jahr wissen, um dem Amt etwas über das nächste Jahr sagen zu können.

Derweil gehen die Koalitionsverhandlungen voran. Das ist kein Schattenhaushalt, das ist ein Nebenhaushalt, rief gestern einer der Verhandler empört in die Fernsehkameras. Die neue Regierung ist noch nicht im Amt, aber es dauert nicht mehr lang. Der Impfstoff gegen die auch Neue Grippe genannte Schweinegrippe ist schon ausgeliefert, doch mein Arzt hat ihn noch nicht. Er hat mir genau erklärt, warum die einen diesen, die anderen jenen Impfstoff bekommen – fast hätte ich es verstanden. Wirkverstärker! Bei »Hart aber fair« ging es auch hoch her deswegen, und man kann heute alles im »Faktencheck« nachlesen. Mein Arzt aber ist auf einer Kreuzfahrt, und wenn er wieder da ist, soll ich zur Impfung kommen. Die Nebenwirkungen bestehen darin, dass man sich kurz krank fühlt und genau deshalb gesund bleibt.

Die Wirtschaftskrise ist da, vielleicht aber bald schon wieder weg; ein paar meiner Freunde sind neuerdings arbeitslos, jedoch nicht ohne Beschäftigung, das Amt setzt ihnen ordentlich zu, auch ohne Migrationshintergrund versteht man die Formulare nicht, sie müssen allerhand beweisen – und wenn sie in eine andere Stadt fahren, sich irgendwo »vorstellen«, müssen sie dafür beim Amt Urlaub beantragen, wegen der Versicherung. Was sie beantragen sollen, wenn sie wirklich mal in den Urlaub fahren wollen, aber keine Urlaubstage mehr übrig haben, weil sie sich so oft irgendwo vorgestellt haben, konnte man ihnen nicht sagen.

Ich aber sage: Nicht immer wehtun, wenn man kommt, dann würde man auch nicht immer erst kommen, wenn es wehtut.

Über dem Prophylaxesessel lief dann »Madagascar«, und ich konnte nichts dagegen sagen, denn als der Film begann, hatte ich schon zwei Schläuche und einen Sandstrahler im Mund, es schien sich weniger um Prophylaxe als um Denkmalpflege zu handeln. Na, jedenfalls schätze ich Zeichentrickfilme nicht sehr, aber es rührte mich doch, wie das Zebra dem Löwen gegenüber wehmütig bilanzierte, nach Vollendung seiner ersten Lebenshälfte wisse es noch nichtmal, ob es nun schwarz mit weißen Streifen sei oder weiß mit schwarzen Streifen. Als es dann weiter, von Abenteuer zu Abenteuer galoppierte, sah man, dass es einen durchgängig weißen Bauch hat, also als weiß mit schwarzen Streifen bezeichnet werden muss. Das hätte ich dem Zebra gern gesagt, beziehungsweise fand ich, die Eichhörnchen hätten ihm das von da unten aus ruhig mal mitteilen können. Und da merkte ich, jetzt haben sie mich: Jetzt beziehe ich tatsächlich Position in Zeichentrickdramen! Oder sollte ich gar mittels dieser Schwarz/Weiß-Überlegungen subtil zum Gebrauch einer elektrischen Zahnbürste animiert werden? »Animationsfilm« wird dieses Genre doch genannt, seit das bunte Treiben nicht mehr Trickbild für Trickbild von Hand auf Papier, sondern mittels Computer hergestellt wird.

Mittlerweile ist es fast schon dunkel – und in einer Stunde darf ich wieder was essen und Heiner Geißler bei seinen Ermittlungen zuschauen.

Zwischen den Zeiten, zwischen »danach« und »davor«, also beispielsweise nach den Wahlen, aber deutlich vor der Vereidigung der neuen Regierung – was denkt, was glaubt, was macht man da? Ich empfehle die ganz kleinen Zwischenraumbürsten, die orangen. Wenn es anfangs blutet, bedeutet das nur, dass es bald überhaupt nie mehr bluten wird.

Christoph Schlingensiefs »Tagebuch einer Krebserkrankung«

Gibt es noch Fragen? Der Verleger blickt über den Rand seiner Lesebrille, die versammelten Journalisten wissen auch nicht so recht – Fragen? Christoph Schlingensief selbst ist nicht anwesend, auf einem Tisch liegen etwa 100 Exemplare seines Buchs »So schön wie hier kanns im Himmel gar nicht sein! Tagebuch einer Krebserkrankung«, jeder kann sich eins mitnehmen. Fragen – ja, bitte?

»Wie geht es Christoph Schlingensief denn jetzt gesundheitlich?«

Tja. Nicht so gut. Auf und ab. Gestern, nach der »Beckmann«-Aufzeichnung, war er nach Berlin zurückgefahren, nachts kam dann das Fieber.

Am Tag zuvor hatten Schlingensief und ich verabredet, nach dieser Veranstaltung einen Tee trinken zu gehen, mal wieder in Ruhe miteinander zu sprechen. Wäre das ein Interview geworden? Oder privat? Hat es sowas zwischen uns überhaupt je gegeben, rein private Momente? Natürlich. Und doch hatte jede unserer Begegnungen irgendeinen Kunst-Anlass oder wurde bald dazu. Immer war da auch eine Kamera oder ein Diktiergerät, ein Notizbuch – ein Publikum. Zu Schlingensiefs vielen großen Begabungen zählt die, jede soziale Situation anheizen zu können zur Frage: Was machen wir jetzt daraus?

Von unserer ersten Begegnung an, irgendwann im Sommer 1998 war das, haben all unsere Zusammentreffen und gemeinsamen Ausflüge immer irgendeine Form von Text hervorgebracht; entweder filmte er mit oder ich schrieb anschließend etwas darüber, oder wir trafen uns gleich auf einer Bühne. Schlingensief-Bühnen sind nicht ortsgebunden, Theater meint bei ihm kein Gebäude: In der U-Bahn, am Wolfgangsee, in der Wüste oder vor einer McDonald's-Filiale hat er etwas angezettelt, und einmal dabei, konnte man sich dem Sog seiner Arbeit nicht mehr entziehen.

Als er Ende 1999 anregte, den Jahreswechsel in Namibia zu verbringen, dort mit dem Jeep durch die Gegend zu brettern, dort »Deutschland zu suchen« und an der Küste den Seehunden die Musik Richard Wagners näherzubringen, da überlegte ich nicht lang und fuhr mit. Das Theater in die Welt tragen und umgekehrt; der erweiterte Kunstbegriff! Auch die Grenzen der Privatsphäre sozusagen überwinden.

Vielleicht ganz gut, dass es zu dem gemeinsamen Teetrinken jetzt nicht gekommen ist, davon nämlich anschließend nicht zu erzählen, wäre mir vielleicht fahrlässig erschienen – und davon eben doch zu erzählen, hätte eventuell Intimitätsverrat bedeutet. Als Schlingensief an Beckmanns Holztisch sagte, dass er nun nicht mehr jeden Scheiß mitmacht, war das ja auch eine ziemliche Text-Bild-Schere.

»Weißt du, wie es Christoph geht?« – diese Frage kam in den letzten Monaten immer wieder auf, wenn man Leute traf, die ihn durch gemeinsame Arbeiten kennen, die Text oder Kostüm beigesteuert haben, Musik oder Fotos, die sich um seine Verträge kümmern oder in anderer Weise mal hier, mal da an seinem Projekte-Dschungel mitförstern. Solche Leute trifft man häufig, es gibt derer nämlich viele. Und bei den meisten ist daraus mehr als eine reguläre Arbeitsbeziehung geworden, weil Schlingensief ein so begnadeter Anstifter ist, der Albtraum jedes Betriebsrats. In jedwede künstlerische Äußerung wirft Schlingensief sich immer komplett hinein, und er erwartet das auch stets von sämtlichen Mitarbeitern, die allesamt Mitspieler werden. Das ist mitunter sehr anstrengend, und dass man mittendrin nicht mehr kann, durchdreht, ist der Normalfall – und genau das erzeugt die immense Energie, die von seinen Produktionen ausgeht: Alle agieren am Rande ihrer Möglichkeiten. Wer einmal mit Schlingensief zusammenarbeitet, geht daraus als Veränderter hervor.

»Meine Arbeit bestand doch darin, Behältnisse zu schaffen, Forschungslabore zu erzeugen«, schreibt er in seinem Buch und blickt also auf die eigene Arbeit – und damit auf sein Leben – in der Vergangenheitsform. Doch gelingt es ihm phasenweise auch, wieder in Gegenwart

CHRISTOPH SCHLINGENSIEFS »TAGEBUCH EINER KREBSERKRANKUNG«   **319**

und Zukunft zu wechseln, er inszeniert vom Krankenbett aus, plant den Bau eines Opernhauses in Afrika – und greift in den düstersten Nächten zum Diktiergerät, spricht die Texte ein, aus denen dieses Buch geworden ist, das entsprechend wild changiert, mal Klageschrift ist, mal Weltumarmung. Hunderte von Sätzen daraus möchte man direkt mit weißem Lackstift auf Lederjacken schreiben – eine Hymne auf das Leben und eine Lamentation über dessen Ende.

Zuletzt getroffen haben wir uns vor einigen Wochen, im Januar. Die Krankheit und die Folgen der Therapie sah und hörte man ihm deutlich an, und doch war ja alles auch schon zu Kunst geronnen, auf die Bühne gebracht, was den seltsamen Effekt hat, dass man ihm persönlich diese Krankheit gar nicht mehr zurechnet – hat er sie nicht schon in die Kunst überführt? »Er hat seine Krankheit verarbeitet«, heißt es, aber anders als sonstige Traumata kann man sich eine Krebserkrankung so natürlich nicht vom Leib schaffen. Metastasen im verbliebenen Lungenflügel – man hat das gehört, liest es jetzt auch im Buch, versteht schon, was das heißt. Und ihm gegenübersitzend gab es gar keinen Zweifel, dass er sehr krank ist. »Sehr krank«, wie sehr denn? »Sehr krank« sagen, um das Wort »todkrank« zu vermeiden? Der Gesunde will sensibel sein – und ist in Wahrheit der Schreckhafte. Schlingensief selbst spricht und schreibt derart offensiv und dezidiert von Sterben und Tod, und behält im Überlebenskampf trotz des übermächtigen Gegners die Oberhand, indem er dem dräuenden Tod etwas abtrotzt, Kunst nämlich. Und die handelt davon, wie das geht: sterben. Nicht davon, wie man das am besten macht, sondern davon, dass einem das niemand sagen kann; kurz: Er erzählt, was mit ihm von der Diagnose an geschieht. Auf und ab.

Nach der Buch-Präsentation, auf einer Bank an der Spree, lese ich also ein paar Seiten, und es haut einem die Beine weg.

Ein Schiff fährt flussaufwärts, ein Ausflugsdampfer namens »Nostalgie« – auf dem hat Schlingensief doch seinen 40. Geburtstag gefeiert! Mittlerweile ist er 48, zum Zeitpunkt des Protokollbeginns ist er 47 und leitet aus dieser Zahl mal Demut, mal Zorn und Verzweiflung ab:

»47 Jahre lang habe ich wirklich viel gemacht, viele Leute kennengelernt, viele Dinge erlebt.« Dann aber: »Und jetzt ist man 47 und soll denken: Sei froh, dass du lebst, und genieß jeden Tag, als sei es dein letzter. Ach, ist das alles eine Scheiße!«

Schlingensiefs Protest gegen diesen substanziellen Angriff geht durch alle Tonarten, von Ohnmacht bis Optimismus, der Patient überprüft alles bisher Gedachte, verwirft alles Gewusste und steht immer wieder ratlos vor dieser einen, einzig wahrhaft existenziellen Kränkung: »Ich fühle mich von diesem Ding in meinem Körper gerade extrem beleidigt und massiv bedroht.«

Nachdem der delirierende Schauspieler Udo Kier Anfang letzten Jahres die Nachricht von Schlingensiefs Krebserkrankung in die Öffentlichkeit gelallt hatte, konnte dieser die Instant-Anteilnahme vom Schlage »Krebs-Drama um Skandal-Regisseur« bald düpieren und abschütteln, indem er auch diese Extremsituation zu übersetzen und umzusetzen verstand: in die Inszenierungen »Eine Kirche der Angst vor dem Fremden in mir« und »Mea Culpa«. Und nun in dieses Buch. Da erschrak sogar das Feuilleton und verkniff sich überraschenderweise mal die Billigdeutung »Nun vermarktet er auch noch seine Krankheit« – nein, die Kritik schlug nun sakrale Töne an, mitunter ekelerregend einfühlsam, es wurde offenbar gleichsam Abbitte für früheres Nichternstnehmen des Künstlers geleistet; waren vorangegangene Arbeiten immer wieder als bloß albern und pubertär abgetan worden, so nannte man diese neueren Arbeiten im Gleichschritt sicherheitshalber »verstörend«.

Hatte er sich nicht auch in Bayreuth schon ganz manierlich betragen? Wird er nicht formal immer konventioneller und stimmt unserem bildungsbürgerlich gestrengen Bewertungssystem somit zu? Spät, aber doch, hat er den rechten Pfad gefunden, so lasset uns ihn denn in unsere klebrigen Kulturbetriebskrakenarme schließen! Aber auch das staatlichste Staatstheater wird sich mit Schlingensief immer ein trojanisches Pferd ins Haus holen. Wer Schlingensiefs Arbeiten über die Jahre verfolgt hat, sich mit seinem umfangreichen Werk, den Stücken, Filmen und Shows, ernsthaft beschäftigt hat, kann sich nicht darüber wundern, dass und wie er auch die Krebserkrankung zum Gegenstand seines künstlerischen Schaffens macht. Es ist vielmehr zwingend, dass er auch diese finale Zumutung ummünzt in Kunst und dadurch nutzbar macht. Dass seine jüngeren Arbeiten die Form nicht mehr grundsätzlich brechen, belegt ja nichts weiter als seinen Sinn für Musikalität: Besteht doch der erfrischende Skandal hier schon im Thema selbst – über das Sterben spricht man nicht. Tod geht immer, ein knallender Begriff, stets richtig und nie riskant; aber das Sterben, das langsame Kraftverlieren? Schwierig. Also ein Fall für Schlingensief.

Es ist ja geradezu rührend, welche Gartenzaunübertritte ihm früher – mal anerkennend, meistens aber abschätzig – als »Tabubruch« ausgelegt wurden. Er war ein Schmerzensmann, immer schon: Seit Jahrzehnten macht er die ihn aktuell am stärksten quälende Wunde zum Aufführungsort; waren es Wunden der Gesellschaft (Inszenierungen mit Arbeitslosen, Behinderten oder Neonazis), bezichtigte man ihn der Effekthascherei; thematisierte er ureigene Wunden (zum Beispiel den Tod seines Vaters), warf man ihm Exhibitionismus vor.

Doch jetzt, da der Regisseur zugleich Held des Ausgangsmaterials ist, des sich und ihn unerbittlich fortschreibenden Dramas, des ihm ins Gesicht geschriebenen Kampfes gegen die tödliche Krankheit, und der Radiologe ist der Inspizient – da werden auch die Instrumentarien der Kritik außer Kraft gesetzt. Schlingensief rekapituliert sein Leben und Werk in einer Härte, dass niemand bei Sinnen sich da noch wird einmischen wollen, ein Verriss ist eigentlich nur noch von Maxim Biller zu erwarten. Denn Schlingensief spricht in diesem Buch so ungeschützt, da gibt es eigentlich nichts mehr zu beurteilen. Was weiß man denn schon? Früher hätten sie ihm so ein Zitat um die Ohren gehauen: »Jesus hat Leiden produktiv gemacht. Und das ist toll.« Es hätte ein John-Lennon-artiges Missverständnis gegeben.

Geht da einer zu weit? Aber sicher! Da geht einer weiter als wir alle, und endlich mal kann sich ihm kein Schlaumeier in den Weg stellen, denn dort, wo Schlingensief diesmal ist, da war der Schlaumeier selbst ganz gewiss noch nicht.

Schlingensiefs Kampf gegen den Tod, sein Kampf ums Leben, ist eine exemplarische Schlacht. Klar, nicht jeder Krebskranke hat eine Oper vom Bett aus zu inszenieren oder bekommt Besuch von Helge Schneider und Patti Smith, Anrufe von Alexander Kluge und Peter Zadek und eine Mail von Luc Bondy. Das ganze ist natürlich auch ein Theaterstück. Doch all sein Fluchen und Sehnen, Hoffen und Hadern ist allgemeingültig. Man liest es eben nicht als Beantwortung der Frage »Wie geht es Christoph?«, merkwürdig – nein, gar nicht, schlicht Kennzeichen großer Kunst, bedeutender Literatur: eines Menschen Fall als Fall der Menschheit.

Überhaupt sehr töricht waren die an Schlingensief über Jahre klebenden Etikettierungen »Provokateur« und »Enfant Terrible«, und doch ist natürlich dieses Buch nun wirklich mal: eine Provokation. Es geht um Leben und Tod, und dies in einer Deutlichkeit, die jedem Leser kalt ans Herz greifen muss.

Gibt es noch Fragen? Hm.

Der Künstler, der »sich infrage stellt« – das ist der Superkitsch. Hier liegt der Fall anders, er liegt auf dem Krankenbett; der Künstler *wird* vollständig infrage gestellt, nämlich vom Tod bedroht, und da legt er los, wehrt sich, gibt auf, kämpft wieder, trifft testamentarische Vorbereitungen, plant dann wieder kühn, um kurz darauf zu sinnieren, wie er sein Leiden abkürzen könnte. Seine Ratlosigkeit macht dieses Buch zu einem wahrhaftigen Ratgeber, im Unterschied zu all den verlogenen Erbauungsbüchlein, die unter diesem Gattungsbegriff firmieren. Und obendrein ist es ein theologisch brisantes Werk.

Als »bibelfest« wird bezeichnet, wer genau weiß, wo welches Sprüchlein steht. Schlingensief dagegen flippert sich durch die Bibel, seine Bibelfestigkeit besteht darin, dass er sie und mit ihr die Idee Gott in diesem tosenden Überlebenskampf nicht loslässt: »Aber ich muss trotzdem sagen, diese Sache mit Gott ist echt noch offen.«

CHRISTOPH SCHLINGENSIEFS »TAGEBUCH EINER KREBSERKRANKUNG«   **323**

Einmal bedauert er, die Bibel nie richtig gelesen, lediglich Bilder daraus isoliert und in seinen Arbeiten zitiert zu haben. Wie er überhaupt immer in allem zuvörderst Bilder kreieren will. »Überblendungen!«, höre ich ihn beständig attestieren oder fordern, in Afrika oder auf Sylt, auf der Kegel- oder in der U-Bahn. »In das Bild hineintreten, es verändern!«

Zuhause, oben auf meinem Bücherregal, steht eine schwarze Pappschachtel, die Schlingensief mir zu meinem 25. Geburtstag geschenkt hat: »Seeing India«. Darin liegen vier Filmrollen und zwei Schallplatten, mittels derer man eine Ton-Bild-Schau über Indien abfahren kann. Auf die Schachtel hatte Schlingensief geschrieben: »Nie wieder Zukunft! Dein Christoph S.« Und jetzt lese ich in seinem Buch: »Wenn ich in einem Buchladen in Büchern über fremde Länder blättere, dann rollen schon die Tränen.« Zwei Seiten weiter grübelt er mit seiner Freundin, wo sie – falls das möglich wäre – am liebsten wiedergeboren würden: »an Afrika oder Indien gedacht … weiß ich nicht, was da los ist, vielleicht ist das eine Ecke in meinem Dasein, die ich noch kennenlernen müsste.«

Den »Seeing India«-Schachtelinhalt habe ich nie in Betrieb genommen, aber gleich heute Abend werde ich mich mittels dieser Ton- und Bild-Konserven nach Indien aufmachen, Bilder von Indien sehen, dazu Geräusche aus Indien und Erzählungen über Indien hören. »Land and Climate, Agriculture, Manufacturing, People and Culture«.

So schön wie hier kann es dort allemal sein.

Der 9. November:
Ein Gespräch mit Alexander Kluge

Alexander Kluge: Wir sind angeschrieben worden von Bischof Huber, einen Text zu verfertigen für ein Lesebuch »20 Jahre Mauerfall«.

Stuckrad-Barre: Und wir wollten stattdessen lieber ein Gespräch führen. So ein klassisches Alexander-Kluge-Gespräch, wie man es aus dem Fernsehen kennt. Sie sitzen in Sicherheit hinter der Kamera, sind für die interessanten Gedanken zuständig, ich sitze im hellen Licht, mein Cord-Jackett ist viel zu warm dafür – also, legen wir los.

Kluge: Sie sind 14 Jahre alt, als am 9. November 1989 die Mauer fällt.

Stuckrad-Barre: Ja, und ich liege im Bett, erfahre erst am nächsten Morgen beim Frühstück davon. Da hieß es: Die Mauer ist offen. Ja nun, denkt der 14-Jährige – und geht zur Schule.

Kluge: Wenn ich von einem Menschen eine Nachricht erhalte, das ist eine Botschaft, die kann ich auf Vertrauenswürdigkeit untersuchen mit dem Ohr. Mit dem Auge ist es sehr schwer.

Stuckrad-Barre: Die Bilder, die das Gedächtnis zu dieser Nachricht abgespeichert hat, sind geliehene Erinnerung. Denn die Szenen, die Bischof Huber in seinem freundlichen Brief als Erinnerungsbeispiele beschrieb, sind natürlich die, die ich aus dem Fernsehen kenne und die man leicht mit der eigenen Erinnerung verwechselt. Also, als in Berlin alle die Mauer hochkletterten und sich in die Arme fielen, lag ich im Bett.

326 AUCH DEUTSCHE UNTER DEN OPFERN

Kluge: Aber wenn Sie sich erinnern an Kennedys Tod …

Stuckrad-Barre: Gutes Beispiel: An die Ermordung Kennedys kann ich mich hervorragend erinnern, obwohl ich damals noch gar nicht geboren war. Ich habe all diese Dokumentationen so oft im Fernsehen gesehen, das Schulbuchlager …

Kluge: Der von Agenten geführte Attentäter, der dann selber erschossen wird, der andere, der so vorspringt. Das sind sehr starke Bilder, an die man sich genau erinnert, obwohl man sie nie gesehen hat.

Stuckrad-Barre: Dann ist die Frage, welche Bilder hat man selbst dem entgegenzusetzen? Als die Mauer fiel, wohnte ich in Göttingen, Zonenrandgebiet. Dort kamen viele Menschen herüber, gaben ihr Begrüßungsgeld in Elektromärkten aus. Und in der Schule wurde im sogenannten Milchkeller ein Willkommenstreffpunkt für die Brüder und Schwestern eingerichtet, wo Heißgetränke und Südfrüchte ausgegeben wurden. Daran erinnere ich mich, an diesen Geruch von Apfelsinen und die komischen Anoraks. Das ist so ein Bild. In dem Winter habe ich mich dann mit einem Freund aufgemacht Richtung Grenze, mit dem Fahrrad. Um mal zu gucken, ob man da jetzt wirklich rüberdarf. Es wurden ja damals viele Andenken gesammelt an den Grenzstreifen, ich habe so ein Schild »Halt, hier Grenze! Der Bundesgrenzschutz« von einem Pfahl abgerissen und mit nach Hause genommen. Das steht immer noch bei mir herum.

Kluge: Das Erinnerungsvermögen, das ja nicht trügt, berichtet von Wegen, von Gerüchen. Und nun sagen Sie, es ist ein Bild. Das ist ja interessant, was alles ein Bild ist.

Stuckrad-Barre: Es ist ein mehrdimensionales Bild.

Kluge: Und ein inneres Bild verbindet sich damit, also, was unsere kleinen Beamten da im Hirn sozusagen kombiniert haben. Vertrauenswürdig ist dann beispielsweise so ein Geruch von Apfelsinen. Denn den gab es ja nicht aus dem Fernseher, auch nicht aus dem Hörfunk, also ist der echt. Und das Schild ist ja auch da. Das ist ein interessantes Bild – die Beute.

Stuckrad-Barre: Für einen 14-Jährigen war der Grenzstreifen mit den verlassenen Türmen auch ein großer Abenteuerspielplatz: Man wusste nicht, sind auf dem Acker drumherum nun Minen oder nicht? Kann man da jetzt draufgehen? Man probiert es mal.

Kluge: Diese Beschreibung, »Ich reiße dieses Schild ab und trage es nach Hause«, das erinnert mich sofort an Beutezüge 1946, als ich selbst 14 Jahre alt war. Nachkriegszeit – auch ein Neuanfang. Wir gehen an Flugzeuge ran, die abgewrackt sind, von der ehemaligen Luftwaffe. Da ist schönes Leder drin, das kann man rausmachen und auf dem Schwarzmarkt verkaufen. Das ist ein Punkt, an dem ich meine Erinnerung festmachen und wiederherstellen kann.

Stuckrad-Barre: Und der 14-Jährige sucht Waffen und spielt Krieg, oder? Sogar kurz nach dem Zweiten Weltkrieg.

Kluge: Ja, wir haben den Krieg natürlich nachgespielt. Ich hatte aus dem Lazarett Mensch-ärgere-dich-nicht-Steine, 2000 Stück, in verschiedenen Farben. Das waren meine Truppen. Dann habe ich den britischen Besatzungsbewacher, der deutsche Gefangene beaufsichtigte, die die Straßen räumten, runtergebeten und es ihm gezeigt. Aufgeschichtete Hügel. Es war ein Generalstabsspiel. Interessant, dass Geschichte so träge ist – im Nachhinein rafft es sich, macht sich aber nur fest an solchen konkreten Erinnerungen. Das ist dann wie ein Anker, der löst Assoziationen aus. Unmittelbare Erfahrung ist immer echt: Ich fliege die Treppe runter, breche mir den Arm. Das merke ich mir. Das ist eine Erfahrung.

Stuckrad-Barre: Auf dem Tisch vor uns liegt eine Akte mit Unterlagen für dieses Gespräch. Auf dem Aktendeckel sehe ich relativ frische Blutflecken. Was ist da passiert?

Kluge: Ich habe heute Morgen in meine Waschtasche gefasst, genau in den Rasierapparat. Mit Blut besiegelt.

Stuckrad-Barre: Wenn Sie diese Akte eines Tages mal wieder zur Hand nehmen, haben Sie durch diese Blutflecken den Tag unseres Gespräch gleich viel plastischer in Erinnerung.

Kluge: Das sind Erinnerungsspuren. Um die gruppiert sich dann alles andere. Ich glaube deswegen nicht an die Macht der Medien – die können nur orchestrieren. Das ist so ähnlich wie eine Oper von Richard Wagner, nur am Klavier oder mit 196 Orchestermitgliedern in Bayreuth. Medien bedeuten immer gleich 196 Orchestermitglieder. Die Musik aber ändert sich nicht. So besteht unsere Wahrnehmung eigentlich aus solchen Einzeleindrücken.

Stuckrad-Barre: Geschichte ist einprägsamer, wenn Blut fließt?

Kluge: Die Wunde an meinem Finger ist schon fast verheilt.

Stuckrad-Barre: 1989 ist ja kein Blut geflossen.

Kluge: Erstens ist das ein Wunder. Zweitens ist es etwas, was einen begeistern kann.

Stuckrad-Barre: Vielleicht ist dadurch, dass kein Blut geflossen ist, das Großartige am Mauerfall gar nicht so deutlich im Bewusstsein. Was das für ein Ding ist, dass wir hier heute friedlich und unbehelligt in der Akademie der Künste sitzen können, früher DDR-Gebiet.

Kluge: Es hätte zu jedem Zeitpunkt schiefgehen können. Sie brauchen sich nur vorzustellen, wir hätten damals schon Terroristen gehabt, oder eine andere Art von Terroristen. Mit ein, zwei Attentaten hätten die das Ganze in einen großen Krieg ausarten lassen können. Da haben viele aufgepasst in der bewaffneten Nacht. In der Volksarmee gab es ja Leute, die sagten, »Wir können die Panzer ausrücken lassen«.

Stuckrad-Barre: Wenn wir uns heute an den Mauerfall erinnern, kommt uns das Wissen über den weiteren Verlauf in die Quere, das manipuliert die Erinnerung. Können Sie ein Gefühl beschreiben, das Sie damals hatten?

Kluge: Ich hatte mich in der Bonner Republik, die ein Rechtsstaat geworden war, recht gut eingerichtet und habe mich eigentlich bedroht gefühlt durch die Ausweitung. Meine glücklichste Zeit war wohl, als ich 14 Jahre alt war und wir unter der Eisernen Lunge der alliierten Besatzung überhaupt nichts selber bestimmen konnten, aber die Gelegenheit hatten, demokratisch zu werden. Da habe ich viel gelernt: Wir sind in britische Clubs gegangen und haben so von der Besatzungsmacht vermittelt bekommen, was Freiheit ist, ohne uns betätigen zu müssen, ohne die Nachfolge Bismarcks anzutreten.

Stuckrad-Barre: Speziell das Vierzehnjahrealtsein ist mächtiger als das Getöse drum herum, die Weltpolitik. Im Nachhinein ist dieses Alter vielleicht immer das Schönste, egal zu welcher Zeit man es erlebt hat.

Kluge: Wahrscheinlich, denn es fängt ja das eigene Leben an, die Seiten des Lebens sind noch offen, lauter unbeschriebene Seiten.

Stuckrad-Barre: Die ersten ernsthaften Schritte hinaus aus dem Elternhaus …

Kluge: Also, vorn ist die Arztpraxis meines Stiefvaters, hinten macht meine Mutter Schwarzmarktgeschäfte. Sie verdient den Unterhalt. Das ist sehr interessant: Naturalwirtschaft ist möglich, Vertrauen gegen Vertrauen – Geld ist ja nix. Ist eine interessante Zeit, würde ich nicht eintauschen wollen. Das ist mein 1989. 1946 ist heute, oder es war nie da. In uns gehen diese Zeiten durcheinander und sind alle gegenwärtig. 1946 war ein Anfang, der 9.11.1989 war ein Anfang. Wir haben im Grunde die Neuerrichtung Deutschlands zwischen 1946 und 1949 ein bisschen hinbekommen und ein bisschen auch nicht hinbekommen. Und dasselbe 1989: Diese November-Revolution, die eine neue Welt schaffen wollte und dann das Weihnachtsfest nicht überstand, ging in Gemütlichkeit unter. Im Januar schon war nichts mehr davon zu spüren. Ich würde es eigentlich positiv wenden wollen, aber ich bemerke da eine Trauer in mir. Natürlich will ich nicht, dass die DDR erhalten worden wäre, aber dass man die Autonomie der Menschen geachtet hätte, statt ihre Vordergrundwünsche nach D-Mark und Fernsehen zu berücksichtigen. Es ist sehr viel Konsum exportiert worden in die DDR und sehr viel Produktion dort liquidiert worden. Da überlege ich mir sofort: Das, was nicht gemacht wurde, kritisiert das Gemachte.

Stuckrad-Barre: Konkret, der 9. November 1989. Bischof Huber hatte offenbar Glück, er war in Berlin, stand nachts, wie er uns schreibt, an der Mauer »im Gespräch mit jungen Leuten aus Sachsen«.

Kluge: Und er hat sozusagen kraft seines Amtes die Fähigkeit, etwas, was er gesehen hat, was allgemein bewegt, einer Gemeinde in Worten wiederzugeben. Also ein Paulus des 9. November. Lassen Sie uns mal das Wort Zeuge mehr belasten, was ja als christlicher Ausdruck sehr wichtig ist, Zeugnis abgeben.

Stuckrad-Barre: In der Regel hinkt man ja der Weltgeschichte hinterher mit seinem eigenen mickrigen Leben. Durch einen Zufall ist man vielleicht mal wirklicher Augenzeuge eines weltbewegenden Ereignisses.

Kluge: Eigentlich sind wir aufgerufen, das ganze Leben lang Zeuge zu sein, damit etwas nicht wieder oder damit etwas wieder geschehe.

Stuckrad-Barre: Kommen wir mal auf diesen Begriff Zeitzeuge. Bischof Huber hat für seine Mauerfall-Anthologie eine Reihe Autoren angeschrieben, durchweg Menschen, die vor 1989 geboren wurden. Er hätte aber durchaus auch einen heute 17-jährigen Autor um seine Erinnerung an den Mauerfall bitten können.

Kluge: Natürlich, ja.

Stuckrad-Barre: Einen, der sich an den Nachhall erinnert oder an die Erzählungen. Wäre mindestens genauso interessant.

Kluge: Man kann über Erzählungen etwas sehr gegenwärtig wahrnehmen und somit Zeuge sein. 70 nach Christus wird der Tempel in Jerusalem verbrannt von Titus. Man kann nun sagen, das wäre Gegenwart. Wenn ich mich genügend nach innen bewege, ins innere Auge, dann kann ich davon Zeuge sein. Insofern sollte man mit Gedenktagen nicht so furchtbar wuchern.

Stuckrad-Barre: Wenn man tatsächlich dabei ist, erinnert man sich später möglicherweise gar nicht so gut, weil man natürlich das Entscheidende zumeist doch nicht selbst sieht, also das eine Bild, das dann um die Welt geht und das in den Köpfen bleibt. Man steht irgendwo am Rand und sieht es gar nicht, weil im entscheidenden Moment ein Bus vorbeifährt, zum Beispiel.

Kluge: Man hat furchtbar viele, ganz diffizile Eindrücke: Ich muss noch eine Wurst essen. Und ich muss noch den und den besuchen.

Stuckrad-Barre: Ja, oder: Mein Schuh ist offen. Bischof Huber fragt in seinem Brief, welche »Hoffnungen und Ängste« man am 9. November 1989 hatte. Da kippt die Sache schon, das ist ja das Gegenteil von Erinnern. »Schon damals war mir klar« – so kann man es nicht machen. Die Angst kam vielleicht später, und die Hoffnung von 1988 ist ergiebiger als die vom 9.11.1989.

Kluge: Absolut! Man hat nicht schlagartig eine Hoffnung.

Stuckrad-Barre: Deshalb darf ein Roman oder eine Erzählung über den 9.11.89 eben nicht beginnen mit dem 9.11.89. Ich zitiere noch mal aus Bischof Hubers Brief: »Dabei ist der 9. November ja bereits vorher ein deutsches Datum gewesen.« Wenn man auch nicht gleich vom »Schicksalstag der Deutschen« sprechen möchte, so muss man doch feststellen: ein anfälliges Datum.

Kluge: Ja, 1848, 1918, 1923, 1938 und schließlich 1989 – das ist zwar reiner Zufall. Aber wenn man die Familien, von denen man abstammt, als eine Art Strom über diese verschiedenen 9. November hinziehen sieht, dann ist es wirklich so, dass ich mir unter dem Gesichtspunkt »Was können wir aus diesem Land machen?« viel vorstellen kann.

Stuckrad-Barre: Je nachdem auch: Was kann unser Land aus uns machen? Meinem Gefühl nach ist die erste souveräne Aktion der wiedervereinigten Bundesrepublik in Hinblick auf sich selbst der Streit um den Wiedervereinigungsfeiertag gewesen. Da war der Ausnahmezustand vorüber, die Mechanismen des Systems waren wieder voll intakt. Einen Feiertag mag es geben, aber nur, wenn dafür ein anderer abgeschafft wird!

Kluge: Davon wird die Pflegeversicherung bezahlt. Zunächst wurde geprüft, ob man für den 3. Oktober den zweiten Pfingstfeiertag aufgibt. Nein, sagten die Kirchen, das ist ganz unmöglich.

Stuckrad-Barre: Zwischendurch wurde auch mal erwogen, den Feiertag auf den jeweils ersten Sonntag im Oktober zu legen, damit kein Arbeitstag entfällt.

Kluge: Zum Ausgleich wurde dann der Buß- und Bettag als gesetzlicher Feiertag abgeschafft, nur in Sachsen existiert der noch als solcher. Dafür halten Bayern und das Saarland noch an Mariä Himmelfahrt fest.

Stuckrad-Barre: Tja, der Buß- und Bettag. Als Kind dachte ich, es heißt »Buß- und B-Tag«.

Kluge: Der A-Tag und der B-Tag? Also, solche Missverständnisse sind das Beste überhaupt. Es gibt einen Film von mir, da sitzt in der Episode »Bußtag« Hannelore Hoger als Geschichtslehrerin Gabi Teichert zuhause und korrigiert Aufsätze. Da heißt es im Off-Text: »Sie streicht die Fehler raus, wenn doch die Fehler das Beste daran sind.« Sie merken, das ist jetzt bei mir verdrahtet, die Stichwörter »Fehler« und »Buß- und Bettag« mit einer entsprechenden Filmszene. Das heißt, die Besonderheiten in der Welt, die verkehren untereinander. Und die Regelmäßigkeiten, die trennen die Dinge.

Stuckrad-Barre: Gestern haben wir uns prächtig unterhalten, merkten erst nach einiger Zeit, dass Sie gerade von Halberstadt sprachen, ich aber von Weiterstadt.

Kluge: Irrtümer sind das Beste, die können zu originellen Einfällen führen. Das ist wie Crossmapping. Beim nächsten Mal machen wir es gleich so: Mit der U-Bahn-Karte Londons durch den Harz wandern.

»Auch Deutsche unter den Opfern« ist eine Fortschreibung der Bücher »Remix«, »Deutsches Theater« und »Festwertspeicher der Kontrollgesellschaft«. Diese Art Buch ist nicht realisierbar ohne die Unterstützung von Zeitungen und Zeitschriften; die hier abgedruckten, für die Buchform erweiterten und überarbeiteten Texte sind erstmals erschienen in BZ, BZ am Sonntag, Rolling Stone, Welt und Welt am Sonntag.
Für äußere Bedingungen, Anregungen, konstruktive Kritik und konkrete Textarbeit danke ich Mathias Döpfner, Peter Huth, Helge Malchow, Walter Mayer, Ulf Poschardt, Thomas Schmid, Arne Willander und Matthias Wulff.
Dem Künstler Martin Honert möchte ich danken für die Erlaubnis, mein Lieblingskunstwerk, nämlich seine Installation »Foto«, als Cover verwenden zu dürfen.
Das Schlusslektorat lag in den bewährten Händen von Olaf Petersenn.
Unverzichtbar war die allumfassende Beratung von Kristine Meierling.

BvS-B, Berlin, Dezember 2009